本书受到国家哲学社会科学基金重大项目
"民法典编纂重大疑难问题研究"（项目编号：14Z

■ 郑　臻　著

法学理念·实践·创新丛书

艺术品拍卖人的审定义务研究

中国人民大学出版社
·北京·

序

　　据有关部门统计，截至 2018 年年底，我国年度艺术品拍卖成交量高达 45 亿美元，占全球艺术品拍卖份额的 29%，中国艺术品拍卖市场已经成为全球第三大市场。随着我国艺术品拍卖市场的日趋繁荣，产生的问题也日渐增多，其中"假拍""拍假""假鉴定"就是极为突出的问题。有鉴于我国《拍卖法》对"三假"问题的规定较为简略，文化部于 2016 年发布了《艺术品经营管理办法》，规定艺术品经营者有明示担保、尽职调查、评估鉴定等三项义务。商务部 2017 年发布的《文物艺术品拍卖规程》更是明确了拍卖行的艺术品审定义务。

　　艺术品审定义务涵盖范围十分广泛，虽然在艺术史领域发展已久，但是成为法律议题，则始于文化资产保存观念与艺术市场的兴起。近年来与艺术品拍卖相关的诸多事件，引起了民众对艺术品审定问题的关注，但是由于艺术品审定进入人们的视野为时较短，因此学界普遍对其欠缺深入研究，在司法实践中也出现了诸多分歧与争议。如何从民法视角妥当把握艺术品审定义务不仅备受拍卖行业的关注，也是一项富有理论价值的研究工作。

郑臻博士经过多年的研究，从合同法基础理论出发，结合艺术史与经济学的相关知识，界定了艺术品审定行为的性质，不仅确定了审定义务的理论基础，而且结合欧陆与英美两大法系的相关规定与判决，论述了审定义务的基本内容与免责规则；其还结合侵权责任与违约责任两种责任类型，初步从理论上构建了我国艺术品拍卖人审定义务的法律体系。在他看来，艺术品审定义务具有私法特征，应更加重视私法机制的基础作用，这一观点值得重视。

很高兴看到郑臻博士的成长与进步，期待他未来能够在艺术品拍卖领域继续深耕细作，不断取得新的进展。

是为序。

中国人民大学法学院教授　王　轶

2019 年 10 月 5 日

目　　录

绪　论

在深入研究审定的法律问题之前，了解审定的重要性是非常必要的。审定既可能对艺术品拥有者、合同当事人和市场的其他利益相关者产生影响，也有可能服务于拍卖行的销售目的。

一、审定技术

本节探讨有关艺术品审定的技术和实践指南。第（一）部分重点介绍专家和拍卖行在进行审定时会使用的三种主要的审定工具。第（二）部分总结/介绍协会与机构发布的实践指南和道德准则，并对拍卖行的拍卖规则是否符合这些指南作出评估。

（一）三种审定工具

在审定艺术品时，专家通常会提到三种主要的审定工具：鉴赏或目鉴，历史文献或历史来源，以及科学技术分析。①

第一个审定工具是鉴赏或目鉴，即用眼睛判断。鉴赏是"专家在审定对象时所必需的敏锐的视觉洞察力、历史训练、技术意识和专家对物体审定所需的经验的敏感性"②。对作品的视觉检查使得专家能够"确定它的外观和'感觉'就像是艺术家的作品"③，通过关注"构图、笔画、颜色、表面和签名（如果有的话）"④，专家会将特定的风格与作者相联系。

当审定的结果基于目鉴而产生时，专家可能很难将这种结果完全解释给非专业人士。事实证明，法院并不具备评估某些特定的鉴赏力证据的能力。⑤ 从性质层面观之，相较于其他专家证言而言，这种证据是更为主观的、更加难以评估甚至是无法评估的。因此法院通常会审查每位专家的方法论以及他们得出观点的深层原因。因此，专家采用"更加系统的、有条理的和谨慎的方法来进行审定是非常重要的，因为这样可以通过对艺术品的理性和物理分析来支持主观判断"。通过全面陈述结论所依据的事实，可以增加审定结论的证明力度，因为对专家意见讨论得越详尽、越富有逻辑，出现疑议的可能性就越小。

---

① See O'Connor，Francis V. "Authenticating the Attribution of Art-Connoisseurship and the Law in the Judging of Forgeries，Copies，and False Attribution." In The Expert versus the Object-Judging Fakes and False Attributions in the Visual Arts，edited by Ronald D. Spencer，3 - 27. New York：Oxford University Press，2004：6.

② Spencer，Ronald D. "Introduction." In The Expert versus the Object-Judging Fakes and False Attributions in the Visual Arts，edited by Ronald D. Spencer，xi - xviii. New York：Oxford University Press，2004：Ⅷ.

③④ Flam，Jack. "Defending the Integrity of an Artist's Life's Work." Wall Street Journal，December 7，2011. http：//online. wsj. com/article/SB10001424052970204770404577080344104086 340. html.

⑤ See Holland，Jordan. "The Approach of the English Courts to Connoisseurship，Provenance and Technical Analysis." Art Antiquity and Law 17，no. 4（December 2012）：365 - 375.

　　第二个审定工具是历史文献或历史来源。在检索文献档案时，专家将查找艺术品和创作者的副本或参考文献。借助档案性的信息，专家可以验证或纠正艺术品的出处，从而有利于确定艺术品的准确定位。与目鉴相比，因为文献档案分析的基础是文本，而不是直觉或个人敏感性，所以它比目鉴更为切实。在实践中，专家经常参考现有证书、专业知识报告或目录。例如，藏品的描述性目录（catalogue *raisonné*）包含了藏家的所有藏品，基于他的鉴赏力，这种目录会将藏品与特定的创作者联系起来。① 这种目录是进行艺术品文献分析的一个重要因素，尤其是在藏家被公认为某一艺术领域的权威时。另外，在拍卖会的拍卖目录、艺术品的真实性证明文件中，也可以找到有关该艺术品的历史文献。在法庭上，法官根据专家证词、历史数据或从这些文件中得出的推论证明自己的结论。

　　尽管专家在进行历史文献分析的过程中，会因疏忽大意或其他原因而犯错误，但是历史文献分析的主要困境是伪造文献带来的风险。例如，John Myatt 与他的同伙 John Drewe 不仅为赝品制作了虚假的目录与真实性证书，还制作了用以证明出处的虚假文件，并将其放在了泰特美术馆与维多利亚和阿尔伯特博物馆的档案馆中。这导致相关专家在进行历史文献分析时出现了错误。② 因此，专家必须谨慎小心，不要被伪造的真实性"证据"误导。

　　第三个审定工具是科学技术分析。如果历史档案"无法提供清晰、明确的证据，那么可以求助于实验室"。此处的科学技术主要

---

① See Spencer, Ronald D. "Introduction." In The Expert versus the Object-Judging Fakes and False Attributions in the Visual Arts, edited by Ronald D. Spencer, xi - xviii. New York: Oxford University Press, 2004. Ⅷ.

② See Gerstenblith, Patty. "Getting Real: Cultural, Aesthetic and Legal Perspectives on the Meaning of Authenticity of Art Works." Columbia Journal of Law & the Arts 35. 2012: 321 - 356.

是指检测技术，例如 X 射线、红外线和紫外线分析，可以极大地帮助检测艺术品是否已被修复。尽管科学技术分析可能无法证明艺术品的属性，但是它可以确定地将某些属性排除在特定时间段之外，因为艺术品所使用的材料在一定时间之前是不存在或者不可用的。

尽管科学技术分析在某些方面存在一定优势，但专家们断言，没有什么比"受过教育，经验丰富，非常近距离的观察，即目鉴"更胜一筹。[①] 同时，科学技术分析也存在非常耗费时间和成本的缺陷。另外，在审查拍卖人在审定委托财产时是否勤勉的问题上，只有当法院认为当事人所争论的审定过程有必要成为证据时，才会使用科学技术分析。因此，只要拍卖行在审定时无法合理获得或使用科学技术分析方法，法院就不会要求拍卖行强制使用。尽管如此，科学技术分析对于验证艺术品某些属性的准确性仍非常有帮助。

综上所述，目鉴仍然是最重要的审定工具，"因为专家能够认识到作品的正确性通常先于实验室或档案馆的需要"[②]。其次才是专家解释和评估由科学分析和档案研究提供的信息。以下部分考察了几个协会与机构发布的专业建议，他们旨在为专家的审定程序提供指导。

（二）实践指导意见

在艺术品审定的实践中，一些协会与机构为艺术品审定和交易提供了实践指南和道德准则。这些指南和准则首先提出了专家在发表意见之前应具备何种资格；其次，它们规定了专家报告或艺术品描述应遵循的标准；再次，这些指南和准则确定了公平、专业和诚

[①②] O'Connor, Francis V. "Authenticating the Attribution of Art-Connoisseurship and the Law in the Judging of Forgeries, Copies, and False Attribution." In The Expert versus the Object-Judging Fakes and False Attributions in the Visual Arts, edited by Ronald D. Spencer, 3 - 27. New York: Oxford University Press, 2004: 18, 6.

实三项基本原则，这三项原则不仅适用于艺术品经销商对艺术家和客户的所有业务，而且适用于经销商对公众的宣传与引导；最后，指南还提请经销商或专家注意潜在的利益冲突。

这些标准中的大多数都认为，专家应在自己的能力范围内真诚地提出意见。例如描述性目录专家协会（Catalogue Raisonné Scholars Association，以下简称"CRSA"）规定："关于某位艺术家一生所创作的、所有媒材（media）的作品，专家必须全面掌握第一手资料"[1]；艺术鉴定组织（Authentication in Art，以下简称"AIA"）下属艺术与法律工作小组制定的技术指南则规定："确保专家有能力验证艺术品的真实性，专家报告必须附有专家的简历，以及能够证明他拥有必要技能、经验和专业知识的学术或专业背景描述"[2]；国际古董与艺术品交易商协会（International Association of Dealers in Ancient Art，以下简称"IADAA"）规定："在对购买者的书面承诺中，关于艺术品的修复与鉴定情况，协会会员应保持最大限度的诚实与公开"[3]；瑞士古董和艺术品交易商协会（Swiss Association of Dealers in Antiques and Art，以下简称"SADAA"）的道德准则，则从另一个方面认为，如果专家缺乏必要的鉴赏力，他应咨询其他专家，如果可能的话，被咨询专家也应该是协会的成员。[4]

一些指南和准则还指出了专家可能遇到潜在利益冲突的问题。一旦专家或者拍卖行处于有利可图的状态，这种利益冲突也就浮现了，因此 AIA 下属艺术与法律工作小组制定的技术指南建议"专家

---

[1] CRSA, Guidelines for Issuing Scholarly Opinions about Authenticity: 2.
[2] The Technical Requirements for Valid Written Expert Opinion Reports on the Authenticity of Paintings for Use by the International Art Community Privately and in Judicial Proceedings Determining the Authenticity of Paintings as a Matter of Law, 2. A.
[3] IADAA, Code of Ethics and Practice.
[4] SADAA, Code of Ethics and Practice.

应披露任何可能影响真实性的潜在利益冲突"①。同样的，美国艺术品交易商协会（Art Dealers Association of America，以下简称"ADAA"）也建议将专家的潜在利益冲突透明化，以便保护潜在买受人的利益。②

在审定艺术品时，一些指南建议专家考虑其他专家的意见。美国高等学院艺术协会（College Art Association of America，以下简称"CAA"）的标准认为，专家应"与一组其他专家、文保工作者一起提出审定意见，并就艺术品的真实性形成共识"③。AIA 下属艺术与法律工作小组制定的技术指南建议"专家意见必须具体陈述当下公认的学术权威共识"④。另外，还有规定认为："专家的意见必须包括任何潜在的、可能支持其最终意见的次要意见"⑤。

关于审定方法，CRSA 认为专家意见必须基于之前列举的三种审定工具，即"目鉴、文献分析和科学分析"⑥。另外也有指南认为，专家只需具备必要的资格、掌握必要的技能以及拥有必要的经验即可出具意见。⑦

关于审定的标准，一些指南详细列出了专家必须关注的要素⑧，还有些指南则更多地关注专家描述其选定方法、应用技术和分析过

---

① The Technical Requirements for Valid Written Expert Opinion Reports on the Authenticity of Paintings for Use by the International Art Community Privately and in Judicial Proceedings Determining the Authenticity of Paintings as a Matter of Law，3. B.

② ADAA，Code of Ethics and Professional Practices，paras，IV – V.

③ CAA，Standards and Guidelines-Authentications and Attributions.

④⑤⑦ The Technical Requirements for Valid Written Expert Opinion Reports on the Authenticity of Paintings for Use by the International Art Community Privately and in Judicial Proceedings Determining the Authenticity of Paintings as a Matter of Law，3. G.

⑥ CRSA，Guidelines for Issuing Scholarly Opinions about Authenticity：3.

⑧ 例如 CRSA 的指南列出专家出具意见时所需关注的要素，包括异常记录、艺术家工作室的运作模式、材料、拍卖目录与销售纪录等，一旦专家确定了可能的创作者的范围，接下来的目标就是找到与作品关联性最强的作者，并证明作品为该作者职业生涯中某一时段创作的。

程的义务。① 无论如何，在为帮助艺术品审定而制定的标准考虑的所有要素中，专家必须优先考虑最为确凿的要素。

在审定过程中，一些指南鼓励专家通过物理检查来验证对象，而不是依靠艺术品的照片。如果使用艺术品照片进行验证，则在专家意见中必须予以说明。② 例如，在艺术品拍卖会上，无论委托人还是买受人一般都是亲自用眼睛检查艺术品。但是，在拍卖目录中通常会提及专家是根据委托财产的照片进行检查的。③

有鉴于一些拍卖行会在其拍卖规则中明确表示，所有口头和书面鉴定均为意见陈述而非事实陈述，一些指南会要求专家必须具体说明所出具意见的性质，同时无论专家出具意见的性质为何，专家均需详细说明艺术品的相关数据，包括媒材、尺寸、位置和签名方式以及任何关于艺术品背面的铭文。④

关于买方对审定的依赖，ADAA 强调其成员"应尽职尽责地核实提供给买方信息的准确性，但不能保证某些信息的准确性，如日期、出处等"；与之类似的，SADAA 提供免责条款以减弱专家意见的准确性风险；AIA 则采取不同的路径，要求专家提供所出具意见的准确性等级说明。

大部分拍卖行的拍卖规则也会让委托人和买受人在出售前的展览期内检查委托财产，以验证艺术品的真实性。根据拍卖规则的规定，

---

① The Technical Requirements for Valid Written Expert Opinion Reports on the Authenticity of Paintings for Use by the International Art Community Privately and in Judicial Proceedings Determining the Authenticity of Paintings as a Matter of Law，3. H.

② CAA，Standards and Guidelines-Authentications and Attributions；CRSA，Guidelines for Issuing Scholarly Opinions about Authenticity.

③ Stebbins，Theodore E. Jr. "The Art Expert，the Law and Real Life." In The Expert versus the Object-Judging Fakes and False Attributions in the Visual Arts，edited by Ronald D. Spencer，135 - 142. New York：Oxford University Press，2004：138.

④ CAA，Standards and Guidelines-Attributions and Authentications，B4.

拍卖行认为审定具有不确定性，因此可能会出现错误。鉴于艺术品的性质和价值，拍卖行鼓励买受人寻求其他专家并取得适当建议。由于成本和时间压力，拍卖行的专家可能不会对委托财产进行深入研究。在一般情况下，拍卖行专家的审定行为主要基于传统的目鉴和文献研究，只有在特殊情况下，拍卖行才会进行科学分析。如果在拍卖目录公布之前没有采用科学分析，或者在拍卖目录公布之时科学分析过于昂贵或不切实际，或可能损害拍品的价值，那么对于只有通过科学分析才能发现的错误，拍卖行可以免除关于这些错误的一切责任。因此，拍卖行只在他们认为合理的情况下才会进行科学分析，例如对于高端艺术品的审定或者为了减轻对审定结果的严重怀疑。

拍卖行在拍卖目录中发布的信息并不被视为正式的审定报告。但这些信息在艺术市场和当事人中有着相当的分量。因此在任何情况下，拍卖行都应遵循指南建议的流程、方法和标准，以及提供正式专家报告的验证人员的道德规范。

二、审定的本质

审定行为的核心在于审定行为本身决定了艺术品的真实性。对学者和专家而言，研究审定艺术品真实性的过程是必不可少的。但是艺术品的真实性不仅会受到人类审美观念的影响，而且会随着时间变化、科学技术的发展而改变，因此艺术品审定为学者们的研究提出了许多实际挑战。另外，有学者认为，艺术品审定的重要性已经超过了艺术品本身，其原因在于，艺术品的价值来源于艺术品所承载的信息，而艺术品审定行为正是发现、识别、披露这种信息的关键途径。①

---

① See Dutton, Denis. "Authenticity in art." In The Oxford Handbook of Aesthetics, edited by Jerrold Levinson, 258 - 274. New York: Oxford University Press, 2003: 259.

本节的第（一）部分将确定审定与真实性之间的关系；第（二）部分将探讨审定行为在各个领域面临的挑战；第（三）部分将从材质信息、表现力信息与经济价值信息三个面向，来论述艺术品审定的重要性。

（一）审定行为与艺术品真实性

对于艺术品而言，真实性是一个非常重要的属性。在艺术品交易中，这一属性也是十分复杂的概念。有学者把真实性简单地理解为"正确识别作品的作者"①，这种解释显然是欠妥的，因为这一解释显然将艺术品限缩为"有作者的艺术品"，而无法涵盖承载某种文化、历史内涵的艺术品。例如，我国的司母戊方鼎并没有因其作者不可考而被排除出艺术品之列；相反，司母戊方鼎因其本身体现的美学价值与历史价值，成就了东方艺术瑰宝之名。由此可见，真实性包含了需要识别的所有元素②，是艺术品"创造性"的体现，其内容包括但不限于作者、年代、材质等。

当一件艺术品具有"真实性"时，应确保该艺术品被"正确描述"③。相对地，如果可以找到某件艺术品的时空定位，那么就可以说该艺术品是"真实的"。简而言之，如果我们可以发现某件赝品的作者，那么就可以说该件物品是该作者的真迹。相对地，一个被称为"19 世纪的法国红葡萄酒壶"的物体，虽然其实际上是"10世纪末或 11 世纪初为开罗法蒂玛王朝统治者制作的雕刻水晶壶"④，但在以前的错误审定中，这个物体并不是真实的。

---

① De Marchi，Neil and Hans J. Van Miegroet. "Art，value and market practices in the Netherlands in the seventeenth century." Art Bulletin 76，no. 3 (1994)：451 - 464.

②③ Dutton，Denis. "Authenticity in art." In The Oxford Handbook of Aesthetics，edited by Jerrold Levinson，258 - 274. New York：Oxford University Press，2003：288，260.

④ Bailey，Martin and Luke Harris. "Islamic Sleeper priced at £100 in January to be auctioned for £3 Million in October." The Art Newspaper，September 10，2008.

然而并非所有法律学者都同意真实性和审定行为之间的关联性。François Duret-Robert 就认为，一旦发现了伪造者，就不应该将真迹与赝作同化（assimilation）。相反的，Robert 认为，如果一个伪造者创作的作品旨在让世人以为该作品就是原作，那么符合理性的做法是复制原作而不是伪造原作家的艺术风格再去创造一幅，因此它缺乏真实性。遵循这一思路，Robert 认为，真实性是根据创作者在创作过程中的意图和个人动机决定的。[①] 但是，笔者认为真实性是艺术品的一种属性，而并非用于评价艺术品是否有所创新。因为对艺术品品质、创新、技法的欣赏并未触及对艺术品的辨别，而仅是一种对艺术品的描述、比较或者是对艺术品的尊敬。尽管艺术品的美学价值与作者意图对于理解与欣赏艺术品有莫大的帮助，但是这些并不是艺术品真实性的体现。换言之，真实性只要求审定人正确识别艺术品上显性或隐性的信息（作者、出处、材质等）即可。另外，在世界范围内，还存在许多创作者不可考的艺术品，如何确定这些艺术品创作者的创作意图呢？因此 Robert 的观点还有不周详的地方，艺术品的真实性与审定行为有密切的关联，因为只有在正确审定之后，我们才可以判断艺术品真实与否。

在确定艺术品真实性时，对于那些可能无法确定创作者的作品，如瓷器或家具，必须优先考虑时代或时期等其他信息。错误识别这些信息对艺术品真实性的影响，就像错误识别创作者的一样。这也就意味着，艺术品上承载的每条信息交织在一起形成了艺术品的起源，这些信息共同决定着艺术品真实与否。例如，艺术家 Giorgio de Chirico 将自己在 1909—1919 年间创作的艺术作品，定义

---

① Duret-Robert，François. "The authenticity of works of art in the practice of the art market." In The Expertise and Authentication of Works of Art, Studies in Art Law, vol. 19, edited by Marc-André Renold, Pierre Gabus and Jacques de Werra, 30 - 37. Geneva: Schulthess, 2007: 110.

为"形而上学时期"的作品①，那么 de Chirico 在 1909—1919 年间的一幅真迹应该包含至少两条信息，其一为"Giorgio de Chirico 本人创作"，其二为"形而上学时期的作品"，二者缺一不可。

（二）真实性的挑战

1. 审定主体的挑战：权威专家

艺术市场很大程度上依赖于专家，其原因在于，艺术品通常与其自身的信息一同交易，而这些信息只有专家才能提供。与其他需要专业知识的领域不同，艺术品的审定受到来自艺术世界特殊性的挑战。因为缺乏必要的准入门槛与监管机构，所以任何人都可以声称自己是"专家"。然而，并非所有"专家"都被艺术市场认可。选择专家的过程通常是基于个人声誉与行业口碑。②

对于某个特定的创作者、流派或时期而言，个人声誉与行业口碑的选择标准会导致一个或几个专家成为权威，他们发表的意见通常比其他专家更有优势。当涉及审定特定的创作者或艺术品时，仅仅依赖"最受尊敬的专家"是艺术市场的固有且公认的标准。简而言之，专家可能会为艺术品审定提供某些重要的指示，但权威专家则会提出市场认可的最终决定。

对于权威专家的观点，尽管同时存在不同和反对意见，但是由于权威专家在业界享有极高的声誉，他们的观点通常会形成业界的"共识"。虽然这种"共识"可能在学术上是正确的，但是形成这种"共识"的基础是业界的口碑与个人声誉，因此这种"共识"是被艺术市场所认可的"共识"。换言之，即便专家的观点是正确的，

---

① Cahill, John R. "Keeping it real：a brief primer on the law of art authenticity." Colum. J. L. & Arts 2012：363.

② Gerstenblith, Patty. "Getting real：cultural, aesthetic and legal perspectives on the meaning of authenticity of art works." Columbia Journal of Law & the Arts 35 (2012)：394.

如果专家本人不被市场所认可，他的观点也可能既不会成为"共识"，又不会被市场交易主体所采纳。这就意味着，控制"共识"内容的主体名为权威专家，实则是艺术市场的参与者，因此这种"共识"正确与否，是不确定的。

这种现象可能非常危险，因为它排除了艺术品知识的学术交流以及对权威专家提出观点的任何讨论。一旦权威专家的观点出现错误，后果便不堪设想。正如最近的 Wolfgang Beltracchi 案所示，伪造者 Beltracchi 的赝品不但欺骗了大众，而且愚弄了许多业界权威专家，包括了解 Max Ernst 全部作品的专家 Werner Spies。[①] 在艺术市场中，权威专家对审定的认可往往比审定结果的正确性更为重要，有鉴于此，绝大部分拍卖行遵守这一规则，在没有得到权威专家的认可之前，往往不会轻易出手高端艺术品。[②]

特定人成为权威专家的原因或方式很多。专家可以通过发表文章或出版书籍，证明自己对某一作者的全部作品，或某一作者某一时期的作品有较高的鉴赏能力，进而成为该名作者作品审定结论的判断者。另外，有一些专家能够凭借他们曾经是或者仍然是某作者作品交易商的身份，获得较高的市场影响力。有鉴于他们作为专家和交易商的双重身份，当他们进行审定与交易时，可能会引发利益冲突。[③] 同样的问题也会发生在拍卖人身上，一方面拍卖人作为交易人负责委托拍品的展览与销售，另一方面拍卖人也充当专家的角

① See Michalska, Julia. "Werner spies rehabilitated with Max Ernst show in Vienna." The Art Newspaper, January 28, 2013.

② See Bandle, Anne Laure. "Fakes, fears, and findings-disputes over the authenticity of artworks." Transnational Dispute Management 11. 2. 2014：2.

③ See Duret-Robert, François. "The authenticity of works of art in the practice of the art market." In The Expertise and Authentication of Works of Art, Studies in Art Law, vol. 19, edited by Marc-André Renold, Pierre Gabus and Jacques de Werra, 30 - 37. Geneva: Schulthess, 2007：124.

色，负责评估拍品的品质与价值。① 因此也有观点认为专家与交易人的角色不能由同一人来充当。②

在其他情况下，专家可能因为他们与创作者的密切联系而成为权威专家。在法国，艺术家的继承人往往承担了艺术家作品审定人的身份，而艺术家著作人身权的拥有者往往承担了保护艺术家的作品完整和署名正确的义务。③ 专家或继承人继承大量艺术家作品并参与作品审定的过程中，实际上存在大量的利益冲突。当他们拒绝对艺术作品进行审定时，他们可能会因艺术家作品的稀缺性，而被指责操纵市场，人为地抬高价格。④ 由此可见，权威专家是艺术市场中的一个危险现象。鉴于其权力，一旦权威专家激怒了艺术市场中的其他利益相关者，他们就会通过采取法律行动作出回应。⑤

2. 审定行为的挑战：循环性与偶然性

就专家而言，审定结果大部分来源于目鉴与文献分析。"基于连续的比较分析，某一种艺术风格研究者的立场，经常在支持与反对中不断变化"⑥，由此产生了不稳定的因素。除了那些因科学分析而可以确定的部分以外，即使是最伟大的鉴赏家也无法绝对地确定

---

① Fischer, Kuno. "The position of the appraiser in the art trade and auctioning." Art and Law 2 (2013): 46.

② Dutton, Denis. "Authenticity in art." In The Oxford Handbook of Aesthetics, edited by Jerrold Levinson, 258 - 274. New York: Oxford University Press, 2003: 263.

③ Duret-Robert, François. "The authenticity of works of art in the practice of the art market." In The Expertise and Authentication of Works of Art, Studies in Art Law, vol. 19, edited by Marc-André Renold, Pierre Gabus and Jacques de Werra, 30 - 37. Geneva: Schulthess, 2007: 133.

④ Simon-Whelan v Andy Warhol Foundation et al., No. 07 Civ. 6423, 2009 U. S. Dist. LEXIS 44242, 1 - 2.

⑤ Bandle, Anne Laure. "Fakes, fears, and findings-disputes over the authenticity of artworks." Transnational Dispute Management 11. 2. 2014: 4.

⑥ Gerlach, Tilo. Die Haftung für fehlerhafte Kunstexpertisen, Schriftenreihe des Instituts für Urheber-und Medienrecht, München (UFITA), vol. 156. Germany: Nomos Verlagsgesellschaft Baden-Baden, 1998: 10.

某一艺术品的真实性。专家们对艺术品的一系列指标，包括风格、签名、出处等进行验证。但是最终艺术品的审定行为仍属于一种学术领域内的构想。①

从本质来说，艺术品审定是一种循环。下面的第一部分解释了原有审定结论的改变的原因。第二部分评估了学者之间缺乏共识和由此产生的疑虑。事实上，特定归因的循环性可能很难处理，因为学者们不断讨论创作、起源、日期与时代等问题。第三部分考察了由于归因不稳定导致的市场影响。

（1）审定结论的改变

艺术市场的一个特点是自我纠正。借由专家们对艺术品创作者、发源地、创作日期的争论结果，可以质疑现有的审定结论。如果新的审定结论被艺术市场所接受，那么它将会替代原有的审定结论。在艺术品交易中，也有可能出现重新审定的情况，例如购买者希望获得他需要的有关艺术品的专业知识，或者拍卖人希望专家出具委托拍品的真实性证书。总之，可能导致审定结论的改变的原因有以下三点。

首先，根据当事人的要求，艺术品可能是第一次被合格的专家检查并进行比以往更加彻底的分析。

其次，可能会出现新证据，对既有审定结论的准确性提出质疑。专家们根据历史、科学和艺术的专业知识证明当时的审定结论正确与否，尽管他们尽到了合理的努力，但是新的信息会导致专家们重新审视和修改先前的审定结论。

最后，某一艺术品的权威专家可以被另一个权威专家取代，然

---

① Duret-Robert, François. "The authenticity of works of art in the practice of the art market." In The Expertise and Authentication of Works of Art, Studies in Art Law, vol. 19, edited by Marc-André Renold, Pierre Gabus and Jacques de Werra, 30 – 37. Geneva: Schulthess, 2007: 110.

后另一个权威专家重新审定了现有的结论。例如，伦勃朗研究项目
（RRP）成立于 1969 年，旨在为伦勃朗的全部作品建立目录。在这
一过程中，新的权威专家提出的观点超越了被誉为"20 世纪上半叶
最伟大的伦勃朗学者"Abraham Bredius 的观点，由此将更多的作
品纳入 1935 年的伦勃朗作品目录中。即使在伦勃朗研究项目内部，
也发生了审定结论的改变。例如，当时领先的伦勃朗研究学者
Josua Bruyn 曾认为一幅名为《波兰骑士》的画作是伦勃朗的一位弟
子所绘制的，直到 1996 年，新任主席 Ernst Van de Wetering 将其
加入伦勃朗的目录中，并将其创作时间标注为 1655 年左右。①

（2）缺乏共识与质疑

审定的过程往往会贯以不断的争论，伴随着争论，有关某件艺
术品的新证据会不断浮现，新的学术观点会不断被提出、采纳，关
于这件艺术品的审定结论可能会在真伪之间循环往复，这也就是审
定行为的循环性。从理论上说，审定行为的循环是不会停止的，艺
术品的审定结论只是审定循环中的一个片段，可能随时会被推翻。
这种现象在确定艺术品是出自早期艺术大师之手，还是他们的学生
或者拥趸之手时，尤其常见。②

审定行为的循环性将艺术品交易置于一个高风险的位置上。从
理论上说，如果专家的争论没有停止，那么艺术品是不能交易的。
在实践中，一旦一位权威专家表达了对艺术品审定准确性的担忧，
艺术市场就会马上作出反应，并认为交易有争议的艺术品风险太
大。这种风险不仅包括专家的负面意见，还包括该艺术品重新审定

---

① See Van der Wetering, A Corpus of Rembrandt Paintings Volume 5，535 et seqq.；
Butt，"Authenticity Disputes in the Art World,"；71.

② Esterow, Milton. "The Real Thing?" ARTnews, January 1，2010. Accessed February 7，2016.

后的不利结论。①

有鉴于循环性带来的种种风险，许多利益相关者开始思考如何去暂停循环过程并达成明确的审定意见，而真实性保证就是一种人为地和合法地暂停审定循环性的方式。尽管这种保证无法阻止未来艺术品审定意见会发生的变化，但是它至少为受益人提供了具有法律约束力的审定意见。

（3）对市场参与者的影响

审定行为的循环性会对艺术市场参与者的安全感产生比较大的影响。首先，艺术品交易人运用他们的专业知识对艺术品作出的描述与保证变得不那么容易为买受人所接受；其次，基于同样的原因，委托人对于是否应该委托拍卖人进行拍卖也产生了顾虑；再次，拍卖人害怕错误审定艺术品所带来的种种问题；最后，即便是不参与艺术品交易的收藏者，也会因循环性带来的审定结论的改变，而承受藏品贬值的风险。

另外，鉴于市场对专家意见的尊重以及艺术品拥有者通常缺乏足够的知识来质疑负面的专家意见这一事实，艺术品拥有者完全受到专家的支配。这些情况进一步增加了艺术市场的不确定性，同时撼动了艺术市场参与者对审定的有效性、可持续性以及专家专业知识的信心。

因此，专家应该告知他们的客户未来可能导致审定结论变化的情况。② 此外，在开始审定前，专家应该披露他们的专业领域与对艺术品的分析程度。

---

① Bailey, Martin. "National Gallery's Dürer Shunned. " The Art Newspaper, Issue 238, September 2012, 3.

② Esterow, Milton. "The Real Thing?" ARTnews, January 1, 2010. Accessed February 7, 2016.

3. 审定程序的挑战：司法领域与商业领域的分歧

真实性问题不仅涉及商业领域，而且涉及司法领域。事实上，法院经常需要去判断拍卖行的真实性保证是否适用，或者专家是否以适当的谨慎和技巧审定了艺术品。关于上述问题，最常见的解决途径就是专家证言制度，但是这个制度在大陆法系与英美法系具有非常大的差异。

在大陆法系，以瑞士法为例，根据《瑞士民事诉讼法》第 185 条，法院可以委托专家进行报告，并指示专家回答一系列问题，这些问题可以由法官提出，也可以由当事人进行修改和补充。当事人也可以提交与法院专家报告不同的专家报告，这两者的区别在于：当事人提交的专家报告仅可以作为一种事实提交，而法院专家报告有资格作为证据。另外《瑞士民事诉讼法》没有规定不同类型证据的证明力，法官可以根据证据规则自由评估当事人提交证据的证明力。

例如，关于原告购买的雕塑是否被告所声称的并由买卖合同规定的"古董"，苏黎世上诉法院曾经判断了 7 位专家的证言。法院指定的专家认为原告专家的验证方法并不可靠。法院指定的专家在进行了检查并综合所有要素后得出结论，认为争讼标的就是古董，同时认为被告的审定结论具有较高的证明力。法院也认可了专家们的意见，并裁定原告败诉。

在英美法系，各方当事人都可以在专家的帮助下进行诉讼，并可以要求专家出庭作证，同时，任何一方当事人的律师都可以质疑对方专家的知识程度与调查结果。法院会对这些证言与意见进行仔细审查。

在英国，三级法院都需要遵守"民事诉讼规则"（CPR）的约束。根据该规则第 35.1 条，法院将专家证据限制为"合理解决诉讼所需的证据"。更具体地说，法院必须考量"提出的专家证据的真实性如何；在解决案件中的问题方面将有多大帮助；以及这笔费用将花费多少"等因素。①

根据美国联邦法院的联邦证据规则，初审法院可以排除不可靠的专家证词，并且必须检查证据是否可靠和有用。根据 Daubert v. Merrell Dow Pharmaceuticals, Inc. 案确定的 Daubert 规则，专家证词的可靠性可以通过五个方面进行判断：第一，专家的技术或理论是否可以或已经过测试，即专家的理论是否可以在某种客观意义上受到挑战，或者它是否仅仅是一种主观的、结论性的方法，不能合理地评估其可靠性；第二，专家的技术或理论是否经过同业审查或者出版；第三，技术或理论应用时是否存在已知的或潜在的误差；第四，技术或理论是否存在标准；第五，技术或理论是否已被学界普遍接受。因此，法院将审查作证的专家是否使用了公认的技术或理论，例如法院会参考美国鉴定人协会发布的技术与理论指南来确定作证专家的技术或理论是否为公认的。

需要注意的是，Daubert 规则仅适用于联邦法院与少数州法院。其他州法院有着自己的认定规则，例如纽约州与其他许多州法院采用的是基于 Frye v. United States 案所确定的 Frye 规则。根据该规则，某种科学原则或者程序在某领域获得"普遍接受"之后，根据上述科学原则或程序作出的专家证言可以为法庭所接受。

在真实性纠纷中，一旦法官判定专家证词可以受理，陪审团通常会确定专家是否有责任。届时，陪审团会重点关注专家是否遵守了他的注意义务以及他是否合理地审定了有争议的艺术品，但是他们并不会检查和验证艺术品的实际属性，而是根据前述的标准决定专家在审定方面的责任。

---

① Holland, Jordan. "The approach of the English court to connoisseurship, provenance and technical analysis." Art Antiquity and Law 17, no. 4. 2012. 165.

相比之下，商业领域内的艺术市场只关注艺术品的真实性和权威专家的陈述，即艺术品的审定决定是否正确。仅具有"真实性概率"的审定意见虽然可能帮助当事人在法庭上获得胜利，但是在面对有准确审定意见的艺术品时，此类审定意见并不能帮助艺术品在交易市场上取得优势。另外，专家的口碑与声誉在商业领域内起着至关重要的作用，但是在司法领域，专家的口碑与声誉可能仅是次要的。

例如在 Greenberg Gallery, Inc. v. Bauman and Entwistle 案中，原告的专家 Klaus Perls，不但是 Alexander Calder 全部作品的知名专家，而且曾是 Alexander Calder 作品的独家交易人。在该案中 Perls 两次检查涉案标的，并比对了数百幅 Alexander Calder 作品的照片，最后结合之前参与交易 Alexander Calder 作品所积累的"直觉"，Perls 对涉案标的的真实性提出了质疑。与被告专家不同的是，Perls 并没有关注到涉案标的右下角的"AC"签名，因此也未对此签名是否伪造的提出自己的意见。最后法院并没有采纳 Perls 的意见，其原因在于，法院认为 Perls 对涉案标的的检查过于粗略。相反，有鉴于被告专家详细检查了包括签名在内的涉案标的，法院最终采信了被告专家的意见。

另外，司法在干预艺术品商业市场时也遇到了不小的阻力。例如，为了通过使定价更加透明来保护消费者，纽约市实施了"价格真理法"（Truth-in-Pricing Law），要求销售商品（包括艺术品）必须显著地标注价格。然而，许多画廊拒绝遵守该规则，他们认为对有价值的艺术品发布价格会产生安全问题，另外将艺术品转化为商品的做法破坏了艺术品的美学价值。同样，瑞士出台了一项适用于某些艺术品销售的价格披露规定。但是，并非所有瑞士画廊都在展厅和艺术博览会上展示价格，而是根据要求提供。

综上所述，考虑到艺术市场的特质和权威专家的地位，艺术品的审定是一项具有挑战性的任务。因为艺术品的审定行为的循环性，对某些艺术品的审定意见可能永远不会达成共识，即便达成共识也可能会随时被推翻。审定行为缺乏稳定性进一步使审定过程复杂化并导致艺术市场的不安全感。当争议进入法庭时，法官将适用标准证据程序和规则，而这些程序和规则与艺术市场的标准大相径庭。

（三）审定的价值

学者曾言，审定是艺术品销售过程中的基石。[①] 审定之所以如此重要，是因为其具有以下三种价值：首先，审定有确定艺术品本身的价值，这对于艺术品保存与保护而言，至关重要；其次，审定有确定艺术品表现力的价值，这对于艺术品如何影响大众而言，至关重要；最后，审定有确定艺术品经济价值的价值，这对于艺术品的出售而言，至关重要。这三种价值的发挥程度则取决于是由谁来进行审定。

1. 确定艺术品本身的价值

审定对于艺术品本身而言，至关重要。相较于知名艺术家的作品，一些并不知名艺术家的作品很少会得到公开展示的机会，相反它们可能被保存在不适当的条件之下，甚至可能会被销毁。有学者曾指出："许多伟大的作品之所以会消失，会被摧毁或遗忘，是因为他们没有及时发现它们的全部价值。"[②]

审定的重要价值就在于将艺术品上的信息（作者、艺术风格等）体现在某种载体之中（例如画廊、博物馆等）。这些载体的认可不仅对于将作品纳入适当的环境至关重要，而且影响作品的表现

---

①② Jáuregui, Raúl. "Rembrandt portraits: economic negligence in art attribution." UCLA Law Review 44 (1997): 1950, 1951.

力和经济价值。例如描述性目录就是艺术品的真实性和艺术相关性的学术认可,因为这些目录仅收录某位艺术家的代表性作品。又如拍卖行在确认艺术品为真实且具备在二级市场上出售的条件时,才会确定上拍。拍卖行一般通过拍卖目录,指出艺术品的品质与独特之处,并描述艺术品的技法、风格、媒材与出处。

相反,描述性目录、博物馆或者画廊一旦认为艺术品的审定结论有偏差,就会立即将其撤出。这将对艺术品的正确性与其在艺术界的地位造成严重的影响。例如,当威廉国王博物馆的三幅画作被宣布为赝品时,威尔士国家博物馆立即将其撤出展览。在之后的十几年里,这三幅作品一直被封存。直到最近,借由专家的科学分析,这三幅作品的"赝品"之名才被洗刷。①

如果艺术品最终被确定为赝品,那么其有可能面临被摧毁的风险。例如澳大利亚联邦法院已经获准销毁赝品②;美国邮政局也获准通过制作"赝品标识"的方式,永久性地标识赝品;FBI 也正试图获得可以永久扣押或者直接销毁赝品的授权。③

2. 确定艺术品表现力的价值

艺术品虽然因其本身的价值而受到世人的青睐,但更多的是因其表现力而备受世人瞩目。这也就意味着,每一件艺术品所蕴含的表现力都需要进行解释,才能体现它们的价值。

(1)确定艺术品独特性与艺术背景

艺术品的价值来源于其独特性。虽然两个艺术品可能没有视觉上可感知的差异,但是审定依旧可以发现它们的区别。例如工艺品

---

① Kennedy, Randy. "Three 'fake' J. M. W. Turner paintings authenticated." The New York Times: Arts Beat, September 24, 2012.

② Charles Blackman and Ors v. Peter Gant and Anor 2010 VSC 229.

③ Grant, Daniel. "What Happens to Confiscated Art 'Fakes'?" Huffington Post, September 29, 2010.

(multiple)，在我国也称"行货"，就是基于艺术家原作而批量生产的物品。工艺品的特征在于同一系列的工艺品可能无法区分。有鉴于此，每个工艺品都有自己的顺序编号，编号的存在，也就构成了工艺品的独特性。尽管大部分工艺品的价值不高，但是同一系列工艺品的母本往往具有较高的价值，因为母本通常是由艺术家本人制作，也具有艺术家自身的痕迹（如签名、印章等）。

从严格的美学方法论来说，"艺术品是否真实无关紧要，因为真实的和伪造的艺术品具有相同的审美吸引力和意义"①。同时，原件与复制品之间也可能并不存在物理的差别。② 尽管如此，原件的独创性并不会因复制品或赝品的出现而消失，但前提是，原作的审定结论必须尽量准确。例如 Edward Munch 的《呐喊》（*Scream*）曾被画家本人临摹了若干份，尽管这些摹本与真本的物理差异可以忽略不计，但是由于各个摹本与真本的流通方式与曾经的拥有者都有不同，因此不会影响真本的独特性。③

艺术品也有相关的艺术背景，创作背景反映了艺术品的历史性、独特性，以及围绕艺术品诞生与流通的过程。尽管赝品在物理上与真品几乎相同，但是由于赝品缺乏相关的艺术背景，因此赝品的表现力价值通常远远低于真品。审定主要影响我们对艺术品的感知，这种感知从客观上说，就是艺术品的表现力价值。

艺术品作者是艺术品独特性或者艺术背景的一部分，一旦我们知道创作者的名字，"这件作品就在艺术家的作品中找到了位置，

---

① Briat, Martine, and J. A. Freedberg. International Art Trade and Law. Springer Netherlands, 1991: 335.

② Gerstenblith, Patty. "Getting real: cultural, aesthetic and legal perspectives on the meaning of authenticity of art works." Columbia Journal of Law & the Arts 35. 2012: 324.

③ Mothersill, Mary. "'Unique' as an aesthetic predicate." Journal of Philosophy 58, no. 16. 1961: 422 - 423.

这将会极大地增加从中获得的信息，甚至审美价值"①。无论是信息还是审美价值都会影响作品的经济价值。例如，如果一幅画完全由达·芬奇独立创作，那么这不仅为作品增添了无法比拟的光环，而且改变了我们对这幅画价值的认知。

艺术品的独特性或者艺术背景还包括艺术品的时期或者时代。有些艺术品的时期非常接近，这也就意味着它们的艺术背景可能非常的相似。同一作者在不同时期也有可能有类似的甚至完全一样的作品问世，但是诚如一些学者所言，这是"不同逻辑或时空下的作品"②。正确审定艺术品时期或者时代可以让"大众了解这不同作品之间的差异，同时不至于被相似的创作背景或同一个作者所混淆"③。

包括艺术品拥有者在内的艺术品出处也可能影响艺术品的独特性或者艺术背景。例如，达·芬奇的《自画像》不仅在业界享有极高的赞誉，而且广为世人所欣赏。究其原因，除却达·芬奇自身绘画技术高超以外，该幅名画的创作不仅得到了法国王室的支持，而且其在创作完成以后还被收入昂布瓦斯堡的皇家收藏品中。如果艺术品是皇家收藏品的一部分或其曾得到皇室的支持，那么作为艺术品出处，这两个原因就会极大地增强艺术品的独特性和珍贵性。除却皇室的因素以外，特定画廊、博物馆、交易人或所有者都可能影响艺术品的出处。④ 另外，对于作者不可考的艺术品，出处的审定

---

①　Jáuregui, Raúl. "Rembrandt portraits: economic negligence in art attribution." UCLA Law Review 44 1997：1950.

②　Mothersill, Mary. "'Unique' as an aesthetic predicate." Journal of Philosophy 58, no. 16. 1961：423.

③　Jáuregui, Raúl. "Rembrandt portraits: economic negligence in art attribution." UCLA Law Review 44 1997：1950.

④　Simmons, Lucian J. "Provenance and auction houses." In Resolution of Cultural Property Disputes: Papers Emanating from the Seventh PCA International Law Seminar, May 23, 2003, edited by the International Bureau of the Permanent Court of Arbitration：85. The Hague：Kluwer Law International, 2004.

就成为判断艺术品表现力的关键所在，这一点在我国瓷器、玉器的价值判断上表现得尤为突出。

拍卖行印发的拍卖目录中有时会包含出处信息，例如先前所有者和交易者的列表，围绕作者或艺术品的详细历史分析以及文献参考。这些数据不仅有助于更好地理解艺术品和艺术市场，还可以将每个艺术品转变为"无价的历史实体"①。

对某些艺术家、某个时期或者时代、某种出处的偏好源于审美和时代趋势，而这两者都可以被艺术品以外的东西所影响。有学者认为，一群非常有影响力的交易人被称为"文化仲裁者"（Cultural Arbiters），他们决定着哪些作者和作品可以体现艺术的重要性并将其定位于市场之中。"文化仲裁者"一方面努力使艺术评论家在媒体上报道某些艺术家，并希望博物馆组织他们作品的展览。有鉴于文化领域的多种关系，媒体、博物馆和艺术学者在面对公众时通常会支持"文化仲裁者"们的选择。另一方面，拍卖行是"文化仲裁者"的一部分，一些特定的艺术品可以通过拍卖会进一步获得商业知名度与专业认可，并成为拍卖行宣传的焦点。对特定作者或作品倾注的关注越多，大众对他们的感知就越会受到正面的影响。②

（2）保护艺术品的安全

艺术品审定为艺术品拥有者提供了一定的安全感。这种安全感体现为，拥有者对艺术品的认知与艺术品审定结论相一致。无论是拥有者的认知还是艺术品审定结论都非常看重艺术品的出处，这对于保证艺术品品质与真实性尤为重要。例如，交易人和博物馆等专业人士提供的详细出处通常被视为艺术品准确性及艺术价值的保证。有

---

① Pardo-Guerra, Juan Pablo. "Priceless calculations: reappraising the sociotechnical appendages of art." European Societies 15, no. 2 2013: 200.

② Bandle, Anne Laure. "Arbiters of value: the complexity and dealers' liability in pricing art." Social Science Electronic Publishing. 2018: 36.

法官也称出处给予了艺术品"时代与真实性上的慰藉"（comfort as to age and authenticity）[1]。

尽管出处可以为艺术品的真实性提供有力的证明，但是也存在一个问题。例如一件艺术品的创作得到了皇室的支持，这可以用来证明艺术品的真实性，但是不能证明这条论据本身的真实性。有鉴于通过伪造出处文献来证明艺术品流转历程的方法众多，仅以出处来证明艺术品并非赝品的理论受到了较为广泛的批评。[2]

实际上，由于艺术品交易缺乏安全性，因此安全性问题才被艺术市场提到了一个较高的位置上。缺乏艺术鉴赏力的众多买家和卖家都会在交易中接触到拍卖行与专家的力量。尽管拍卖行和专家提供了适用的免责声明，但这些买家和卖家仍认为审定是真实性和价值的保证。因此拍卖行对不道德行为的免责声明实际上破坏了审定为买家和委托人提供的安全保障。

3. 确定艺术品经济价值的价值

有鉴于不同创作者、创作时期或出处等信息的价值差异巨大，艺术品的经济价值与审定息息相关。例如，受到艺术市场或审美潮流追捧的艺术家作品，其价值一定会高于同一时期的其他作品；又如，对于同一艺术家的作品而言，艺术家在鼎盛期创作的艺术品的价值一定会高于其在瓶颈期创作的；再如，同一艺术家在同一时期的作品，那些纳入皇室收藏的作品的价值也一定会高于那些籍籍无名的。

简单来说，由审定确定的艺术品表现力价值会被市场转化为经

---

① Elidor Investments SA v. Christie's Manson Woods Ltd ［2009］ EWHC 3600 (QB)，2009 WL 5641047：8.

② Stebbins，Theodore E. Jr. "The art expert, the law and real life." In The Expert versus the Object-Judging Fakes and False Attributions in the Visual Arts，edited by Ronald D. Spencer，135－142. New York：Oxford University Press，2004：138.

济价值，艺术品的表现力价值越高，其经济价值也就越高。

（1）艺术品市场价值的决定性因素

艺术品市场的价值体系与传统商品市场的价值体系有较大的差异。艺术品的市场价值由两组对映逻辑组成：量化逻辑与表达逻辑。前者将艺术品视为一种可衡量的商品，主要检验艺术品的有形特征，如媒材、大小、形状等；后者则揭示了动态的艺术品市场偏好，主要检验艺术品的无形特征，如品质、风格、个性等。[①]

尽管量化逻辑可以影响艺术品的市场价值，但是学者们将制作艺术品的成本排除在价格决定因素之外。[②] 相反，艺术品的市场价值"完全独立于最初生产它所需的劳动量"[③]。鉴于艺术品的供应有限，这导致艺术品的价值受到"渴望拥有它们的人的财富和倾向"的影响。[④]

简而言之，艺术品的价值波动并非来源于生产成本，而是来源于市场偏好。量化逻辑为艺术品的价值体系建立一系列的标准；如何在艺术品市场上理解与适用这些标准，则取决于表达逻辑。例如，齐白石"立轴山水十二条屏"的成交价是明永乐鎏金铜释迦牟尼佛坐像的5倍，但是后者的生产成本可能远高于前者的生产成本。[⑤]

（2）艺术品价值波动的主要原因

艺术品价值波动的主要原因之一是审定错误，其通常表现为在

---

① Velthuis, Olav. Talking Prices: Symbolic Meaning of Prices on the Market for Contemporary Art. Princeton, NJ: Princeton University Press, 2005: 24 - 25.

② Velthuis, Olav. Talking Prices: Symbolic Meaning of Prices on the Market for Contemporary Art. Princeton, NJ: Princeton University Press, 2005: 103; Ricardo, David. Principles of Political Economy and Taxation. London: G. Bell and Sons, 1925: 6.

③ Ricardo, David. Principles of Political Economy and Taxation. London: G. Bell and Sons, 1925: 6.

④ De Marchi, Neil and Hans J. Van Miegroet. "Art, value and market practices in the Netherlands in the seventeenth century." Art Bulletin 76, no. 3. 1994: 451 - 464.

⑤ 中国拍卖行业协会艺术委员会. 中国文物艺术品拍卖 25 周年报告. 55 - 57.

正确或疑似正确审定的前后，艺术市场会给同一艺术品定出差距巨大的价格。例如肖像画《美丽的公主》（*La Bella Principessa*）在1988年的成交价为 2.18 万美元。随后的二十多年间，专家们对于这幅画是否出自达·芬奇本人之手，一直争论不休。尽管专家们直到目前就该幅画作的身世仍未达成一致，但是这幅画的价值已经高达 1.5 亿美元。

在另一个例子中，英格兰当地的拍卖商错误地审定了一幅《两只猎狐犬》的画作，尽管估价低至 30～50 英镑，但画作给卖家带来了 840 英镑的收入。拍卖结束五个月后，苏富比认为画作出自艺术家 George Stubbs 本人之手，并以 88 000 英镑的价格出售。

上述例子可以表明，审定的正确与否对于艺术品的经济价值影响巨大。即使艺术品的物理状态没有任何改变，仅是改变了艺术品上承载的几条信息，也会导致艺术品的价格发生巨大的变化。有鉴于专业知识的不同，大部分人可能无法发现艺术品信息的变化，但是几乎所有人都可以感知到价格的变化，因此这种价格的变化可能比艺术品信息的变化更能吸引媒体与公众的关注。

事实上，拍卖会引起全世界艺术品收藏家和交易人的注意，他们经常寻求进行有利可图的艺术品交易。艺术品越来越成为交易人和收藏家以及保险公司和银行交易的投资商品。这些市场参与者寻找可能在短期或长期内获得价值的艺术品进行交易。艺术市场可以像其他任何市场一样承受商品价值的变化，但这些商品价值的变化应建立在同一商品的基础上。有鉴于错误审定行为并非影响了同一商品的价值，而是混淆了价值存在巨大差异的两个商品，错误审定并不是艺术品交易市场投机性的来源之一。

（3）以需求为导向的艺术品拍卖市场

有学者表明艺术品拍卖在某种程度上受制于供需规律，需求和供应相互作用以建立均衡价格。① 鉴于艺术品供应的增长几乎可以忽略不计，所以需求的变化不可避免地导致艺术品价格波动。② 科勒拍卖行一位董事曾言："同样重要的艺术品，无论在哪家拍卖行出售，其售价可能都是相同的。"③ 这一论断与需求影响拍卖市场的观点非常接近。在一场拍卖中，如果买家对某件艺术品有需求，那么他可以不断改变出价，直至他心中合适的价格，但是卖家的艺术品则需要面对无人出价的风险。

可以说，买家的需求是拍卖市场的决定因素。但是买家对何种艺术品产生需求，则可以被其他人影响。前文所提及的"文化仲裁者"就可以在买家对艺术品的立场方面产生巨大的影响。"文化仲裁者"通过其行为，区分了艺术品上所承载的信息，并根据信息的价值，确定其在市场中的位置，进而影响了买方的立场。④ 在拍卖中，买家对艺术品的立场触发了购买的欲望。这种立场甚至可能使买家付出任何代价来购买艺术品。

一旦这种代价达到某种高度，就会刺激出新的需求，有学者将这种需求总结为"因炫耀而渴望拥有艺术品的欲望"⑤。这种仅仅由于价格上涨而产生对商品的需求增长的现象也称为"凡勃伦效应"。凡勃伦认为，富裕的人们经常消费高度显眼的商品和服务，以宣传

---

① Velthuis, Olav. Talking Prices: Symbolic Meaning of Prices on the Market for Contemporary Art. Princeton, NJ: Princeton University Press, 2005: 80.

② Ricardo, David. Principles of Political Economy and Taxation. London: G. Bell and Sons, 1925: 97.

③ Bandle, Anne Laure. "Legal questions of art auctions" (Rechtsfragen der Kunstauktion): Seminar held by the Europe Institute, University of Zurich and the Center of Art and Law, Zurich, 13 April 2011. International Journal of Cultural Property 18. 04, 2011: 449.

④ Bandle, Anne Laure. "Arbiters of value: the complexity and dealers' liability in pricing art." Social Science Electronic Publishing. 2018: 34 - 35.

⑤ Schulz, Bernard. "The new status symbol." The German Times, 2008.

自己的财富，从而获得更高的社会地位。① 人们购买这种所谓的"名利"或"地位"商品，不仅可以公开展示自己对财富自由支配的权利，而且可以获得或者维系一定的社会地位，艺术品就是这样的商品。②

综上，由于通货膨胀、房地产市场的不稳定、艺术品投资回报增加等多种因素，市场参与者在艺术品上投入了更多的资金③，而这也使得审定的经济价值变得更为重要。鉴于审定的风险很高，拥有专业技能的专家扮演着重要角色。艺术品市场复杂的审定过程赋予了少数专家巨大的权威，有学者称之为"价值的仲裁者"④。这些专家不仅本身受到艺术品市场的信赖，而且由他们所作出的审定结论多数也被市场所认可。

如果专家对于某一件艺术品的审定结论较为负面，那么这一结论不仅会影响到艺术品的物理状态，例如是否应该销毁，或应该如何保存；而且会影响艺术品能否正确地融入现存所有的艺术品中，以达到学术或者欣赏的目的。

有鉴于真实性也是艺术品审定的重要部分，专家在这部分中将决定艺术品的真伪。另外，在确定艺术品的创作者或原产地、时期或时代以及出处时，专家们将他们认为有意义有价值的信息筛选出来，这进而影响了艺术品的表现力价值。

如前所述，艺术品需要在市场交易前进行审定。对于每种艺术

---

① ［美］Thorstein B Veblen. 有闲阶级论：关于制度的经济研究. 蔡受百，译：北京：商务印书馆，1964：68-101.

② Bagwell, Laurie Simon, and B. D. Bernheim. "Veblen effects in a theory of conspicuous consumption." American Economic Review 86. 3. 1996：349.

③ Boll, Dirk, Art of Sale. Germany：Hatje Cantz. 2011：17.

④ Stebbins, Theodore E. Jr. "The art expert, the law and real life." In The Expert versus the Object-Judging Fakes and False Attributions in the Visual Arts, edited by Ronald D. Spencer, 135-142. New York：Oxford University Press，2004：140.

品，专家对其审定的结论直接影响其经济价值。如果某位艺术家的权威专家对艺术品的真实性提出怀疑，那么该作品的市场价格可能会大幅下降。

三、拍卖中的审定

拍卖是一种已经存在了多个世纪的销售方式，其在欧美艺术市场的历史是以英国拍卖行的出现为起点的。随着时间的推移，拍卖行的目标受众发生了变化，他们的成交量也随之发生了变化。本节的第（一）部分试图解释艺术品拍卖的起源及艺术品拍卖如何发展成最重要的艺术品交易平台；第（二）部分重点讨论艺术品拍卖中错误审定的发生。

（一）拍卖行的历史与定位

1. 拍卖行的历史

（1）艺术品拍卖的确立

拍卖的历史最早可以追溯到公元前 500 年的古巴比伦时期，在那时，拍卖主要是为了解决适婚女性不愿结婚的问题，因此也称"新娘买卖"[①]。到了古罗马早期，拍卖与战争的联系较为密切，作为一种分配战利品的方式，拍卖无疑是更为公平的。随着希腊文化的深入，特别是罗马人对希腊艺术品的高度重视，拍卖与战争的关系开始逐渐减弱，最后完全脱离，转而为罗马贵族服务。在当时，罗马的统治阶级与受过良好教育的富有贵族以收集希腊艺术品为荣，因此出现了一些小规模的艺术品拍卖。[②] 在之后的岁月中，尽

---

① Harvey, Brian W. and Franklin Meisel. Auctions Law and Practice. 3rd ed. Oxford: Oxford University Press, 2006: 110.

② Boll, Dirk, Art of Sale. Germany: Hatje Cantz. 2011: 45.

管艺术品拍卖与其他商业活动一起发展，但是专门从事艺术品拍卖的职业直到 15 世纪初才出现。在当时，这些职业设置的主要目的是提升皇室艺术品收藏的水平，因此准入门槛非常高，例如，在法国，这些职业基本被国家公职人员所垄断。

16—17 世纪，得益于海上贸易产生的可观收益，荷兰的艺术品市场开始蓬勃发展。在那时，由于皇室的影响力逐渐减弱，艺术品开始在民间创作与流通。艺术品商业化的过程一方面激发了艺术家的创作热情，另一方面使得一般民众对艺术品的需求逐渐成为推动艺术品市场发展的主要原因。①

尽管艺术品交易在中世纪就已经脱离了皇室的桎梏，但是并没有形成专门的行业。在那时，大部分国家的艺术品拍卖从业者隶属于手工业行会，而艺术品拍卖的高额利润无疑对以零售为主的传统手工业造成了一定的冲击。有鉴于当时的社会环境，政府普遍支持传统手工业者，因此通过干预行业规则的方式限制拍卖业扩张与发展。但是英国是一个例外，由于 1640 年后英国爆发了资产阶级革命，政府的干涉力度减弱，这间接削弱了英国手工业行会的力量。有学者曾言，16—18 世纪的伦敦是拍卖的"法外之地"，甚至连法律都不敢明确地限制拍卖的发展。②

伦敦艺术市场不受监管的特质，使其参与者更喜欢拍卖艺术品。17 世纪晚期，伦敦的艺术品拍卖在咖啡馆、酒馆和书店内公开进行，这些商店不仅展出要出售的作品，而且提供拍卖目录。随着

---

① Huda, Shireen. Pedigree and Panache: A History of the Art Auction in Australia. Canberra: ANU E-Press, 2008: 8.

② Ohashi, Satomi. "The Auction Duty Act of 1777: the beginning of institutionalisation of auctions in Britain." In Auctions, Agents and Dealers-The Mechanisms of the Art Market 1660 - 1830, edited by Jeremy Warren and Adriana Turpin, London: The Wallace Collection, 2008: 23.

艺术品拍卖的广受好评，拍卖业者也出现了细致的分工，例如在 17 世纪末的伦敦，就出现了专门从事绘画与古籍拍卖的店铺；媒体也越来越重视拍卖行业，有越来越多的报纸开始刊登拍卖目录，并对他们认为重要的艺术品进行宣传。随着拍卖方法的专业化和合理化，"一个结构化的艺术市场开始演变，艺术品拍卖开始与声望和财富联系在一起"①。

到 18 世纪末 19 世纪初，拍卖的体量变得愈加庞大，以至于咖啡馆里的临时展览空间不够用了，永久性的拍卖行纷纷开始成立。例如，1744 年，苏富比拍卖行成立，主攻方面为古籍；1766 年，佳士得拍卖行成立，专注于家具和油画的拍卖；1793 年，邦瀚斯拍卖行成立并拍售第一幅版画；1796 年，菲利普斯拍卖行开始拍售家具、艺术品和地产。相比之下，瑞士最古老的拍卖行费舍尔直到 1907 年才粗具规模。在 18 世纪初，全英国从事与艺术品相关行业的人员不到 200 人，但是到 18 世纪末，仅伦敦的拍卖行就有超过 60 家，这种迅猛发展的态势，使得英国到现在仍是世界主要艺术品交易国之一。②

有学者曾认为拍卖是英国人"出口"到美国的。在 18 世纪，英国人发现拍卖是一种利润巨大且十分快速的交易模式，因此不但将拍卖对象扩展到一般商品，而且在殖民地广泛开展拍卖业务，这直接影响了当时美国的经济市场。殖民地时期的美国，本地商品与进口商品往往一起拍卖。由于英国商品不仅价格远低于本地产品，而

---

① Huda, Shireen. Pedigree and Panache: A History of the Art Auction in Australia. Canberra: ANU E-Press, 2008: 9.

② Ormrod, David. "The art trade and its urban context: England and the Netherlands compared, 1550 - 1750." In Auctions, Agents and Dealers-The Mechanisms of the Art Market 1660 - 1830, edited by Jeremy Warren and Adriana Turpin. London: The Wallace Collection, 2008: 12.

且种类繁多，这使得外国商人极大地影响了美国的生产和销售市场。尽管这种交易机制受到许多人的反对，但它也通过向市场引入原本无法获得的新产品，为美国消费者带来了好处。因此拍卖在殖民时期的美国变得很普遍，尤其是在清算存货、脱手滞销商品以及销售家具、家畜和农具的时候。[①]

根据文献记载，在 18 世纪末期，艺术品拍卖只不过是一些美国商人的副业。直到 19 世纪初，美国才出现少数仅以艺术品作为拍卖对象的拍卖行。相比于拍卖行，艺术家的个人拍卖会在美国更为盛行，在 19 世纪之前，美国共有 233 名艺术家以个人的名义举办拍卖会并出售自己的作品。[②]

与此同时，在欧洲，随着 19 世纪第一批公共博物馆和艺术协会的成立，艺术市场进一步发展。市民在参与公共收藏和展览过程中，提高了他们对艺术和私人收藏活动的兴趣。

（2）艺术品拍卖的贡献

一般来说，艺术品交易市场主要分成一级市场与二级市场两个部分。一级市场主要出售新完成的艺术品。除却消费者以外，该市场的参与者主要是包括画廊在内的交易商（Dealer）。二级市场主要出售二手的艺术品，该市场具有代表性的参与者主要是拍卖行。截至 2017 年，在全球范围内，一级市场占据了较大的市场份额，占艺术品总销售额的 53%，其余 47% 为公开拍卖。[③] 传统上，交易商主要在一级市场运作，而拍卖行则在二级市场销售商品。最近，两个市场主体开始出现相互渗透的现象。例如，一些拍卖行出售刚刚离开艺术家工作室的艺术品。又如，主要的拍卖行也可以进行私下的

---

① ② Cassady，Ralph Jr. Auctions and Auctioneering. Berkeley：University of California Press，1967：33.

③ TEFAF Art Market Report 2018.

合约交易，从而进一步迫使交易商退出市场。

在第二次世界大战之前，艺术品市场一直由交易商主导。但在接下来的 20 年里，拍卖行逐渐崛起，"成为将所有类别的艺术品无限期推高价格水平的火车头"[①]。在全球范围内，拍卖市场仍在不断发展，经过两年的增长，2018 年拍卖市场总额达到 155 亿美元，同比上升 4％。在过去的 10 年里，拍卖额几乎翻了一番，2007 年、2011 年和 2014 年是拍卖额的高峰。艺术品市场上的三大强国——美国、中国、英国贡献了全球艺术品总成交额的 85％以及交易量的44％。与往年不同的是，古典大师作品仅为艺术品市场贡献了 5％的总成交额和 9％的拍品，在西方的影响力逐渐衰弱。如今，古典大师的大规模拍卖已远远落后于现代艺术、印象派以及战后和当代艺术品的大型拍卖会。除了个别脱颖而出的大作（如 2017 年的《救世主》），古典大师的市场整体上人微言轻、活力不足，但从长远来看依然有利可图。[②]

艺术品拍卖市场主要由几家拍卖行瓜分。在很大程度上，他们拥有相同的市场，服务的对象也非常相似。此外，一些拍卖行专门从事特定的艺术品领域，比如邦瀚斯拍卖行（Bonhams）的武器、盔甲和古董车等。然而，几乎所有的大型拍卖行都出售古典大师的绘画作品、古董家具、雕塑、印象派和现代艺术品，以及战后和当代艺术品。在这些艺术门类中，拍卖行竞争激烈。[③]

随着高端艺术品的价格达到数百万美元，拍卖行推出了新的金

---

① Melikian, Souren. "The art of collecting: the European fine art fair." New York Times, 2011, S1.

② Artprice：2018 年度艺术市场报告。

③ Renold, Marc-André Jean. "Arbitration and mediation as alternative resolution mechanisms in disputes relating to the restitution of cultural property." Melbourne: University Press, 2009: 1153.

融安全措施，以降低客户承担的风险。其中一项措施是为卖方安排担保。担保是拍卖行或担保人向委托人支付的最低价格，而不考虑拍品在拍卖中获得的投标价格。如果投标价格超过担保价格，超出部分由拍卖行和担保人共同分享。如果投标价格低于担保价格，艺术品则归担保人或拍卖行所有。因此，从技术上讲，艺术品是在拍卖之前售出的。在拍卖时，因为委托人已经实现或者部分实现自己的目的，所以可以放心地交付拍品。从竞标者的角度来看，因为拍品设置了担保，所以表明有人愿意为这件艺术品付款，这可以让竞标者放心地竞价。

　　担保人通常是一些收藏家或者交易商。除却艺术品本身的利益外，他们还会追求其他的利益，比如想拥有一件特别的杰作或者为了确保某位艺术家作品的价格持续走高。鉴于拍卖行在市场上的重要性，对于有意购买、出售或投资特定作品或投资特定艺术家的交易商和同行来说，有关购买兴趣、最低售价、即将交付的拍品等信息可能是必不可少的。拍卖行通过向特定的人披露一些信息作为"权衡取舍"，从交易的保密性和客户关系中获利。①

　　然而这种担保也受到了不同程度的批评。有学者称，拍卖行作为艺术品的担保人，在一定的条件下可以"买到"自己拍售的艺术品，这使得拍卖行成为艺术品的"实际买受人"（Real Buyer）②，从而极大影响了拍卖的公正性。

---

　　① Renold，Marc-André. "'Art as Collateral'：Sicherheiten und andere Garantien im Kunstmarkt." In Kunst & Recht-Referate zur gleichnami-gen Veranstaltung der Juristischen Fakultät der Universität Basel vom 18. Juni 2010，Schriftenreihe Kultur & Recht 1，edited by Peter Mosimann and Beat Schönenberger，Bern：Stämpfli，2011：48.

　　② Adler，Brenna. "The international art auction industry：has competition tarnished its finish?" Northwestern Journal of International Law & Business，2003：447.

2. 拍卖行的市场地位

(1) 正面的地位

20 世纪 60 年代以来，拍卖行逐渐取代交易商成为传统艺术品的卖家与艺术品销售市场的驱动者，对市场的发展发挥着独立的作用。20 世纪 70 年代初，拍卖行开始销售当代艺术品，他们为艺术品提供了专家的认可，提高了公众的接受度，也结束了商人对艺术品行业的垄断。① 拍卖行在艺术品交易中已经达到了相当的规模，以至于它们可以影响交易商对特定艺术品和艺术家的选择或价格。如前所述，一群非常有影响力的交易商，被称为"文化仲裁者"，他们决定了哪些艺术家或者艺术品能够体现艺术的重要性，并将其投放到市场上。拍卖行则可以通过影响价格与额外的宣传，进一步提高这些艺术家与艺术品的知名度与地位。此外，拍卖目录有时会详细描述艺术品的创作者，以及从技法、品质、创造性意义等方面全面描述艺术品。这样的描述进一步激励了艺术家以及认可了他们的作品。②

(2) 负面的地位

1) 否认审定的准确性

尽管拍卖行作为艺术品市场的代表越来越重要，但拍卖行在委托人和买受人之间仍然保持着纯粹的中介地位，它们因此受到了批评。虽然拍卖行自称是艺术品和艺术品交易的专家，但他们不承担任何责任，并建议客户寻求外部建议。

拍卖行矛盾的立场迅速招致法律的纷争，一方面，委托人曾试图从拍卖行获得赔偿，以弥补错误的审定；另一方面，买受人对拍卖行提起诉讼，称他们在拍卖时相信了拍卖人错误的描述，进而买到了赝品。

---

① Boll, Dirk, Art of Sale. Germany: Hatje Cantz, 2011: 25.
② Grant, Daniel. "Secrets of the auction houses." Wall Street Journal, 2007: 54.

有鉴于"信赖拍卖人的表述"是许多案件中其他当事人的一个重要主张，法律是否要保护当事人的信赖成为这些案件的争议焦点。例如，在 Tony Shafrazi Gallery，Inc. and Guido Orsi v. Christie's 案中，原告 Tony Shafrazi 画廊于 1990 年在佳士得拍下了一幅 Jean-Michel Basquiat 的"真迹"。画廊老板向 Guido Orsi 展示了佳士得的拍卖目录、这幅画的出处以及它在拍卖会上的价格之后，将这幅画卖给了 Guido Orsi。2006 年，Basquiat 鉴定委员会通知 Guido Orsi，称 Jean-Michel Basquiat 并没有画过这幅画。随后，Guido Orsi 与 Tony Shafrazi 画廊一同将佳士得告上法院，并主张佳士得存在欺诈与过失性虚假陈述。

原告们主张，"艺术品买家依赖于佳士得等知名拍卖行的专业技术，当佳士得对一幅画的真实性或出处提供担保时，按照艺术行业的惯例，这件艺术品的出处已经牢固而永久地确立了。"2008 年，纽约最高法院称："如果佳士得欺诈性地歪曲了绘画的出处，并在目录中公布了这种歪曲，那么，佳士得不仅要对拍卖会上的购买者与之后的购买者承担责任，还要对所有可以预期的、依赖其虚假陈述的人承担责任。"

2011 年，由于原告未能证明佳士得知道这幅画是不真实的，并且意图欺骗 Orsi，纽约最高法院最终驳回了原告的诉请。另外，尽管 Basquiat 作品的权威专家在拍卖之前就看过这幅画，并认为它"不对劲"。但是根据证词，这种犹豫没有被传达给佳士得，专家也没有对这幅画采取进一步行动。对于另一原告 Orsi 的主张，即佳士得应该对作品进行跟踪调查，并询问这幅作品是否真实，法院予以驳回，称："虽然这可能支持过失索赔，但不足以支持欺诈索赔"①。

---

① Tony Shafrazi Gallery，Inc. and Guido Orsi v. Christie's，Inc.，，2008 WL 4972888.

如果不是 2011 年的最终判决，2008 年纽约最高法院的裁决可能会对拍卖行及其审定行为产生深远影响。然而，从最终结果来看，证明拍卖行存在欺诈意图将是一项相当具有挑战性的工作。最重要的是，这个案例很好地说明了拍卖行在审定艺术品时的分量和影响。

2）操纵拍卖价格

如前所述，艺术品市场在很大程度上依赖于拍卖销售数据，其中不仅包括委托财产的审定结论，还包括拍卖所得的销售价格。这些信息为数据库、交易商和评估人员提供服务以确定艺术品的"公平市场价值"。然而，拍卖价格可能受到几个因素的操纵。

首先，竞标者不能独立决定出售的物品的公平市场价值。相反，竞标者从一开始就受到拍卖行设定的预估价格的影响。然而，这些估价大部分都是拍卖行为促进拍卖服务的，有学者称估价的本质是"低到足以鼓励拍卖，但高到足以尊重画作"①。此外，对于有利可图的艺术品，拍卖行仅仅为了获得委托，就可能向委托人提供不切实际的估价。因此，估价并不一定表达了拍卖行所认为的拍卖品的市场价值，而是某种策略的结果。

其次，在拍卖会上出售的拍品可能会有保留价，即"保密的最低价格，低于这个价格的拍品不能出售"②。保留价并不适用于所有拍品，并且在拍卖前必须由委托人和拍卖行通过委托合同明确约定。如果许多商品是按保留价格出售，但不披露价格本身的话，国家或者地区的立法可能会干预这种情况的出现。有鉴于保留价也影响价格形成，拍品价格的形成并不完全由该商品

---

① Polsky, Richard. I Sold Andy Warhol. (too soon). New York: Other Press New York, 2009: 89.

② Christie's Conditions of Sale, para. C. 2.

的需求决定。

再次，在努力争取新的委托时，各大拍卖行会实施担保价格，即拍卖行将支付给委托人最低价格，而不管拍卖品的实际拍卖价格或拍卖品是否已售出。有些担保完全或部分由拍卖行自己提供，有些则由第三方担保。尽管部分拍卖行在拍卖目录上标上符号，把拍卖行担保的拍品与第三方担保的拍品区分开来，但是，担保人的身份和这种担保的数额不会公开。因此，买受人可能不知道谁对该拍品有兴趣，以及在实际拍卖前该拍品已在多大程度上被购买。由于担保价格从一定程度上阻碍了买受人与艺术品之间的自由互动，因此与保留价一样，担保价格也会影响价格形成。[①]

最后，艺术品的公平市场价格是买方支付的金额，而不是卖方收到的金额。考虑到买方支付的额外费用、卖方支付的佣金以及拍卖行为其有价值客户安排的财务优惠等因素，这两笔金额并不相同。[②] 因此，拍卖行公布的价格既不对应卖方已收到的金额，也不对应买方实际支付的落槌价。

（二）艺术品拍卖中的错误审定

错误审定的艺术品之所以在拍卖市场上被交易，主要是因为人们不知道它们的真实信息和价值。艺术品的错误审定意味着拍卖行错误地判断了艺术品上的一个或者几个信息，如果没有人发现的话，该艺术品将以错误的标签出售，并在拍卖目录和拍卖行网站上传播。另外，随着审定错误的艺术品交易次数的上升，发现错误的概率就会下降，毕竟"谎言重复千遍就成了真理"。有鉴于错误审定发生的环境与情况的差异性，想要系统地梳理错误审定案件几乎

---

① Thornton, Sarah. "Financial Machinations at Auctions." The Economist, November 18, 2011. http://www.economist.com/blogs/prospero/2011/11/art-market.

② Accidia Foundation v. Simon C. Dickinson [2010] EWHC 3058 (Ch), [2010] All ER (D) 290 (Nov), Chancery Division, 26 November 2010.

不可能，但可以确定的是，错误审定艺术品案件主要发生于两个时间段：拍卖准备时与拍卖进行中。

1. 拍卖准备时的错误审定

拍卖行决定拍品的每个信息。拍卖行在审定艺术品的真伪时，依靠委托人提供的真伪证明、鉴定报告、证明文件等信息。此外，拍卖行的专家可以对拍品进行研究，并与外部专家和权威人士进行磋商。

被错误审定拍品的委托人可能并不清楚这些拍品的状态、表现力和经济价值。他们的无知通常是由于缺乏鉴赏力和缺少关于拍品来源的信息，所有这些都可能进一步支持委托人的信念，即"他拥有一件无关紧要的或价值非凡的艺术品"。

由于有关被错误审定拍品的支持性信息普遍缺失，因此发现拍品的错误审定基本上要依靠专家专业知识。只有专家才可能发现委托的财产被错误地赋予了或缺失了某种信息。专家的假设可能引发进一步的研究调查，其结果可能支持审定结论的变化。相反，当未能发现艺术品的错误审定时，拍卖行却能保持这件艺术品的错误状态并通过拍卖机制公开传播。

2. 拍卖进行中的错误审定

在拍卖进行中的错误审定可以归纳为以下两种情况。

第一种情况适用于几乎所有的出售错误审定拍品案件，即买方并不知道错误审定拍品的真实价值。在拍卖结束之后，买家可能会意识到拍品的真实价值，比如出于某些原因的再鉴定。或者，买家仍没有发现拍品的真实价值，并在错误的情况下再次交易该拍品。

第二种情况只适用于过低出售错误审定拍品案件，即有部分投标人怀疑拍品的真实价值可能比拍卖会上的价值更高，进而出价。但是也正因为他们对拍品的真实价值持怀疑态度，所以最终的落槌价可能较高，但远达不到拍品的真实价格。① 前述"法蒂玛水晶壶案"就是一个很好的例子。尽管这个壶在第一次拍卖时为委托人带来 20 万英镑的收入，但是它的实际价格超过 350 万英镑。

四、法律中的艺术品审定

（一）实体法语境下艺术品拍卖中的审定

真实性争议不仅存在于学者和经销商之间，还涉及法律。在艺术品销售中错误审定的责任产生在两个主要关系中。其一是基于买卖合同的买卖关系，其二是同样基于买卖合同的服务关系。这两种关系都可能涉及销售或拍卖。但区别在于前者中卖家在违反法定或意定条款时承担违约责任，而后者仅在没有合理谨慎行事的情况下承担责任。

1. 基于买卖关系的审定

对于基于买卖关系的错误审定，买方可以根据不同的原因寻求卖方的补救。第一，买方可以向卖方提出违反质量保证和实质性缺陷的索赔。这种说法要求法院判定出售的艺术品构成违约或不符合担保质量。关于真实性声明是否归属于合同条款，由于各国法律规定有所不同，因此买方是否因违反这些条款而有权要求赔偿也不同。就拍卖合同而言，买方的补救办法不如销售合同中的明确。②

就拍卖而言，买方是否可以向拍卖行寻求赔偿，就成为问题。

---

① Ashenfelter, Orley and Kathryn Graddy. "Art auctions." CEPS Working Paper No. 203, Princeton University, March 2010.

② Gerstenblith, Patty. "Getting real: cultural, aesthetic and legal perspectives on the meaning of authenticity of art works." The Columbia Journal of Law & the Arts 35, no. 3. 2012: 77.

在为买家提供真实性保证的情况下，拍卖行对购买者购买伪造品而承担合同义务。如果拍卖行并不提供真实性担保，虽然买方可能主张拍卖行未能履行其谨慎义务，但是拍卖行通常在销售条款中排除了错误审定的责任，同时法律也会在一定程度上支持这样的免责声明，除非它违反了某些法定的限制。

第二，根据英国和美国的法律，买方可以声称，在卖方或者拍卖行对艺术品的真实性进行虚假陈述后，他被诱导签署了销售协议，对其救济取决于虚假陈述的性质（是欺诈、疏忽还是无辜）[1]，而这种救济的本质其实是来源于买方与拍卖人或卖方之间特殊的信任关系。根据虚假陈述的主张，法院必须确定专家的真实性陈述是否客观虚假，而不是单纯的争议。目前，英国的判例法已经确定了拍卖行和买方之间存在这种特殊的关系。

第三，对于疏忽和欺诈性的虚假陈述，买方可以提起侵权诉讼。由于这种侵权行为需要以虚假陈述行为为前提，因此可能会要求法院确定专家或卖方是否确实对艺术品进行了错误审定。

第四，赝品的买方可以解除销售合同。根据瑞士法，只要错误审定从主观与客观方面满足"合同的必要性基础"，买家就可以对错误审定的对方当事人进行索赔。赝品买方有资格申请索赔，这是基本错误的一个典型例证。缔约方必须确定销售对象的描述是合同的一部分，同时其与实际的对象不同。但是，如果买方知道或应该知道审定是不正确的，那么法院可能会拒绝他的错误索赔。

与瑞士法不同的是，根据英国法律，错误索赔只适用于拍品的实体或特征错误。另外，双方当事人如果对同一事物产生了误解，并以此订立合同，那么即便出现索赔也不会致使合同归于无效。

---

[1] Hudson, Anthony H. "Limited liability and the director's warranties—Ojjeh v. Waller and Galerie Moderne." Art Antiquity and Law 4, no. 3. 1999：63.

美国法对错误的认定则更为严格。首先，与英国法类似的，美国法中也要求双方当事人对同一事物产生了误解；其次，该种错误要满足"对意定交易产生重大影响，从而破坏合同基础"，方可适用解除合同的方式救济[①]；最后，该种错误要求当事人的错误信念与专家的共识在拍卖当时产生分歧。否则，当事人解除合同的主张可能不会得到法院的支持。

如果专家对于拍品的真实性意见是合同义务的一部分，那么不适当的履行，例如违反受托人义务或者陈述有错误，将会导致专家承担责任。签订这样的服务合同，通常意味着专家要承担两个方面的合同义务，一是合同中明确约定的拍品审定义务，二是合同中隐含的注意义务。就注意义务而言，其随着情况的不同而有不同的体现，其中比较典型的是委托人—拍卖人之间的委托关系以及专业审定机构—客户之间的委托关系。

2. 基于服务关系的审定

对于服务关系中当事人违反义务的救济是否成功，主要取决于两个方面，一是错误审定的证明，二是由此造成的损失。法院并不会去确定专家审定意见是否准确，而是会根据注意义务的程度来评价过失。注意义务的程度可以做两个方面理解：其一，该程度旨在考量当事人是否进行了相关的审定行为，以及该行为是否忽略了某些足以影响结论的因素；其二，该程度为具备专业技能的人应当注意的程度，而非一般正常人的注意程度。因此法院在处理该类型案件时会优先考虑注意义务的程度，并根据不同的情况进行判断，例如国际拍卖行与地方拍卖行所承担的注意义务是有明显区别的。

因此，艺术品的真实性不是首要关注的。但是，真实性在评估

---

① Hudson，Anthony H. "Limited liability and the director's warranties——Ojjeh v. Waller and Galerie Moderne." Art Antiquity and Law 4，no. 3. 1999：73.

财务损失方面起着重要的作用。虽然，我国的司法实践更加注重双方当事人的合意，很少去关注是否存在损失；但是在国外，法院可能需要评估原告的损失，这要求明确裁定一项作品的真伪。证明损失是至关重要的，因为没有确凿的证据证明损失的存在，损害赔偿责任的认定可能是毫无价值的。① 因此，原告必须证明专家的审定意见是不正确的。

根据英国法律和美国法律，如果专家拥有特殊的技能，而且原告信任的话，专家可能会因为疏忽的失实陈述而承担侵权责任。原则上，侵权责任可以被合同排除。

最后，瑞士、英国和美国的判决显示，原告可以对审定人提出欺诈或欺诈性失实陈述的请求。在这种情况下，原告必须证明专家知道审定方式是错误的，或者忽视了某些可能导致正确审定的事实。

（二）程序法语境下艺术品拍卖中的审定

1. 程序和证据规则

面对审定问题，法律程序与证据规则的设定更多的是面对争议，而非像学者一样面对争论。法官通常只会考虑根据民事诉讼规则提交的证据，例如有关证据的可接受性、专家证人的资格、当事人的举证责任等。

真实性争议涉及不同的专家，他们提供各种证据，如基于鉴赏、出处或科学测试的拍品审定，以及艺术市场或拍卖实践提供的数据分析。法院通常会参考包括审定方法等的具体条件，对专家的意见作出判断，同时某些判例法还认为专家的声誉也起到一定的作用。接受专家证言的过程根据各国民事诉讼法律的不同而不同。

在英国和美国的民事法庭诉讼中，每个当事方都在他们要求作

---

① Christ, Thomas, and Claudia von Selle. "Basel Art Trading Guidelines. Intermediary report of a self-regulation initiative." Working Paper Series 12.

证的专家的帮助下支持其指控。在这些对抗性诉讼中，任何一方的律师都可能会质疑对方的专家的知识和主张。最终，法院将仔细审查这些专家报告。

在美国法律中，根据《联邦证据规则》第702条，审判法院必须评估专家的知识是否有帮助，专家的证词是否可靠。为了评估专家证据的可靠性，美国判例法根据1993年多伯特诉梅里尔·道制药公司案而确立了"多伯特规则"（Daubert standard）。根据这一规则，法庭需要根据作证专家是否使用公认的评估技术来评估专家证词的可接受性和可靠性。但是这一规则仅仅适用于联邦法院，虽然目前很多州法院已经采用了该规则，但是仍有少数州坚持更古老的"弗赖伊规则"（Frye test）。根据弗赖伊诉美利坚合众国案的判决，"基于科学原理或程序的专家证言是可以接受的，但是只有在原则或程序已经在其特定领域得到普遍接受之后"。

在英国，三级法院都需要遵守《民事诉讼规则》（CPR）并受其约束。根据该规则第35.1条，法院可能将专家证据限制为"合理解决诉讼所需的证据"。更具体地说，法院必须考量"提出的专家证据的真实性如何，在解决案件中的问题方面将有多大帮助，以及这笔费用将花费多少"等因素。① 总结起来，对于专家的证言，英国法院必须遵循三个原则，即该证言是符合公认的行为准则的证据，是合理的解决问题的证据，以及是与案情相符的证据。

根据瑞士法，法院比普通法法院有更多的参与收集证据的过程。自2011年1月1日生效以来，瑞士《民事诉讼法》已经统一了所有瑞士州的民事诉讼法。② 根据该法第154条，法院作出必要的

---

① Holland, Jordan. "The approach of the English court to connoisseurship, provenance and technical analysis." Art Antiquity and Law 17, no. 4. 2012：165.

② Chappuis, Christine. "Authentication of works of art：responsibility of the expert and qualification of the contract in Swiss law." Art Law，Vol. 19，2007，47.

裁决时可以责令承担举证责任的一方提供可受理的证据。另外，根据该法第 185 条，法院可以委托专家进行报告，并指示专家回答一系列问题，这些问题由法官提交，当事人也可修改和补充。当事方也可以提交与法院专家报告不同的专家报告：后者报告有资格作为证据，而以前的报告是当各方的真实意见。因此，法官可以根据证据规则自由评估当事人提交的证据。与英国和美国的民事诉讼法相似，根据该法，可接受的证据必须有法律依据，以及对争议事实有证明力。

由于程序和证据规则的特征，在民事诉讼程序中，对真相（艺术品的真实性）的搜寻是有限的。法院只能根据现有证据确定真实性。此外，法院裁决受当事人的主张和诉讼时效的约束。因此法院可以驳回被认为不当或不及时提起的诉讼。虽然艺术品的真实性包含在程序和证据规则之中，但是法院对待艺术品的真实性与法院审理的任何其他法律问题没有区别。

2. 不同类型证据的证明力

对于前文所说的三种审定方法的证明力问题，法院并没有相关的条文予以指导与约束，但是在案例中，这三种方法均可被法院接受。另外，在特殊的案件中三种审定方法的证明力并非完全相同。

在 Trasteco Ltd 诉 Kunsthaus Lempertz KG 案中，科隆地区法院认为，拍卖行不应仅仅依据绘画的艺术历史考察而作出审定意见。相反，一个勤勉的拍卖人应该告知这个审定意见只是艺术史评估的结果，或者是仅进行了科学的分析。因为，当涉案的油画被委托给拍卖行时，它缺乏真实性和出处的可靠信息。此外，虽然拍卖人的内部专家也证实了这幅画的真实性，但是他们的意见不排除有偏见的可能性，因为他们对这幅画的成功拍卖更有兴趣。在这种情况下，法院认为艺术史评价价值有限，不能以足够的准确性和客观性来确定绘画的归属。①

在 Avrora Fine Arts Investment Ltd 诉 Christie，Manson & Woods 有限公司案中，J. Newey 法官发现鉴赏家的结论是关键证据，并有效地证明了所有已经产生的科学证据和出处是与本案无关的。J. Newey 法官这么做的依据是 Drake 诉 Thos Agnew & Sons 有限公司案中 J. Buckley 法官的观点。在 Drake 案中，J. Buckley 法官认为行家鉴赏或目鉴是需要一定程度的敏感性的，而这种敏感性是在某个专家身上产生的。因此，如果一件艺术作品的正确审定是基于鉴赏力的，那么除了"发现专家的最终意见是基于不合逻辑的甚至不合理的推理"之外，法官是不能作出自己的结论的。②

J. Buckley 法官同时还认为，法官不应该假定拥有解决艺术作品归属上的分歧的必要技能（skills or the "eye"）。实际上，法院的法官一再表示，艺术作品归属的确定是一个复杂的、非常主观的行为。正如 J. Buckley 法官和其他法官明确承认的那样，专家的审定方法，尤其是目鉴的方法，已经超出了法官的能力。因此，在裁决真实性争议时，法官必须依靠专家证据。而且，法官缺乏鉴赏力就意味着审定专家将不得不依靠审定技术的判断来支持和证明证据的效力。否则，法官可能会因不可靠而驳回这种证据。

同时，法院也认为出处是支持正确审定的重要因素。在 Greenberg 案中，法院批准引用了一位专家的证言，他说动态雕塑的出处"是我能想到的真实性的最佳证据"。许多案例表明，法院已经多次考虑到作品的出处，以确定其真实性。虽然无可挑剔的出处不能保证真实性，尤其是在作品可能被替换或损坏的情况下，因此"缺乏

---

① Trasteco Ltd v. Kunsthaus Lempertz KG，LG Köln，28 September 2012，2 O 457/08，15. 60.

② Avrora Fine Arts Investment Ltd v. Christie，Manson & Woods Ltd［2012］EWHC 2198（Ch）（27 July 2012），para. 38.

出处将是法院怀疑作品真实性的又一个理由"①。

总的来说，目鉴、来源考证、科学分析的证明价值将取决于案件的情况。虽然对不同的审定方法的证明力度没有明确的规定，但是这些方法却对法官的自由裁量产生了些许的影响。

3. 证据效力

在真实性争议的案件中，法院的目的不是穷尽地确定艺术品的真实性，也不是作出被历史认可的决定。相反，他们用"优势证据规则"来决定真伪问题。在优势证据规则下，"如果法院认为有争议的事实很可能发生的话，那么它将以此为发问的焦点，而非以真相为焦点；如果法庭认为有争议的事实发生的可能性为51%，则将该事实推定为真相。"② 在优势证据规则的语境下，法院放弃了其他的选项，尽管这些选项可能是合理的，但是其发生的概率并不会太大。对于审定而言，法院作出的判决是因生活和客观因素的经验，而被认为是"更可能"的判决。

在美国，法院在 Dawson 诉 Malina 案中采用了一连串判决，确立了一项证据规则，该规则打破了原有的真实性求偿担保并被许多法院所采纳。根据该规则，原告不得证明艺术品是伪造品，但可以主张审定人在审定时的陈述没有"事实上的合理依据"。而法院会通过在审判时提供的专家证词来衡量这种"合理依据"的合理性。

为民事诉讼而设立的瑞士判例法规定："一些效力不高的证据，虽然能证明案件的关键事实，但由于证据本身不具备确定性，因此不应被法院采信。"其典型代表就是艺术品的真实性证明。

---

① Greenberg Gallery v. Bauman，817 F. Supp. 167，173（D. C. 1993）aff'd without opinion，D. C. Cir. 194 U. S. App LEXIS 27175.

② Holland, Jordan. "The approach of the English court to connoisseurship, provenance and technical analysis." Art Antiquity and Law 17, no. 4. 2012：209.

由此可知，优势证据规则是法院与市场面对审定问题的又一差别所在，从本质上说，法院不追求艺术品的绝对真实，同时考虑专家意见的基数是远远小于市场的。如果市场缺乏一类艺术对象的权威专家，法院可以不依赖权威体系，而是利用现有的证据优势来填补漏洞。此外优势证据规则具备广泛的适用性，因而缺乏对艺术品审定的针对性。

（三）商业与法律语境下艺术品拍卖审定的区别与联系

当提及艺术品的真实性问题时，法律语境和商业语境之间存在着明显的差距，正如 J Morison 法官在 Balkany 诉 Christie，Manson & Woods Ltd 案中陈述的："我对这个判决中的关键问题的回应是，涉案画作是否可以恰当地被认为出自画家席勒之手，在艺术界是一个有着巨大争论的难题，我不敢说我的陈述会打动那些持不同意见的学者，但是我要提醒他们，包括提醒我自己，这是一个基于证据的司法判决，而不是一场学术辩论，同时我也没资格参与这种学术辩论并为之作出自己的贡献。"①

通过对待售艺术品的审定，艺术学者的学术意见可以顺利变成艺术市场的资源，并待价而沽。与此同时，学术与司法在艺术品真实性上的裂隙也进一步扩展到艺术品市场上。市场和法院之间的分歧存在几个层面，特别是体现在对方法和规则适用、语言环境以及审定过程的结果上。

首先，学界和市场制定了不同于法庭上普遍使用的审定标准和方法。如上所述，法庭审理受到来自有关艺术品真实性问题的程序与规则的约束，包括但不限于上文所提及的证据的收集与提出、专家证人的资格以及举证责任。同时，在面对证据真实性的问题上，

---

① De Balkany v. Christie, Manson & Woods Ltd. ［1997］16 Trading Law Reports 163.

法院采用的是优势证据规则。但是市场的做法并不依赖规则，而是在某一领域存在权威专家时，将艺术品真实性问题诉诸这些专家。

虽然法院可以在考虑市场惯例的情况下决定商家或专家的勤勉责任，但法院不受这种惯例的约束，可能会偏离这些惯例。例如在 Trasteco 案中，科隆地区法院明确表示拍卖行应承担的勤勉责任要高于拍卖行实际履行的责任。拍卖行的说法是，拍卖行之所以没有对拍品进行科学分析，是因为这样做并不是一种常见的拍卖惯例。但它并没有说服法庭。相反，法庭更加注重购买者对拍卖行的合理期待，因此法院对拍卖行惯例采用的审定方式进行了区分，并认定拍卖行专家的艺术史评估不足的法定标准。①

其次，艺术学者和律师使用不同的语言环境和语言策略来表达作品的真实性。艺术史家和艺术行业特有的词汇之于律师，"就像是正式的法律程序与专有名词之于画家一样。词汇和艺术技巧是排他性的，就像法律语言由职业人士守护和控制一样。"沟通和推理上的分歧挑战了律师和学者，并可能导致混淆和误解。

此外，在法庭上，律师的辩论与法官的判决都需依照特定的语言环境，对比法律的修辞与对艺术品审定进行直接和真实的阐述的专家结论，我们可以发现，当专家证人被要求提供书面真实性报告或被要求提供口头证据时，他们的陈述既包含艺术判断，也包含法律判断。适用专家证人的法律程序也就使得律师和艺术学者的语言环境分歧更为明显。

再次，商业和法律程序中的认证过程与结果不同。当法院判定艺术品的真实性时，其评估受到案件情况、当事人的主张以及民事程序和证据规则的限制。这些障碍是法庭诉讼特有的，并不涉及艺

---

① Bandle, Anne Laure, "Arbiters of value—the complexity and dealers' liability in pricing art". Art Law, Vol. 25, 2014: 28 - 30.

术市场的认证。

同时，法院主要依照证明力与可能性来判断真实性，而拍卖目录和专家审定报告通常对艺术品的真实性（或缺乏真实性）作出明确的陈述。在 Greenberg 案中，法院基于一大堆证据，而非专家权威人士对 Alexander Calder 作品的看法，得出了涉案作品"更有可能"不是赝品的结论。主审法官强调法庭与市场的二分关系，即"这不是市场，而是法庭，事实的执行者必须根据证据的优势作出决定"，从而认为"涉案作品不太可能是被伪造，但是其出处已被篡改"。然而，对于艺术品在市场上进行交易，仅以"主要的可能性"作出的审定通常是不够的。例如在 Greenberg 案法院裁决之后，Calder 的动态雕塑没有在市场上找到买主，这并不奇怪。①

此外，鉴赏家的审定与法院对真实性的审定之间的不同之处还在于鉴赏家的审定是可以随时更新的。因为对于审定而言，存在循环性与偶然性，而法院的判决则是终局性的。审定家们的审定之所以需要随时更新，其原因在于除了科学分析外，审定家们的真实性陈述并非绝对。究其原因，在于一件艺术作品的真实性或审定问题不能被客观了解，而仅仅能被主观认定。专家的判断本质上是一个说服而不是证明的问题，总是会受到其他专家看法的影响和改变。但是与此相比，法院在对艺术品可能的真实性问题作出决定时，将会停止循环。

另外，在确定专家的审定工作是否勤勉时，法院会为了获得在某个时期学者们普遍接受的意见而溯及既往。拍卖人应尽的勤勉在法律标准之下，旨在确定艺术专家在认证艺术品时应该采用的技巧和应该达到的程度，并不寻求艺术品的正确审定。

---

① Hudson, Anthony H. "Limited liability and the director's warranties—Ojjeh v. Waller and Galerie Moderne." Art Antiquity and Law 4, no. 3. 1999：165.

商业文化与法院之间的相互作用是冲突的，同时可能有害于各方当事人、艺术品审定专家、艺术品的正确属性甚至是艺术品市场。一方面，如果法院以不服从艺术市场标准来判定作品的真实性，市场就不太可能接受这一真实性裁决。另一方面，如果法院坚持艺术市场的做法，它可能会错误地解释和应用，并使得那些不利于健康市场的做法合法化。①

尽管学术界与司法界之间对于审定存在着很多的差异，而且艺术与法律的融合，并不能在科学分析领域之外产生绝对真理。但是这两个领域都是相互关联的，律师和法官限制他们判断艺术的能力，并委任专家来协助作出真实性决定。并且在审判期间把一些事实和证据的发现委托给艺术专家，但是在最终保留了判决的权威。因而可以看出无论是市场还是法律，审定专家的作用都是不可或缺的，同时其也是连接市场化与法律化的纽带，所以对于审定专家的规范是至关重要的。

不仅法院而且立法者都注意到艺术市场审定专家问题。例如，纽约州议会提出了一项新的法案，修正纽约"文化艺术法"。该修正案旨在"保护艺术审定人免受艺术家带来的不公正的或恶意的诉讼"，以回应负面意见。该修正案建立了市场的专家审定制度，向"在视觉艺术界承认拥有艺术家的专业知识"的个人和组织提供保护，使之能够对作品发表意见。与此同时，新的法案也支持了专家的垄断地位，根据法案，除非专家真诚地在报告中提出他在交易中有经济利益外，专家几乎受到了全方位的保护。但是假如专家对交易中的利益引而不发，那么其真实性意见很有可能是有偏差的。另

---

① Spencer，Ronald D. The Risk of Legal Liability for Attributions of Visual Art. The Expert versus the Object—Judging Fakes and False Attributions in the Visual Arts. New York：Oxford University Press，2004：167.

外该种利益也有可能不直接体现在某次交易中，而是体现在同一艺术家的其他作品中。对于这种情况修正案没有具体处理和防止的方法。

五、小结

艺术品审定工作比较类似于公众打开艺术品大门的钥匙，它使公众能够理解艺术品，并将其置身于艺术和历史的背景中欣赏艺术品。通过艺术品审定，公众可以将艺术品的创作者、年代、出处、技法等要素与其他艺术品区分开来。有鉴于审定对艺术品美学、历史性或技术性的某种尊重，它塑造了我们对艺术品的感知。与此同时，审定结论也可能会引发拥有艺术品的欲望。

艺术品审定是专业知识与艺术品之间的连接，这源于艺术品本身的大部分信息非常需要人们通过专业知识去发掘与辨别。然而只有通过权威专家的认可，新的审定意见才会在市场上流行。因此，艺术品审定并不是所有专家一致同意的结果，而是反映了一个普遍存在的专家的意见。

艺术品审定是艺术市场与艺术品之间的连接，它创造了艺术品市场性的基础。此外，审定反映了艺术品的部分经济价值，因此有助于卖家确定艺术品的价格。鉴于艺术品审定的巨大经济风险，拍卖行可能会滥用其作为宣传工具，以提高艺术品的价值和销售前景。审定结论中包含的信息价值越高，范围越广，卖方的潜在利润就越大。因此审定的准确性可能会受制于利润。

艺术品审定在拍卖业务的盈利运作中起到了非常大的作用。在利益和期望的推动下，拍卖行在审定委托财产时可能会出现错误和误判。令人惋惜的是，如果艺术品在第一次检查时没有正确审定，其真实价值和作者身份将不太可能在拍卖行随后的检查中得到确认。尽管拍卖行充当着艺术品市场所有其他利益相关者的仲裁人，但它们并没有重视审定工作，一再免除所提供的艺术品审定的任何责任，从而与它们本身的立场发生冲突。

事实上，如果审定的过程中缺乏谨慎与重视，那么市场上关于真伪的参考资料便无法得到信赖，艺术品市场的参与者就不知道该向谁求助或该做些什么。此外，个人专家和具备审定能力的团体会越来越多地拒绝提供任何意见，因为担心被追究责任。尽管准确的审定艺术品可能会暂时损害到拍卖行的既得利益，但是从长远看，艺术品市场需要准确的审定才能发挥积极的作用，因此保护审定的准确性符合拍卖行的最大利益。

第一章　艺术品审定概说

一、艺术品审定的目的与局限性

（一）艺术品审定的目的

1. 求真

从社会学的角度来看，艺术品在物品的体系里，因为真实性（authenticity）而具有特殊的地位。本杰明（Walter Benjamin）认为，对象本身独一无二的本真性（genuineness），其先决条件是"原作的在场"。他认为即使最完美的复制品，也缺少一种因素："它的时间和空间的在场"。因为每件艺术品无论是在历史传统中的地位演变，还是经年累月产生的物理变化，其所存在的时间和空间，都是独一无二的。① 布什亚（Jean Baudrillard）亦指出，古物

① Walter Benjamin. 启迪：本雅明文选. 张旭东，王斑，译. 香港：牛津大学出版社，1998：218.

除了象征人们对起源的怀念，还具有对作品来源、年代、作者、签名等真实性的执迷。手工制品的魅力，来源于它留住了人类创造活动的痕迹，任何创造活动都是稍纵即逝的历史时刻，但是却可以刹那成永恒地留存在手工制品里。① 艺术品鉴定即试图找出艺术品的时空定位，描述它的真实脉络，赋予它正确的意义。这种对真实性的要求，在文化资产保存领域亦十分受到重视。例如1994年的《奈良宣言》（又称《奈良真实性文件》，Nara Document on Authenticity），提到文化遗产（cultural heritage），其价值的判断，是建立在"信息来源是否可以被视为可信的或真实的"（information sources about these values may be understood as credible or truthful）基础上。

然而，真实性通常是一种抽象、模糊、暧昧的字义，它并不像描述大小、尺寸、颜色等物理属性的字汇一样容易被人所认识、检验②；再者，对真实性的观念与要求程度，会随着文化的不同而产生差异，要建立一个固定的判断准则几乎不可能③；更困难的，在于要单凭眼前的物品来重建、还原它被创造之时的真实现场，这存在相当难度，即便是考古遗址所出土的艺术品，亦存在许多会影响其真实性的因素。

因此，艺术品审定所追求的，是类似于司法审判的"发现真实"（discovering the truth）。司法审判在刑事诉讼程序中，以探求"实质真实"为目的；民事诉讼在辩论原则下则以"形式真实"为目的。两者之间的主要差别，在于实质真实指客观上恒常不变之事

① Jean Baudrillard. 物体系. 林志明，译. 台北：时报文化出版社，1997：84.
② 陈怡勋. 美术馆鉴定功能研究——以故宫、史博、鸿禧为例谈文物美术馆藏品之鉴定. 台南艺术学院博物馆学研究所博士论文，2001：15-16.
③ 傅朝卿. 国际历史保存及古迹维护：宪章、宣言、决议文、建议文. 台北：台湾建筑文化出版社，2002：367.

实本身，任何有助于发现实质真实之可能事证，均为调查审酌之对象；形式真实则是着眼于民事诉讼乃是为了解决私权利之纷争，事实证据悉由当事人主张或提出，法院仅就当事人主张之事实来形成心证，因此，民事诉讼程序所探求之真实，未必与事实真相相符。

在理想上，艺术品审定试图完整呈现艺术品的真实脉络，类似于刑事诉讼追求实质真实的目的。有时为了廓清一件艺术品的真实性，艺术史学者可以投注庞大的时间与精力，孜孜矻矻、努力不懈地搜证考据，甚至不同时代、不同地区的学者，仍会不断地对同一件艺术品找寻新的线索、证据，试图还原作品的真相。

在实际运用上，艺术品审定有时却必须采取类似于民事诉讼所追求的形式真实。因为有些艺术品不见得具有深入研究的价值，有些艺术品的审定过程则须争取时效，尤其是艺术市场上等待交易的艺术品，考虑到成本与获利，无法允许过久的审定过程。更重要的是，艺术品审定的正确度存在或然率，往往最后只能以民事诉讼的"绝对多数的证据优势"（preponderance of the evidence）原则，来进行真伪判断。如同法律所追求的，是一种具社会意义的法益衡量。艺术品审定所发现的真实，只能视为证据衡量下的结论。

2. 鉴价

艺术品审定的另一个重要目的，是给予艺术品适当的评价。艺术品审定借由判断艺术品的重要性，来妥善分配资源，并提供市场参考，发挥艺术品的社会与经济功能。

艺术品价值的表示方式，可分为质化的价值判断与量化的价值判断两类。前者如我国《文物藏品定级标准》所区分的一级文物、二级文物、三级文物等定级标准，以及台湾地区"文化资产保存法""古物分级登记指定及废止审查办法"中的国宝、重要古物、一般古物之分类，是以文字来说明价值，并以等级的方式来区别价值高低；后者即所谓的"鉴价"（appraisal 或 art valuation），是以数字来表示价值，并以价格金额的多寡来区别价值高低。

价值的判断，会尝试透过"标准"来衡量，但是标准乃人为的定义，不可避免地会存在主观判断的部分。

例如质化价值判断的标准，在我国《文物藏品定级标准》中，将艺术品分为一级文物、二级文物、三级文物，其是以有特别重要价值、有重要价值以及有一定价值等抽象字眼作为三种等级标准，另以数量多寡、瑕疵有无等作为判别条件。在《文物藏品定级标准》的附件中，尚对陶器、瓷器、铜器、金银器等21种艺术品类型列举参考标准，如陶器的标准包括：（1）有确切出土地点作为断代标准；（2）能够代表某个文化类型，造型特殊，器形完整无损；（3）三彩中造型优美、色彩鲜丽且器形完整。在这三项标准中，除了出土地点、断代标准、器形完整等属于客观明确的叙述之外，其余如造型特殊、造型优美、色彩鲜丽等条件，都有赖审定者的自由心证和专业素养。

又如台湾地区"古物分级登录指定及废止审查办法"第 4 条规定"国宝"的审查标准是："一、具有特殊历史意义或能表现传统、族群或地方文化特色；二、历史流传已久或史事具有深厚渊源；三、具有特殊之时代特色、技术及流派；四、具有特殊艺术造诣或科学成就。五、质量精良且数量特别稀少；六、具有特殊历史、文化、艺术或科学价值。"第 3 条规定"重要古物"的审查标准，则是："一、具有重要历史意义或能表现传统、族群或地方文化特色；二、具有史事重要渊源；三、具有重要之时代特色、技术及流派；四、具有重要艺术造诣或科学成就；五、质量精良且数量稀少；六、具有重要历史、文化、艺术或科学价值。"两者之主要差别，在于国宝尚须具备"特殊性""历史流传已久""数量特别稀少"等条件。但是什么样的程度才算特殊、多久的时间才算久远、多少的数量才算稀少，则留有主观判断的空间。

这类标准的立法目的，显然是要避免僵化的条文限制专家学者的判断，更重要的是，价值观本身即具有因人而异的特质。因为"公正"是相对的，艺术品的价值判断也不可能绝对准确，定级并不能全面真实地体现艺术品藏品的价值，实际上只是为了在某种管理体制中便于加强管理的一个手段。① 因此，制度的设计重点，不是制订出亘古不易的铁律，反而是着重如何让参与者可以相互监督与合作，透过相互主观来建构出客观性，让评价的途径可以正当化。②

价值判断的主观标准，同样可见于量化的价值判断，亦即鉴价之中。由于艺术品并没有所谓的净值（net asset value），也没有公平市价（fair market value），因此艺术品的价格很容易因时、因地、因人而改变，例如，艺术家会根据卖画的动机和意愿来决定售价，画廊会考虑成本与利润，收藏家则会依个人财务状况和品味判断来定价。③ 又如一件艺术品的市场价格虽然可以用金钱衡量，但有时却有金钱所不能代替的历史或审美价值。其他如艺术品内在的质量、艺术家的声誉、作品数量之多寡、市场需要量、艺廊的品牌形象、制作及推销艺术品所花费的金钱、时间、人力、物力等，也都是影响价格的因素。④

虽然艺术品的鉴价存在很大的主观性，但是艺术市场的从业人员仍有一定的惯例，常见者包括绝对性价格、相对性价格和策略性价格等鉴价方法。绝对性价格主要出现在稀有的珍品中，只要买卖

① 袁南征. 大陆文物藏品定级综述. 古物普查分级国际研讨会论文集. 2006：29.
② 林佳璋. 刑事鉴识全面质量保证系统之研究——刑事实验室认证制度发展模式之分析. 台湾警察大学刑事警察研究所硕士论文，1999：61.
③ 李万康. 艺术市场学概论. 上海：复旦大学出版社，2005：86.
④ 郭继生. 艺术史与艺术批评. 台北：书林出版有限公司，1990：322.

双方合意，即可成交；相对性价格是以模拟的方式，从相似作品的数量、年代、尺寸等条件来推算；策略性价格则是卖方为了经营策略，拉高或压低售价。此外，不同的从业人员亦会自行调整价格。①

为了降低标准的主观比例，从业人员也会参考艺术指数，或是艺术品历年拍卖的公开记录，例如，美国梅莫氏指数（Mei/Moses Fine Art Index）、中国的雅昌指数、中国艺术网 AMI 中艺指数、法国的 artprice.com 网络数据库、华人拍卖年鉴，以及苏富比（Sotheby's）、佳士得（Christie's）等大型拍卖公司的历年成交记录等。虽然这些数据也有人为操纵、作价、炒作的可能，但是由于样本数多、取样时间久，相对分摊了部分风险。

审定由于牵涉到利益问题，与质化的价值判断无法直接转换、等量齐观，有时甚至被排除在艺术品审定之外。尤其艺术品鉴定专家如果任职于博物馆，则尚须受到博物馆专业人员伦理规章的规范，严禁为私人藏品进行鉴价，自然也就会避免从事审定活动。这样的见解，主要是基于利益回避的考虑。

此外，市场商业运作存在许多细腻的专业知识与操作技巧，钻研艺术品鉴定的专家学者能否同时兼顾、胜任审定的工作，也是容易被质疑的地方，因为一个从学院出来的专家，他也许能分辨艺术品的真伪，但是不一定知道市场的价值。

如果发现真实是艺术品审定的"里"，那么价值判断可以说是艺术品审定的"表"。艺术品审定的出发点，在于厘清、发现艺术品的真实性，进而方可判断艺术品是否有价值。而在文化资产的修复与保存、艺术史研究、艺术市场中的交易等领域中，艺术品价值几何，可以为上述领域产生多少贡献，则依赖于该艺术品上所承载的

---

① 黄文叡. 艺术市场与投资解码. 台北：艺术家出版社，2008：14-31.

信息获得多少的认可以及披露到何种程度。然而，艺术品审定的具体过程仍受制于某些局限性，因此从客观上难以达到理想中的状态。具体而言，艺术品归属（attribute）的不确定性会影响发现真实的过程；艺术品审定信息的不对称性则会影响艺术品的价值判断。

（二）艺术品审定的局限性

1. 艺术品归属的不确定性

艺术品审定试图鉴定出艺术品本身的物质状态，以及将艺术品正确地归属，即标志出正确的制作时间和作者。艺术品的物质成分、年代等状态，目前已可透过各类科学检测分析的方式来取得客观的信息，但是确定文物的制作时间与作者归属存在相当大的难度。

以矿物质制成的宝石类艺术品为例，从自然资源和形成原因等方面来看，古人用过的宝石与今人所用的宝石并无本质的区别，但是宝石类艺术品可能尚有重要的历史价值、科学价值，甚至政治价值。[1] 因此，古代制作与现代制作的宝石类艺术品，两者的价格必然差距甚远。

再以绘画作品的作者归属为例，即使是相同工作室制作的相似水平之画作，大师签名与助手签名之作品，两者价格也必然有所出入。例如中国书画赝品里，有所谓"同门假"的情形，即学生跟着老师，从基本笔法循序渐进地学习，多年下来和老师画得相差无几，甚至可以为老师代笔，由学生作画、老师落款，此类作品很难识别。[2] 艺术品的制作时间和真实作者关系到利益的多寡，却往往是以很有限的证据来判定，必然很容易衍生出诸多争议。

---

[1]　赵松龄. 宝石鉴定. 台北：台北艺术图书公司，1993：52.
[2]　罗邦泰. 书画的真伪鉴定及内在信息研究//叶三宝. 慧眼独具：中国书画投资与收藏. 上海：上海人民美术出版社，2003：205.

书画类的艺术品审定，由于牵涉到艺术创作的心智活动与人体行为，其创作痕迹具有偶然性。如同笔迹鉴定，从实证分析的角度来看，由于缺乏证明其为有效的验证方法，一般不认为其已成为可信赖的科学知识，甚至有学者认为笔迹鉴定其实类似于中医（folk medicine），二者同样是有时有效、有时无效，但又无法证明何时有效、何时无效。①

蔡肇祺先生曾说："当今，地球上的名鉴定家其鉴定正确度，顶多也仅达百分之六十二点四。"② 艺术品鉴定者欲仅凭眼前之物，知晓未见之事，极为困难。即使一件有作者签名、作者合照、出版记录、保证书等佐证的作品出现在眼前，鉴定者又如何能百分之百肯定，眼前之物即彼时彼地画家亲笔之作呢？就连画家本人，也可能因为记忆衰退或其他因素，而否认先前的作品，更遑论未亲临现场的第三者，要如何明白历史真相？

国务院曾邀请谢稚柳等鉴定专家，对中国各地博物馆藏品进行真伪鉴定，但许多作品的真伪鉴定意见，仍是各家各持一说，难下定论。③ 鉴定专家启功亦认为，鉴定不是简单的分真伪，它存在一定的模糊度，是真伪两端所不能概括的。④

鉴定专家傅申认为，对古人书画的鉴定，恐怕是永远存在的难题，因为没有任何人能够提出"目击证据"。作品的真伪结论一般都很单纯：非真即伪，或非伪即真。如同是非题，即使不懂的人也有百分之五十的机会能得到正确答案。不过专家之间仍会有很多不

---

① 朱富美. 科学鉴定与刑事侦查. 北京：中国民主法制出版社，2006：499.
② 蔡肇祺. 寻味集. 光华杂志，1995（81）：46.
③ 徐建融. 关于国家级鉴定专家为书画保真问题的一点看法//叶三宝. 慧眼独具：中国书画投资与收藏. 上海：上海人民美术出版社，2003：68.
④ 孙欣. 博识与精鉴——谈启功书画鉴定与治学方法. 典藏古美学，2000（93）：110.

相同的看法。①

2. 艺术品审定信息的不对称性

造成艺术品审定信息不对称性的原因有很多。大体来说，可以归纳为以下两个方面：其一，对艺术品审定技术、经验的欠缺；其二，审定信息的固有缺陷。

（1）艺术品审定技术、经验的欠缺

Schafer Hans Bernd 将市场上的产品分成三类：其一，"搜索品"（Search goods），指在交易之前就可轻易评估的商品；其二，"体验品"（Experience goods），指在交易时才可评估的商品；其三，"信任品"（Credence goods），指在不依赖专家意见的情况下，无论何时都难以评估的商品。② 由此分类观之，艺术品应属于信任品的一种。拍卖行长期从事艺术品交易活动，部分大型拍卖行还拥有自己的鉴定中心，因此在鉴定技术与经验方面优于其他当事人；部分委托人由于前手交易或者通过其他途径（例如家传），也可能拥有比买受人更丰富的经验。

另外，悠久的人类文明史造就了艺术品种类极为繁多的现象，例如仅中国绘画一项，就有技法（水墨、工笔）、体裁（写意、写实）以及内容（花鸟、人物）等不同分类，辅之以每位画家的不同艺术风格，使其内容极其丰富。若想准确鉴定，则需要非常对口的专业知识，而一般的买受人与委托人容易因无知而参与交易之中。这种情况下买受人与委托人的意思表示可能没有错误，如果买受人与委托人拥有更多信息，则会发现交易因不符合个人利益而不会缔

---

① 文船山. 潇洒风流谈假画——访美国国立东方美术馆中国美术部主任傅申. 联合报，1989（4）：27.

② Schafer Hans Bernd. "Economic Analysis of Civil Law." Angewandte Chemie 51.40（2004），359.

约。这种情况，一般会构成不可撤销的动机错误。

（2）审定信息的固有缺陷

当审定信息有商业价值的时候，我们很难期待拍卖行会将对当事人不利的审定信息和盘托出，或善意提醒当事人遗忘的有利信息。从公司营利性的角度出发，告知不利信息或提醒有利信息将会减损公司在磋商过程中所得的利益，这样做有悖于公司追求利益最大化的目的。

另外，信息的可能度会产生变化。对于某件艺术品而言，一旦出现新的证据或者审定技术，那么就可能彻底改变原有的审定结论。再者信息的存量也是有限的，买受人、委托人只能记住部分信息，并进行有限的利用，如果信息的呈现超出知识范围，那么买受人、委托人对信息的利用效果也会大打折扣。

综上所述，艺术品审定以发现真实与判断价值为目的，另一方面也受到归属的不确定性与信息的不对称性的限制。因此在拍卖人履行审定义务，发现艺术品真相时，不能苛责其审定出来的信息必然正确；同时在判断艺术品价值时，也需在必要范围内保护对方当事人可以获取信息。易言之，发现真实是艺术品审定义务的应然性；判断价值是艺术品审定义务的实然性；不苛责审定信息的必然正确是履行艺术品审定义务的可行性；对对方当事人信息获取的必要保护是履行艺术品审定义务的合理性。

纵观我国拍卖的相关法律法规，审定与保护各方当事人正当利益的制度经过二十余年的发展演变，已经愈发成熟；相关的学术研究也愈发完善。这为进一步了解与分析审定义务提供了良好的平台。接下来，笔者将梳理艺术品审定制度演进与学术成果，试图在前人的努力之上更进一步。

二、艺术品审定与相关规范的历史演进

（一）艺术品审定的规范演进

1. 鉴定权

1996 年 7 月 5 日第八届全国人民代表大会常务委员会第二十次会议通过了《中华人民共和国拍卖法》，该法虽经历 2004 年、2015年两次修正，但鉴定制度作为该法的第 43 条，其内容并没有发生任何的变化。该条第 1 款规定："拍卖人认为需要对拍卖标的进行鉴定的，可以进行鉴定。"人大法工委的立法解释认为拍卖法没有规定拍卖人必须对拍卖标的进行鉴定，同时也认为文物、字画、房屋等公众难以鉴别的拍卖物品有鉴定的必要。[①] 部分法院的司法判决中将此条款解读为赋权性规范，认为拍卖人有是否对拍卖标的进行鉴定的选择权，不能因拍卖人不对拍卖标的进行鉴定而判令其承担责任。[②] 有学者认为目前我国的鉴定市场混乱，亟须从民事、行政以及刑事方面建立全方位的框架体系。[③]

2. 鉴定权的行政监督

随着国民经济的发展，我国的拍卖事业愈发蓬勃向上。在交易额逐步攀升的过程中，一些问题也逐渐显现出来，其中以"假拍、拍假、假鉴定"问题最为突出，同时也与艺术品拍卖中的鉴定问题有直接联系。为规范拍卖行为，维护拍卖秩序，促进拍卖业健康发展，我国商务部出台了《拍卖管理办法》，文化部也相应出台了

---

①　全国人大法制工作委员会民法室，等. 拍卖法全书. 北京：中国商业出版社，1997：98.

②　广东省广州市中级人民法院（2013）穗中法民二终字第 1571 号民事判决书。

③　吴秉衡. 鉴定估价古物艺术品行为的法律责任. 上海政法学院学报（法治论丛），2012（4）：42.

《艺术品经营管理办法》来加强对艺术品经营活动的管理。

商务部《拍卖管理办法》第 27 条第 2 款、文化部《艺术品经营管理办法》第 8 条都规定了拍卖企业不得进行虚假宣传，对买受人造成损失。违者处以一定的行政处罚。《艺术品经营管理办法》针对艺术品交易还另外规定了艺术品经营者的尽职调查义务（第 10 条）与艺术品经营者进行鉴定服务应遵守的规定（第 11 条）。违者同样处以行政处罚。有学者认为必须建立鉴定监督机制、设立鉴定机构准入机制、建立鉴定责任追究制度，才能改善艺术品鉴定问题。[①]

对鉴定权的行政监督是艺术品拍卖中鉴定制度的一次重大发展。这在一定程度上打破了《拍卖法》对拍卖人不进行鉴定不予处罚的惯例。尽管这两部行政法规更多的仍是从公法的角度对艺术品拍卖进行监管，对私法的影响比较有限，但是这也正为鉴定义务的司法尝试打下了坚实的基础。

3. 鉴定义务争议

随着我国拍卖市场的进一步繁荣，赝品拍卖的案件也进一步增加。关于拍卖人在拍卖过程中是否应对拍品有鉴定的义务也成了艺术品拍卖司法争议的一个焦点。反对者有的认为：现行法律并未明确规定拍卖公司应负有对拍品进行鉴定的责任，且实践中由拍卖公司对所有拍品进行鉴定也是不可能、不现实的[②]；有的认为：艺术品买卖应适用买者当心而非卖者注意的原则，购买者应提高艺术修养和鉴别能力，同时保持良好的心态[③]；还有的认为：根据拍卖法的相关规定（《拍卖法》第 62 条第 2 款），法律并不要求拍卖人必须保证其所拍卖的标的为真品，这也是符合该行业特点尤其是艺术品

[①] 刘亚谦. 古玩艺术品鉴定行业问题分析和管理对策. 收藏界，2011（2）：127.
[②] 北京市高级人民法院（2009）高民终字第 3093 号民事判决书。
[③] 河南省郑州市中级人民法院（2015）郑民三终字第 1385 号民事判决书。

拍卖的实际情况的。①

支持者认为：鉴于现代书画类拍品的特殊性，被上诉人应对现代书画拍品的来源进行审慎审查。本案中，被上诉人使用红色字体对涉案拍品的来源进行描述，足以使竞买人对画作来源产生错误认知，但被上诉人并未对该拍品的来源进行审慎审查。由此，本院认为被上诉人存在较大过失，应承担相应赔偿责任②；有的认为：《拍卖法》第61条所设定的免责条款不能免除拍卖公司依照本法对拍品的审查及如实披露义务，也不能成为拍卖公司"知假""拍假"的保护伞。严格讲，拍卖公司的瑕疵不担保或称免责条款是指拍卖公司不知道或不应当知道拍卖标的在真伪及品质方面存在瑕疵的情况。如果拍卖公司在征集拍品时对拍品的审核、判断存在重大过失，特别是明知拍品存在瑕疵却不做进一步核实，亦未将存在瑕疵的情况如实披露，拍卖公司的免责声明不具有法律效力③；还有的认为：拍卖人负有瑕疵告知义务的前提是其知道瑕疵，而该"知道瑕疵"应当包括两种情形：一是委托人事先已经告知拍卖人的瑕疵；二是委托人虽未告知，但作为拍卖企业完全有能力也有义务发现的瑕疵。④

另外，2017 年 1 月 13 日商务部发布的《文物艺术品拍卖规程》，其第 6 条明确规定了拍卖人对拍品有审定与审核的义务，根据中国拍卖协会的《文物艺术品拍卖标的审定指导规范》第 4.3 条、第 4.5 条与第 6 条规定，审定的目的、方法与鉴定并无二致。

（二）艺术品审定相关规范的历史演进

1. "不保真条款"

"不保真条款"也称瑕疵担保免除条款，载于《拍卖法》第 61

---

① 北京市第一中级人民法院（2006）一中民初字第 11139 号民事判决书。
② 北京市第二中级人民法院（2016）京 02 民终 225 号民事判决书。
③ 北京市第三中级人民法院（2015）三中民（商）终字第 08512 号民事判决书。
④ 江苏省苏州市中级人民法院（2014）苏中商终字第 00632 号民事判决书。

条第 2 款。① 与鉴定条款一样，该条款在 1996 年《拍卖法》出台时就存在，且一直没有变化。人大法工委对于该条文从三个方面予以解释：其一，对双方当事人真实意思表示的认同；其二，基于文物艺术品拍卖的特殊性，而对拍卖人的特别保护；其三，在罚没、缉私物品的拍卖中，对执法机关的特别保护。② 与鉴定条款不同的是，该条款在商业实践与司法实践中都有极其广泛的应用。在商业实践中，大部分拍卖行会将此条列入自己的"拍卖规则"中，并做出部分扩充，以保证自己在瑕疵担保责任上的损失最小化。③ 在司法实践中，面对关于涉案标的的真伪争议时，大部分法院的判决倾向于适用此条文，免除拍卖人的责任。值得注意的是，当涉及不保真条款效力时，部分法院的判决出现了分歧。④

2. 对不保真条款的限制

尽管通过不保真条款的设置有效地保护了拍卖人的权益免受损害，但是其造成了一些负面的影响。许多学者认为该条款有违诚实信用原则⑤，有学者甚至认为不保真条款已经成为赝品拍卖的保护伞。⑥ 因此，有需要对此进行限制。人大法工委的立法解释认为不

---

① 《拍卖法》第 61 条第 2 款：拍卖人、委托人在拍卖前声明不能保证拍卖标的的真伪或者品质的，不承担瑕疵担保责任。

② 全国人大法制工作委员会民法室，等. 拍卖法全书. 北京：中国商业出版社，1997：131.

③ 详见中国嘉德国际拍卖有限公司《拍卖规则》第 5 条；中国保利国际拍卖有限公司《拍卖规则》第 5 条。

④ 部分法院认为不保真条款作为格式条款合法有效，详见陈少卿与北京华辰拍卖有限公司拍卖合同纠纷二审民事判决书；本部分法院则认为不保真条款作为格式条款，因加重对方责任，排除对方主要权利的情形而无效，详见陈元军与山东翰德拍卖有限公司等拍卖合同纠纷一审民事判决书。

⑤ 这个问题在国内的讨论比较广泛，也有部分硕士研究生以此为题撰写毕业论文，其中比较有代表性的论著参见：刘宁元. 拍卖法关于瑕疵担保责任免除质疑. 法学，2000(1)：40；郑维炜. 完善我国拍卖法之诚实信用法律制度. 法学家，2014 (3)：53 - 54.

⑥ 牟建平. 赝品泛滥 真迹难寻. 中国矿业报，2016 - 01 - 30.

保真条款的适用前提是委托人、拍卖人不知道拍品瑕疵。如果委托人、拍卖人明知拍品有瑕疵而故意隐瞒，应当承担瑕疵担保责任，即便有不保真条款，该条款也不受法律保护。[①] 另外《拍卖管理办法》第 50 条第 2 款但书规定，"拍卖企业、委托人明确知道或应当知道拍卖标的有瑕疵时，免责声明无效"。但是情事的证明责任是归属于买受人的，因此尽管有法条可以限制不保真条款的适用，但在司法实践中这些法条的适用却极其有限。

3. 说明制度

《拍卖法》为保护买受人可以获取必要的信息，因而在《拍卖法》第 18 条规定了委托人对拍卖人的说明制度以及拍卖人对买受人的瑕疵说明制度。值得注意的是，根据人大法工委的立法解释，首先，拍卖人对买受人的瑕疵说明仅限于"展示标的、拍卖图录、提供买受人查验标的方式以及口头说明瑕疵"。其次，在有不保真条款的情况下，拍卖人只对没有展示拍品以及故意隐瞒瑕疵承担瑕疵担保责任。最后，在委托人没有要求来源保密的情况下，拍卖人也可向买受人说明拍品来源。

诚如上文所言，艺术品属于"信任品"，在没有专家进行评估的情况下，一般当事人无法了解艺术品的特征与性质。对于一般的委托人而言，尽管可能难以提供详尽的来源与瑕疵说明，但仍有其他途径可以搜集相关信息。但是对于一般买受人而言，拍卖人提供的信息量可能过少。另外拍卖人提供给买受人的信息不仅受到艺术品审定信息不确定性的影响，还受到不保真条款的影响，其可信度之低显而易见。

目前国内关于拍卖人瑕疵说明的研究比较罕见，有学者从居间

---

① 全国人大法制工作委员会民法室，等. 拍卖法全书. 北京：中国商业出版社，1997：132.

商的角度考察拍卖人的信息提供义务。该学者认为，作为居间商的拍卖人需按交易中必要的注意标准进行积极调查，且不必保证拍品无瑕疵。而承担出卖人义务的拍卖人原则上应担保标的无瑕疵。[①]

综上，我们可以发现，艺术品审定制度在我国法律体系中的演变经历了赋权性条款、行政监督下的赋权性条款以及义务性条款三个阶段，对拍卖人审定的监督力度也越来越大。尽管"不保真条款"并没有鉴定制度那么受到立法的青睐，但是其在法官与学者之间引发的讨论与质疑是最多的。拍卖人说明制度的研究刚刚起步，还有许多讨论与研究的空间。

---

① 武腾. 拍卖人的信息提供义务与担保责任——从居间商的法律地位出发. 法律科学，2017（6）：156.

第二章　艺术品拍卖人的审定
义务的性质与特征

一、艺术品拍卖基本法律关系

（一）艺术品拍卖法律关系的分类

根据我国《拍卖法》第 23 条的规定，艺术品拍卖的法律关系以代理制度为基础。委托人与拍卖人之间的委托合同构成代理的内部关系，出卖人与买受人之间的买卖合同构成代理的外部关系。出卖人究竟是谁，诚如黄茂荣教授所言："视拍卖人是否表明代理意旨而定，如果拍卖人表明代理意旨（以委托人之名义行事），那么委托人才是出卖人；如果未表明代理意旨（以自己的名义行事），拍卖人即为出卖人。"① 因此艺术品拍卖的法律关系由拍卖人表明代理意旨的法律关系与拍卖人未表明代理意旨的法律关系两个部分组成。

1. 拍卖人表明代理意旨的法律关系

任意拍卖中表明代理意旨的法律关系以《民法典》第 162 条为基础。从欧陆法系的视角观之，有学者认为："代理需以本人名义为之，学者称之为显名主义（Offenkundigkeitsprinzip），亦即所谓显名代理。"② 王泽鉴教授称 Offenkundigkeitsprinzip 为"公开原则"③。代理公开原则要求拍卖人以本人（委托人）的名义行事，其代理效果归属于本人，换言之，以本人（委托人）的名义行事就是代理公开原则的一项内容。反映到艺术品拍卖实务中就会出现"签订合同时必须在当事人栏目处填写被代理人的姓名或名称，否则，该合同难以约束被代理人（的情况）"④。另外，拍卖人还有保密义务，按照我国《拍卖法》的规定，"委托人、买受人要求对其身份保密的，拍卖人应当为其保密"⑤。由此可见，艺术品拍卖下公开原则的认定，相较于一般代理而言更为严格。但是在欧陆法的代理体系中仍有一些制度或者规则可以缓和这种严格的认定。分别是嗣后披露制度⑥、

---

① 黄茂荣. 买卖法. 北京：中国政法大学出版社，2002：434.

② 胡长清. 中国民法总论. 北京：中国政法大学出版社，1997：297.

③ 王泽鉴. 民法总则. 北京：北京大学出版社，2009：498.

④ 耿林，崔建远. 未来民法总则如何对待间接代理. 吉林大学社会科学学报，2016（3）：23.

⑤ 《中华人民共和国拍卖法》第 21 条。

⑥ 德国通说认为，以本人（委任人）名义为法律行为的关键不在于是否揭示本人（委任人）姓名，而在于代理行为时表明其所为意思表示之效果并不归属于自己；代理人于代理行为时，无须指明本人（委任人）之姓名，嗣后确认本人（委任人）为何人亦可。因此一些学者认为，即使委任人的名字处于未揭露状态，直接代理关系也可以通过委任契约有效地缔结。详见 Muller-Freienfels, Die Vertretung beim Rechtsgeschäft, Tübingen 1955，S. 17；Larenz/Wolf，Allgemeiner Teil des deutschen Bürgerlichen Rechts，8. Aufl.，1997，S. 877。

根据情况可以推知①与为该当之人的代理（Geschaft für den，den es angeht）。②

2. 拍卖人未表明代理意旨的法律关系

拍卖人以自己的名义行事，学说上将其称为"间接代理"（mittelbare Vertretung；indirekter Vertretung ）。我国《民法总则》（《民法典》总则编）的代理一章中并无间接代理的明文规定，以间接代理类型处理事务的规定，则散见于《合同法》分则（《民法典》合同编典型合同分编）规定的各种合同之中。在艺术品拍卖的情况下，虽然拍卖人是以自己的名义出售委托财产，但是这并不意味着委托财产权利发生了转移。这种合同本质上来说是一种行纪合同（contrat de commission de vente et d'achat）③，从世界上主要拍卖行制定的拍卖

---

① 《德国民法典》第164条第1款："代理人在其代理权限内，以被代理人的名义所作的意思表示，直接为被代理人和对被代理人发生效力。无论明确表示以被代理人的名义所作的意思表示，还是根据情况可以推知是以被代理人的名义所作的意思表示，均无区别。"《瑞士债务法》第32条第2款也有类似的规定："代理人在订立契约时未表明其为被代理人者，仅在第三人依具体情事可推知存在代理关系而订立契约……始由被代理人直接取得权利或负担义务。"部分判决也主张，当代理人以自己的名义为之，而未揭露本人的名义，这种情形仅在代理人有代理本人的意思，且该意思为相对人（第三人）明知或可得而知时，对本人发生代理的效力。详见台湾"最高法院"82年度台上字第672号、101年度台上字第1774号、103年度台上字第2069号判决。

② 有学者认为，如果买受人不关心委托人是谁，那么买受人也可以通过合同约束未揭露姓名的委托人。《瑞士债务法》第32条第2款也认为："代理人在订立契约时未表明其为被代理人者……第三人并不在意订约相对人时，始由被代理人直接取得权利或负担义务。"详见 Von Tuhr and Peter：General part of the Swiss Code of Obligations，vol. 1，3rd ed. Zurich：Schulthess，1979：389.

③ 根据《瑞士债务法》第425条第1款的规定，拍卖人有权利与义务为委托人的利益签订契约。在任意拍卖的间接代理中，基于《瑞士债务法》第396条第2款规定的代理契约受托人权限的一般条款与第425条第2款规定的行纪人适用受托人条款规则，即便委托人没有明确授权拍卖人代理其出售财产，也有由委托事项的性质确定之。在这种情况下，拍卖人成为受托人进行拍卖。拍卖人根据与委托人的委托合同，获得委托人分配的权利和义务，这也就意味着委托人被排除出买卖合同的当事人之列。详见 Becker，Joëlle，"Auction of works of art in Swiss private law：representation，contractual relations and liability"，Art Law vol. 21，2011：143.

规则观之，他们采用的法律关系与瑞士法中的间接代理极其类似。①在这些拍卖规则中，无一例外地将委托人排除在买卖合同之外。事实上，如果着眼于保护委托人的信息免于泄露，那么间接代理制度无疑是最佳的选择。因为从保护隐私的角度来说，拍卖行把不披露客户（多指委托人）的信息置于最优先的地位，其优先级甚至超过了避免因拍卖行为而带来的争端。②

（二）艺术品拍卖法律关系的认定

关于任意拍卖中拍卖人是否揭露代理旨意的法律关系分类，以欧陆法系为参照，我们大致可以得出以下观点。

其一，我国拍卖人表明代理意旨的法律关系，沿袭了欧陆法系的代理公开原则，同时也采用较为严格的认定标准。但是就推知以本人名义与对该当之人的代理这两种欧陆法系代理公开原则的缓和制度而言，我国并未建立以具体事实而推知以本人名义的相关理论③；另一方面，"对该当之人的代理"被认为仅适用于日常生活中的现金交易，仅为交易观念的重申④，对于艺术品拍卖的适用有很大的局限性。但是这并不意味着我国的代理公开原则没有缓和的余地，有学者认为，我国《合同法》第402条是一种对代理公开原则的缓和⑤，艺术品拍卖在没有特别约定的情况下，也可以适用。

其二，《瑞士债务法》认为，艺术品拍卖的拍卖人未揭示代理旨意的情况属于行纪。从概念的层面来说，行纪与拍卖人未揭示代理意思的拍卖是有诸多共性的，例如两者都是受任人以自己的名

---

①② Becker, Joëlle, "Auction of works of art in Swiss private law: representation, contractual relations and liability", Art Law vol. 21, 2011: 107, 131.

③ 耿林，崔建远. 未来民法总则如何对待间接代理. 吉林大学社会科学学报，2016: 28.

④ ［德］施瓦布. 民法导论. 郑冲，译. 北京：法律出版社，2006: 234.

⑤ 尹田. 民事代理之显名主义及其发展. 清华法学，2010（4）：23；殷秋实. 论代理中显名原则及其例外. 政治与法律，2016（1）：84.

义、本人的利益为之。但是比较《合同法》有关行纪的规定与《拍卖法》的相关法条，二者在制度的层面上仍有较大的差异。首先，《合同法》第 418 条第 1 款允许行纪人低于委托人指示价格出卖委托物的行为，在行纪人补足价款的情况下让买卖合同成立。但《拍卖法》第 50 条第 2 款规定未达保留价（指示价格）要约不发生效力。其次，《合同法》第 419 条第 1 款允许行纪人自己成为买受人，但《拍卖法》第 22 条则不允许拍卖人成为买受人。最后，《合同法》第 421 条规定行纪人直接对与第三人订立的合同享有义务承担责任，但《拍卖法》第 40 条要求拍卖人与委托人承担责任。有鉴于上述法条的差异性，拍卖人未揭示代理意思的艺术品拍卖不适宜认定为行纪，而应认定为一种非行纪的间接代理。

（三）艺术品拍卖法律关系法律适用的解释

尽管可以以"代理公开原则"与"间接代理"对艺术品拍卖关系进行构造，但并不表明这种构造可以自然纳入现行法律框架，因此在明悉拍卖法律关系构架的同时，也需对两种法律关系中的法条进行解释。

1. "代理公开原则"中法律适用的解释

拍卖人依《民法总则》第 162 条以委托人的名义行事，或买受人依据《合同法》第 402 条明知代理关系存在，当买受人无法依约取得拍卖标的时，依据《拍卖法》第 40 条第 1 款与一般直接代理法理，买受人应向委托人主张违约。但是《拍卖法》第 61 条第 1 款却表明，当因拍卖人违反瑕疵告知义务或委托人对拍卖人违反瑕疵告知义务给买受人造成损失时，买受人只能向拍卖人求偿。在"代理公开原则"中，拍卖人虽与买受人之间无法律关系，但需对买受人承担责任。国内对这一问题的研究鲜有涉及，而笔者认为，这一问题的解释可依两种路径。

　　其一，虽然拍卖人不是买受人的对方当事人，但根据《拍卖法》第 51 条、第 52 条，拍卖人却是买受人的实际缔约人，因此依据诚实信用原则，买受人在与拍卖人缔约过程中享有信赖利益，同时根据《拍卖法》第 43 条规定的鉴定权、商务部《文物艺术品拍卖规程》第 6 条规定的审定义务，拍卖人有被买受人信赖的可能性。有鉴于此，在拍卖人不实告知物上瑕疵对信赖利益造成侵害时，根据《合同法》第 42 条，拍卖人应对买受人承担缔约过失责任。值得注意的是，《合同法》第 42 条第 2 款规定，承担缔约过失责任的前提条件是故意不告知或者提供虚假信息，而对过失的情况并未作出规定，但在《拍卖法》第 61 条第 1 款中并未规定拍卖人承担责任的主观状态。在艺术品拍卖的实践中，例如对拍卖人没有参考某份重要的文件或者疏于对拍卖品的某个关键特征进行认证的情形，则很难认定为故意，也难以根据《合同法》第 42 条第 2 款规定的缔约过失责任约束之。但是对拍卖人因过失不告知或者提供虚假信息的行为，如果违反了诚实信用原则，那么可以根据《合同法》第 42 条第 3 款约束之。拍卖人作为实际缔约人侵害买受人的信赖利益而需承担缔约过失责任的逻辑，实为拍卖人在没有合同关系的情况下需对买受人承担责任的理由。

　　其二，在直接代理下拍卖人违反瑕疵告知义务应该理解为，拍卖人因过错而对没有合同关系的买受人造成了损失，这与专家对第三人责任案件的解释非常接近。①《拍卖法》与其他法律规定的拍卖人的鉴定权与审定义务，也为拍卖人有可能作为专家执业提供了可能性。同时在艺术品拍卖中，拍卖人由于具备艺术品鉴别的相关知识与技能，也因执业积累了艺术品鉴别的经验，这成为艺术品拍卖

---

① 周友军. 专家对第三人责任的规范模式与具体规则. 当代法学，2013（1）：98.

人可作为专家的现实基础。

从专家对第三人责任的视角来看，买受人因对拍卖人鉴定意见的信赖而与委托人成立买卖合同，当拍卖人基于过错作出错误鉴定结论时，这已经侵犯买受人的信赖利益，拍卖人需要对此承担相应的责任。至于如何实现这个责任仍有两种不同的选择路径，一方面，可以按合同责任的路径处理，即专家拍卖人与委托人之间存在附保护第三人的合同；另一方面，也可依照《侵权责任法》第6条使专家承担侵权责任。按照《德国民法典》第311条第2款第2项之规定，拍卖人（他方）与买受人（当事人一方）之间存在源于诚信原则的法定债之关系，因此可以以合同路径处理。但是此种解释在中国并不存在相关法律制度，又鉴于中国实务界对合同相对性的突破持较为审慎的态度①，因此这种合同路径目前仅限于理论上的探讨；至于侵权路径，则需要面对如何解决"纯粹经济损失"不予赔偿的难题。对于拍卖人以委托人名义行事时虽与买受人无合同关系但须承担物上瑕疵担保责任的问题，如果从专家责任的路径来解释，仍有很大的商榷空间。

2. "间接代理"中法律适用的解释

在间接代理法律关系中，拍卖人以自己的名义为委托人的利益行事，当买受人无法依约取得拍卖标的时，依据《拍卖法》第40条第1款规定与一般间接代理法理，买受人应向拍卖人主张违约，这与《拍卖法》第61条第1款的大部分规定是吻合的。但是当委托人违反《拍卖法》第27条，即未向拍卖人告知瑕疵进而对买受人造成损害时，买受人可依《拍卖法》第61条第1款向拍卖人请求救济；同时这种情况似乎也与《合同法》第403条第2款所规定的请求救

---

① 王利明. 合同法研究：第一卷. 北京：中国人民大学出版社，2002：106-109.

济的条件类似，但是这两个法条所产生的效果截然不同。在间接代理下，《拍卖法》并不承认买受人可以因物上瑕疵对委托人进行直接的求偿，而《合同法》却赋予了拍卖人公开委托人与否以及买受人选择委托人与否的权利。简而言之，在《合同法》的视角下，买受人可以有条件地因物上瑕疵对委托人进行直接的求偿。对此问题，有学者指出了《拍卖法》第 61 条与《合同法》第 403 条之间的紧张关系，也有学者认为《合同法》第 403 条适用"非行纪的间接代理"。因此关于这两个条文之间的内在逻辑，还有进一步厘清的必要。

笔者认为，在间接代理中，物上瑕疵的问题不能适用《合同法》第 403 条，而应适用《拍卖法》第 61 条的规定。此种考虑并非基于"特别法优先"的观念，而是基于《拍卖法》第 61 条中的"委托人未向拍卖人告知瑕疵"情事并不符合《合同法》第 403 条中的"因委托人的原因"的规定。其理由在于，如果认为"委托人未向拍卖人告知瑕疵"符合"因委托人的原因"的规定，那么当委托人因不可归责于自身的原因（如自身知识与技能缺乏或者因前手交易获得了充足的无瑕疵的凭证）而无法知悉拍品的物上瑕疵，从而未告知或者错误告知拍卖人时，让委托人承担责任并不公平。另一方面，拍卖人自身有鉴定拍品的权利，如果拍品的状态足以引起拍卖人的怀疑，从保护自身利益的角度出发，拍卖人应当对其进行鉴定，并依据鉴定结论决定是否变更或解除委托合同。而艺术品拍卖则更加简单，根据商务部《文物艺术品拍卖规程》第 6 条，拍卖人有对拍品进行鉴定的义务，并视鉴定结论决定是否解除委托合同。换言之，当拍品出现在买受人面前时，可以说这是一件拍卖人自行确认后认为适宜拍售的物品。在这种情况下，一旦出现物上瑕疵并对第三人造成损害，应归于拍卖人不当使用权利或者不当履行义务所致，是间接代理中外部关系的一种体现，不应与内部关系混淆。

简而言之，委托人对拍卖人的告知是拍卖人决定是否继续进行拍卖的一个因素，而不是阻碍拍卖人向买受人适当履行的原因力。

综上所述，笔者认为，首先，在拍卖人以委托人名义行事的情况下，《民法总则》第 162 条与《合同法》第 402 条所认定的拍卖法律关系实质上为扬弃欧陆法传统下的"代理公开原则"；在拍卖人以自己的名义行事的情况下，艺术品拍卖法律关系类似于欧陆法中非行纪的"间接代理"。

其次，在代理公开原则下，即使不存在合同关系，买受人可因拍卖人未履行或未适当履行先契约义务而向拍卖人主张救济。在间接代理的情况下，委托人的不当告知不成为阻碍拍卖人向买受人适当履行的原因力，所以拍卖人不能依《合同法》第 403 条，通过披露委托人使自己脱离买受人的求偿范围。

最后，我们可以发现，艺术品拍卖的两种代理法律关系必须经过鉴定这一媒介才可融入现行合同法体系。而对于艺术品拍卖中鉴定的研究，由于长期受到不保真条款的影响，相较于其他权利义务而言，着实比较薄弱，同时艺术品拍卖中鉴定也是拍卖实践中最容易发生争议的问题。因此仍有继续深入研究的必要。

二、以鉴定结论为客体的审定义务

鉴定结论作为审定义务的客体，在民法中，可以以不同的形式，在不同的法律关系中出现。例如：买受人因拍卖人的不实陈述而竞拍；拍卖人作为受托人向委托人报告委托拍卖的进展；在一些特殊的情况下，拍卖人也可收取额外费用向买受人提供额外的信息。从法律关系的角度观之，鉴定结论可以为主给付义务、从给付义务的客体，也可以构成一些附随义务的内容，例如告知义务、说明义务等。

（一）主给付义务与从给付义务

1. 主给付义务

主给付义务是指债之关系所固有、必备，并能决定债之关系类型的基本义务，例如在买卖合同中交付标的物及转移所有权和支付价金的义务。[①] 纯粹以鉴定信息作为客体的合同在艺术品拍卖的过程中其实非常罕见。涉及约定鉴定结论主给付义务的绝大多数合同，不仅包含单纯的鉴定信息，还包含对艺术品的评估与相关建议，例如拍卖行委托第三方机构对拍品作出的鉴定报告，以及《艺术品经营管理办法》第 11 条所示的相关内容。

2. 从给付义务

从给付义务是指主给付义务以外，债权人得独立诉请履行，以完全满足给付上利益之义务。其可基于法律的明文规定、当事人的约定以及诚实信用原则和补充的合同解释。[②] 以鉴定结论为客体的从给付义务在艺术品拍卖中最典型的两种情况分别是：其一，对买受人而言，在拍品有鉴定书或其他相关文件的情况下，转移拍卖品所有权时买受人可以要求拍卖人或者委托人将其一并转移；其二，对委托人而言，拍卖人必须遵守《合同法》第 401 条规定的报告义务，将《文物艺术品拍卖规程》第 6 条所要求的审定结论告知委托人。这两种情况，前者来源于诚实信用原则，后者则是基于法律的明文规定。

（二）附随义务

在债之关系义务群中，除了主给付义务与从给付义务以外，还有附随义务的存在。[③] 附随义务并非自始确定，而是随着债之关系

---

①② 王泽鉴. 债法原理. 北京：北京大学出版社，2013：39 - 40.

③ 关于附随义务与给付义务的界定，学界并没有给出统一的结论，有认为除主给付义务外，其余均为附随义务的学说；有认为除主给付义务外的其他义务需要分成独立附随义务与非独立附随义务的学说；还有支持主给付义务、从给付义务与附随义务分类的学说。具体参见姚志明. 诚信原则与附随义务之研究. 台北：元照出版公司，2013：51 - 72.

的变化而变化。

　　一般情况下，附随义务多要求一方当事人为或不为某一行为，以保护对方当事人的利益，拍卖人的保密义务、告知义务就是其中较为典型的代表。附随义务基于诚信原则，在合同订立、履行、终止时都有可能产生附随义务。缔约过程中的附随义务又称先合同义务，依缔约过失处理；履行过程中的附随义务可构成积极侵害债权；合同关系终止后的附随义务又称后合同义务，依债务不履行的相关规定处理。艺术品拍卖中的审定义务，有可能是先合同义务。根据《文物艺术品拍卖规程》第 6.1 条的规定，在签订委托合同之前，拍卖人有对拍品初步审定的义务；在买卖合同签订之前，拍卖人作为实际缔约人必须要进行预展（《拍卖法》的表述是拍卖标的展示）①，同时还要提供拍卖图册。在拍卖图册中还需载明拍品年代、质地与参考价等内容。② 而这一步骤也可以算作拍卖人为缔结契约进行接触、准备与磋商时产生先合同义务。在特殊情况下，审定义务的违反也有可能会构成积极侵害债权。根据《文物艺术品拍卖规程》第 6.2 条的规定，在签订委托合同之后，拍卖人有对拍品审定的义务。如果因拍卖人的过错导致委托财产被低价出售，那么拍卖人可能需要承担《合同法》第 406 条规定的责任。

　　艺术品拍卖中的附随义务不同于给付义务，附随义务的内容无法自始确定，而是随着债之关系的产生而产生③；拍卖人不履行附随义务，也无法诉请拍卖人履行，因此也不构成债务不履行的解除事由，但可因缔约过失与积极损害债权请求损害赔偿④；另外，因

---

　　① 《拍卖法》第 46 条、第 48 条；商务部《文物艺术品拍卖规程（SBT 10538—2017）》第 9.2 条、第 9.3.1 条。

　　② 商务部《文物艺术品拍卖规程（SBT 10538—2017）》第 8.3 条。

　　③ 王泽鉴. 债法原理. 北京：北京大学出版社，2013：43-44.

　　④ 黄茂荣. 债法总论. 北京：中国政法大学出版社，2003：394.

附随义务也非对待给付，所以也无法适用同时履行抗辩权。①

　　附随义务按照其功能可以分为两大类②：其一是注意义务，旨在辅助实现债权人的给付利益；其二是保护义务，旨在保护他方当事人固有利益的完整性。拍卖中的审定义务一方面有注意义务的功能，另一方面，例如在机动车拍卖、房屋拍卖中，审定义务也有保护义务的功能。除此之外，在拍卖中还有忠诚义务、保密义务、协力义务、提供查阅义务等其他附随义务。

　　艺术品拍卖中的审定义务，也是附随义务的一种。审定义务的内涵是指，在未经他方当事人提醒之下，主动提供自己已知并对合同订立有重大影响的信息。此处的信息多指经鉴定后拍品的瑕疵，此种瑕疵既可以是权利上的瑕疵，例如拍品是盗赃物，或者根据相关法规不允许交易的物品或者委托人对拍品没有所有权，也可以是物上的瑕疵，最典型的例子就是拍品系属赝品。

　　审定义务在整个艺术品拍卖附随义务群中占有重要的地位，其原因在于：首先，审定义务可以避免给付障碍；其次，审定义务可以确保给付目的，例如通过对拍品物上权利的鉴定可以避免委托人的给付不能，也可以保护买受人买到合乎购买目的的艺术品；最后，在一些特殊的情况下，审定义务可以避免损害的发生。例如部分油画的颜料、装裱中存在的有毒物质，这些信息如经鉴定后可以确认，则应提示买受人注意。前两者属于给付利益的满足，在功能上属于注意义务。后者则保护了对方当事人固有利益的完整性，属于保护义务的范畴。一般情况下，注意义务的履行有赖于当事人的请求，保护利益则应主动告知。

---

① 王泽鉴. 民法学说与判例研究（六）. 北京：北京大学出版社，2009：149.
② 王泽鉴. 民法学说与判例研究（四）. 北京：北京大学出版社，2009：44-45.

三、审定义务的意义

（一）保证真实意思

审定义务的目的主要在于确保及改善当事人于合同订立时的信息地位。从合同自由的角度来看，审定义务的功能在于保障对方当事人的自主决定与真实意思不会落空，避免缔结一个不符合当事人期待的合同或避免当事人所期待的合同不能成立。因此，作为一种法律工具的审定义务，经由逆转信息取得自我负责之基本原则，来达成实质合同自由，作为法律秩序对当事人缔约地位不对等问题的响应。审定义务所讨论的，并不是保护权利人的完整利益，而是使权利人对于合同的定义能在一个较佳的信息基础上为决定，从而能够订立利益正当的合同。当然，有些鉴定的内容，除涉及给付利益外，同时也会涉及完整利益。

因此，审定义务的目的在于解决哪一方合同当事人应该承担信息欠缺的风险，信息欠缺意指合同的一方当事人缺乏合同的相关之信息，若无审定义务，其结果为欠缺信息之当事人将缔结一个不利的契约，而该契约在信息充足的情况下，并不会成立或者将会以不同的内容而成立。相反地，若一方负有审定义务，则其必须承担信息欠缺的风险，故其无法利用自己的信息优势来缔结一个有利于己的契约。审定义务的运作模式在于免除权利人一方的信息负担，甚者赋予其损害赔偿请求权或得以解除不符合真实意思的合同。

不过，审定义务尚无法促进实质公平或客观合同正义的目标，因为合同的客观均衡，无法透过审定义务予以控制，但是，在充足信息基础上所形成的真实意思决定，可以促成合同的主观正义或形式正义，从而实现契约正义。

（二）促进合同完整

从经济功能的角度分析，完整合同的订立为理想的缔约模型，其基础为充分的信息，交易双方应提供充分而正确的信息，方能使合同的协商朝向完整的理想推进，使合同符合双方利益与期待，减少因信息不对称所产生的策略行为风险与防范成本。经由审定义务对信息风险作合理的分配，可以降低当事人因缔约活动所投入的缔约成本，并借由足够的信息来让当事人计算合同的成本效益、预测风险发生与规划避险设计，以增加合同所能创造的效益。有学者认为："盖唯有契约愈能创造较高的剩余利益，才能促使当事人愈多的投注成本于缔约活动与交易活动中，促成资源的有效交换与利用。"[1]

（三）稳定市场

从市场的观点出发，艺术品拍卖中的审定义务也与稳定市场息息相关。艺术品交易市场也需追求透明化、效率、避免赝品等目的，如果可以确保部分当事人对于价格、给付、透明化等利益，那么整体上也会同时促进竞争。

经由审定义务促进市场透明和市场竞争，也会发挥合同法的市场稳定作用，原因在于拍卖合同相关的审定义务，一方面，可促使交易过程更有效率，并经由交易成本的减少来达成福利的提升；另一方面，其亦可避免因信息问题所导致的市场失灵。信息不对称不仅会造成合同内容上的不均衡，而且也会造成部分参与者对市场失望而退出。

---

[1] 苏永钦. 缔约过失责任的经济分析. 台大法学论丛，2004（1）：183-218.

四、审定义务的特殊性

（一）当事人利益对立的突破

依据自我负责原则，每个当事人都应当自己去寻找充分的信息，以便能够缔结符合个人真实意思的合同。因此，艺术品拍卖中的买受人应当自己去获取关于商品或服务的特性、质量等相关信息，或者向相对人询问，故买受人以"自己负责"为基本原则，这样的原则系建立在形式私法自治的想法上。

依此，拍品信息风险的分配，原则上依合同准备阶段的当事人利益对立及形式自主决定能力而定，每个交易当事人都具有同等的能力，应为自己的真实意思的实现负责，应自己努力获得所有信息，以维护自己的利益，同时也因自己的不努力而承担不利益，即承担签订不合自身利益合同的风险。不过，审定义务的建立，却使义务人扮演权利相对人的保姆的角色。因此，审定义务实际上并不符合当事人间固有的利益对立。

（二）调整信息风险的分配

法律在某些例外情况对于依利益对立所为的信息负担分配作了调整。当合同双方对于契约成立具有共同利益，例如双方当事人期待合同不会因违反法律强制规定或自始客观不能等客观有效性障碍条件而无效时，每个当事人必须承担无效的结果及无效所产生的财产上影响，但若一方当事人利用其"结构优势"① 明知或可得而知有效性障碍条件，而另一方不知时，不知之一方将可免除其信息风险，其结果为信息优势之一方当事人将负起赔偿责任，此即显失公

---

① 贺剑.《合同法》第 54 条第 1 款第 2 项（显失公平制度）评注. 法学家，2017（1）：34.

平的典型情况。

此外，自我负责原则在故意欺诈的情况下，也有其界限，此时，被诈欺之一方，法律一方面赋予其撤销权，使其得以摆脱合同的拘束力，另一方面其也可经由侵权行为的规定维护其财产利益；另外，涉及物之瑕疵担保责任的，也有修理、更换、重作、退货、减少价款或者报酬等救济。这些法律条文规定，以故意作为责任成立条件，可看出我国民法立法者对于鉴定责任的默认调整评价为"故意理论"，从而，对于日渐增加的保护需求，仍有待补充调整的必要。

艺术品拍卖中审定义务的作为面向与不作为面向，具有不同的意义，对于鉴定的不实陈述，可以透过真实义务来建构其责任，但鉴定的不告知，其责任无法从真实义务中导出，因而需要特别的法律评价，使其在法律上得以和不实陈述作同等评价，即合同磋商之一方为何负有义务为他方之利益，忽略自己的利益，贡献其信息或知识。若一方面认为一方当事人在合同磋商阶段，原则上应该自我负责地行动，因此，对于相对人并无说明的义务；另一方面则又基于诚信原则，认为当事人一方在合同磋商阶段，就对他方有重要利益之事项，负有应向他方说明的义务，并将诚信原则概括条款视为此义务的充分基础，又或若将权利人的信赖、或其商业无经验，作为责任基础，则在法释义上恐不尽充分。因此，审定义务的理论基础及内容，有待进一步的探寻。

第三章 艺术品审定义务的规范 基础与理论基础

一、艺术品审定义务的规范基础

（一）诚实信用原则

在法律没有明文规定的情况下，合同当事人双方的利益产生对立时，往往是借由概括条款的适用予以补充，而诚信原则是在合同准备阶段的重要指导原则。对于审定义务，当事人就可能阻碍他方合同目的而对他方有重要性之事实，负有向他方告知之义务，其范围依诚信原则和商业习惯所能期待之告知为准。诚信原则在私法的解释适用上，被视为是实现公平正义的最高指导原则，而被称为

"帝王条款",《民法典》第7条规定亦表明:"民事主体从事民事活动,应当遵循诚信原则,秉持诚实,恪守承诺。"诚信原则的规定,使法院于个案中所投注的价值判断,可以有实体法的基础与正当性。①

诚信原则具有补充法律的作用,不仅出现在合同或权利义务的履行上,也出现在合同内容的解释上②,同时也会出现在一系列附随义务或合同补充上,衍生出告知义务、说明义务、交付单证义务、协助义务等,而且这些义务不仅延伸至合同履行后的后合同义务,也往前延伸至合同订立前的前合同义务。

前合同义务对于合同缔结前的责任问题,经由学说与实务的阐释,缔约上过失制度获得普遍的承认,认为当事人为缔结合同而接触磋商时,相互间即产生特殊信赖关系,基于诚信原则,应负有协助、通知、照顾等附随义务。借由《合同法》第42条,缔约过失制度被认为是诚信原则的一个重要体现。审定义务作为前合同义务的一种,当然也与诚信原则的解释与适用有密不可分的关系。

(二)诚信原则的功能

1. 具体化功能

诚信原则的具体化功能,在于对当事人依法律或依合同所享有之权利与义务,在内容上予以具体化或加以补充,使法律的解释与适用更为完备。例如:债务人给付的时间、地点、方法等,法律虽设有一般性规定,但仍具有高度的抽象性,而生活关系与利益状态的多样性,并非立法者或合同当事人所可完全预料与计划的,还是

---

① 陈聪富. 诚信原则的理论与实践. 政大法学评论,2008(104):20.
② 《合同法》第125条。

需要在个案中加以具体化与利益衡量。①

2. 补充功能

诚信原则的补充功能，在于超越合同解释的界限，在未明显变更本质的情况下，为确保合同目的之达成，于合同主给付之外，创立各种附随义务群，如忠实义务、照料义务、协力义务、保护义务、说明义务、告知义务等。

3. 限制功能

诚信原则的限制功能，在于权利人行使权利时，必须受到约束，不可有权利滥用之情事。另外，当权利长时间不行使，依特别情事足使义务人正当信任债权人不会行使权利时，权利人依诚信原则不得再为主张之权利失效情形，也是限制功能的体现。

4. 修正功能

诚信原则的修正功能，在于对法律规定或合同约定之内容，加以修正或调整，特别是合同关系有了明显的改变，至难以期待一方当事人不变地继续维护原有合同关系时，即有待修正。

（三）诚信原则与审定义务

在法律没有规定或者规定不明确的情况下，审定义务的推导来自诚信原则的功能，以诚信原则作为制定法的媒介与适用基础。但是诚信原则的内涵，具有高度的抽象性、开放性与不确定性，也因此可能会对法律的安定性产生弱化，或者是使用者单凭感觉和法感为恣意之法律解释的危险。在此理解之下，审定义务在法律适用上，虽可经由诚信原则一语概之，但是，这个义务背后的法律推理、价值判断、理论基础和具体准则，则仍需要进一步的论述，看有无较具体的指导原则和较具说服力的理由可供参考，以维持法律

---

① 林诚二. 再论诚实信用原则与权利滥用禁止之机能. 台湾本土法学杂志，2001（22）：44.

的可预测性与安定性。

二、审定义务的理论基础

对于为何缔约一方当事人应对他方当事人负告知鉴定意见的义务，可以从以下不同的理论观点加以分析观察，以寻找审定义务的理论基础及具体化诚实信用原则的适用。

（一）实质合同自由

1. 合同自由、自主决定与自我负责

审定义务让拍卖人一方牺牲自己的信息优势，以让另一方实现实质的合同自由，因此，其可否从保护自主决定的目的中直接导出，值得讨论。合同自由和私法自治虽为私法秩序重要的原则，但也有其界限，立法者得依比例原则作出诸如缔约强制、类型强制或内容禁止等限制，此可促使私法秩序在一定范围内发展和改变，而不必固守于传统的规则。

私法自治的核心在于个体在法律生活中的自主决定，个人依其意思经由法律行为意思表示来决定法律行为的成立及内容，纵使其客观上系不正确或不理性，依"自甘风险者自食其果"的原则，法律秩序基本上需尊重当事人的意志。因此，个体有权并负责地对于经济需求自我地决定和满足，并依所择取之方式运用。[①] 相对地，个人也应就其决定的后果负责，因此，自我负责与自主决定相互呼应，他方当事人才能信赖一方当事人的行为，合同才能作为生活规划的稳定基础。

私法自治和合同自由除了以自主决定和自我负责作为基础外，

---

① 牟宪魁. 说明义务违反与沉默的民事诈欺构成——以"信息上的弱者"之保护为中心. 法律科学（西北政法学院学报），2004（4）：79.

其前提还包括个人对其自身利益和需求能作出最佳的决定和维护，否则，自主决定和自我负责将是空想。虽然，这并非意指每个人始终都应具备作出最佳决定的能力，但至少表示每个人对于决定情况整体的观察，对自身利益的决定判断是优于其他人的。纵使是错误的决定，有学习能力的人，也可以在尝试与错误中吸取教训，以便将来更好地作出决定。

2. 正当性担保

合同是当事人双方共同协商、妥协及同意的结果，经由合同自由，透过磋商过程中相互的施与舍，来达到利益平衡，因此，合同机制和合同自由内含一定的"正当性担保"（Richtigkeitsgewahr）。在合同磋商过程中，虽要维护自身利益，但也须考虑他方当事人的地位，在讨价还价的过程中，促使双方利益的调和、并达成双方可接受的合同结果；对于一方不利的结果，只要不利一方同意接受者，亦为正确的结果，并可期待不利益得透过其他利益予以弥补，因此，合同协商结果不仅包括主观意志，而且包含客观秩序的要素。①

正当性担保并非取决于客观正义，正当性概念系包括当事人的主观评价，当事人意思是合同正当性担保的基础。但若合同机制的功能条件丧失或失灵时，合同即无法产生足够的正当性担保，特别是缔约当事人间的力量不对等，无法期待公正的合同规则产生时，即需要其他行为的介入。

3. 实质合同自由与审定义务

（1）审定义务与信息平衡

合同要能达成正当性担保，其前提为当事人要有能力达成利益

---

① 白玉. 信息不对称与经营者的说明义务. 山东社会科学，2009（3）：120.

协调，然而，因现实中经济和社会的不平等，大部分个人是否真有能力辨识自身利益并自我负责地追求，颇有疑义，致此一理想不易达成。

在合同正当性担保的理解下，合同自由要能形成正确合同，须合同当事人对于相关情况知悉，在当事人意思的合意为合同正当性的基础时，若一方当事人的意思表示因欠缺信息而有瑕疵，此时，合同协商恐怕不能产生正确的合同结果，因此，完整信息被认为与当事人的意思攸关，只有在此理想状况下，当事人才能作出完美决定，缔结正确的合同。

在此意义之下，审定义务便可以作为杠杆，发挥稳定作用，帮助平衡当事人的信息不对等，鉴定结论的受领人将有能力自我负责地维护自身利益，因此，在特定情况下，审定义务可能构成合同自由的必要功能条件。审定义务应否存在，一方面须视一方当事人是否存在信息欠缺而定，另一方面则视他方当事人是否承担信息风险而定。

（2）信息欠缺

基本上，从事交易的当事人都需要一定程度的知识及经济基础，以便能实现其利益。自主决定虽然需要信息才有可能实现，但多少信息才能足以维持必要最低限度的自主决定，并未说明，而实际上也很难要求当事人应有完全的信息，因此，完整信息的理想状态，并不实际，也不是合同自由的必要前提条件，因此对合同自由与自主决定并不能施加太高的门槛要求。

合同自由因其内在自主决定与自我负责的二元性，基本上是与失败的风险息息相关的，自我负责一方面促使对方当事人可以信赖合同的效力，另一方面也促使当事人弄清楚他是否想缔结一个特定合同或缔结何种内容的合同，在自我负责涵盖范围内的信息缺乏，应可容忍，否则，动辄撤销合同，将使当事人难以适当地行动。当事人并非只有在拥有全部缔约相关信息时，其行为才属自主决定，拥有多少信息，与合同准备和信息搜集有关，在交易常态中，当事人对于要取得哪些信息、花费多少费用、耗费多少时间，均可自己决定。若当事人基于信息的期望值小于信息搜寻成本或信息的边际收益小于边际成本的考虑而终止搜寻时，其在这种信息不充足的情况下所作的决定，可以是理性的，也可以是自主决定的，个人原则上仍可抽象地自行判断是否要在信息欠缺的情形下，继续缔约及承担风险。

法律安定性和法律明确性的观点，也排除因应每个人的能力差异而作差异性的安排，绝对的当事人平等（Waffengleichheit）实际上不能达成。并不是每一个经验或者知识上的劣势或每一个信息缺乏，都应该使无信息之一方有取消合同的可能性。意思自由行使所需的最低信息无法被客观定义，原则上只能交由个人决定，并尊重其决定。但也不是每一个自主决定受干扰的情况都会影响合同效力，如果重大误解是由表意人之过失所致者，并无合同撤销权。

因此，合同并不因当事人没有完整的信息，即当然地应归于无效，合同自由虽要求自主决定，但也不是要求对每一个信息缺乏的情形均加以保障并使当事人享有无风险的自由。

（3）信息风险

在一方有信息欠缺的情况下，该风险的分配，原则上由需要维护自身利益的当事人承担。不过，有些判决基于保护他方合同自由目的，依据诚信原则，要求掌握信息一方应照顾他方当事人的利益并应负说明义务。这样的风险再分配，似乎使信息需求一方的风险决定无偿地转嫁给信息一方。这种特殊的类型，于一定程度内，系当事人自我负责原则的例外，尚不能作为一般化原则。

因此，合同自由之自主决定和自我负责的二元性，虽然说明义务意在保护自主决定，但却不太能够直接从合同自由的自利竞争原型中找出说明义务的理论依据。

（二）信赖责任理论

对于不实信息的提供或说明所作的表示，足以构成信赖事实，如拍卖人保证拍品为真，但实际却是赝品。此时，即使不是针对法律情况存在的信赖，而是针对自然事实存在的信赖，亦构成信赖责任的前提。

至于拍卖人并不保证真伪的情况，是否与不实说明作相同评价，则有争议。因为单纯的不作为并未创设出一个信赖事实，此涉及信赖责任的特殊问题，就如同不作为侵权需要如危险源的创造等额外要素的补充。信赖责任对于审定义务的适用，也需要额外评价的补充，即经由交易接触所产生的特别信赖关系予以得出。[①] 若将缔约前阶段当事人双方的交易接触所产生的特别信赖关系，作为信赖责任对于审定义务的补充因素，则从广义层面而言，每一个缔约接触，在法律上都含有特别信赖关系的存在，但这并不意味着当事人每因缔约接触，即当然地负有广泛的说明义务，单凭特别信赖关系，尚不能具体描述审定义务的生成条件。

1. 事实上信赖与正当性期待

信赖保护依其一般特征及法院见解，认为系在保护"事实上的信赖"。虽然信赖关系因素在缔约过失责任中常被提及，但进一步的说明仍不够具体，能否径以信赖责任作为缔约过失的共通基础，亦有质疑，特别是在自由主义和市场经济下，每个市场参与者应注意自身利益，在利益对立与自利的性格下，事实上并没有应对合同他方特别信赖的道理，而说明义务也很少能够单凭信赖关系予以合

① 姜淑明，梁程良. 构建信赖利益损害赔偿责任的思考. 时代法学，2012（6）：70.

理化。单纯信赖关系的存在，而未有其他引发具体信赖的情事，尚不足以直接得出特定的行为义务，如同单纯的缔约磋商并不当然推导出继续协商义务或缔约义务，除非例外地，当事人的行为引发相对人对于合同将成立的具体合理信赖后，却无故中断磋商。再者，从责任者的立场，对于他方何时发生具体的信赖，并不容易辨识，从而责任风险很难预测及防免，而且事实上信赖往往取决于个案情况，具有个别性与特殊性。

因此，有认为单纯的事实上信赖尚不足以合理化信赖责任，从规范面看，决定性的因素应在于信息劣势的当事人应否信赖他方，而不在于是否已为事实上信赖，亦即对于合同他方当事人是否存在特定的正当行为期待（legitimeVerhaltenserwartung）。因此，缔约过失责任的前提在于依据交易观点或其他方式，对于行为期待的信赖是正当的，"信赖的应然"（Vertrauendürfen）才是信赖责任的决定性因素，仅仅信赖关系的简单主张，还不足以合理化这样的行为期待。

2. 对职业地位的正当性期待

一般而言，对职业地位的正当性期待，乃为一保护因素，应受保护。对职业地位的正当性期待意指一种权利表现，代表与个人地位或职能通常相连结的特定行为期待，借由该行为期待对利益冲突的当事人予以协调，而且，若没有这样的权利表现，决定将有所不同，而信赖保护对于一般法律行为的规范形式而言，系属例外。

因此，若义务人对于告知必要的鉴定信息一事，引发权利表现事实或唤起正当行为期待，审定义务是可以从信赖思想中导出的，在此之中，当事人缔结合同可以是一种信赖的投入，因此，义务一方如何可归责地引发其要对他方说明的客观事实信赖，便成为决定说明义务有无的重要因素，规范上的信赖或正当行为期待，除了可借由商业习惯（Handelsbrauch）予以具体化之外，亦可经由信息上的责任领域或风险领域分配的法律原则来决定，当然，个案的具体情况，也与信赖事实的决定有关。① 当事人明示或默示的行为，也可以产生信息揭露的正当行为期待，从信息经济的观点看，信息一方要能利用信息才会有信息获取的诱因，而将信息以交易方式，如作为合同主给付或从给付，也是一种利用方式，依此，买受人在拍卖行购买东西所支付的价金通常都会比一般店家或私人为高，较高的价格可以作为拍卖行应向消费者提供较好信息或建言此一默示要求的反射，专业人士以较高价格提供其专业给付者，可产生其应为较多说明之规范上的行为期待。因此，当事人业务上系从事相关领域之行为，且可得认识他方将因信赖其专业，而不再为进一步探查者，可作为说明义务的标准。

（三）职业行为的对价理论

在许多专业领域中，如医师、律师、税务顾问等，通常都认为专业一方应负较高和较广的注意义务及说明义务，此为专业责任的基础，也可从对价思想中获得指引。专业人士从事职业活动时，通常可推定其索取的对价较一般私人为高，此一高报酬，反映其高质量的服务及说明义务。如一方当事人在舞会中巧遇律师所询问的法律意见，和到律师事务所去征询法律意见相比，通常可期待后者情境中的法律意见应正确充分，因后者通常有报酬支付的意识，而前者通常当事人并无报酬支付的意识与期待。因此，对价可看作是信息正确充分的保费。而消费者相互间因无这样的对价，所以不负特别的义务，而企业对消费者应负较高注意义务，因消费者对其商业

---

① 楼建波，姜雪莲. 信义义务的法理研究——兼论大陆法系国家信托法与其他法律中信义义务规则的互动. 社会科学，2017（1）：98.

活动有支出对价。① 专业商人就其物之给付通常亦较一般私人获取较多报酬，此一高报酬即为高专业的对价，从而他方亦得期待从专业商人处获得较多的说明，故车商会比一般私人售车者，负有较高的说明义务。因此，风险分配的影响因素其实是专业身份的对价，而非专业身份。

所谓的对价，并不是说专业者就其给付，一定要在个案中获得报偿，而是只要其整体上怀有期待，认为其信息优势或信息给付将会获得报偿，即足构成，而无须总是在个案中将对价区别出来，专业者若认为能够从其所从事的商业活动总体中获得适当的报偿（如商誉或将来商业往来的期待），纵使在个别案件中，其知识未确实获得报偿，亦为足够。

此外，当事人也可借由其明示或默示的行为，为承担较高义务之表示，具有特别知识而参与市场时，通常可以构成默示，而市场参与者对其也会有特别的信赖。从对价思想的观点，经由专业角色获得高报偿时，相对地，也应有高价值的整体给付，以符合他方职业地位的正当性期待。

三、小结

艺术品审定义务理论基础的建立，有不同的论点，但亦有其论述不足之处。在实质合同自由作为合同正确性保障的基础下，完整信息系正确合同的理想状态，然而基于合同自由背后的自我负责，缔约相关信息提供并非只完全归由一方当事人承担，但其理论基础并非可直接建立在实质合同自由之上。

---

① 刘承韪. 英美合同法对价理论的形成与流变. 北大法律评论，2007（1）：110 - 114.

信赖责任可以为先合同行为义务的理论基础提供基本的论述，就审定义务而言，陈述不实的责任固可由信赖理论得出，但就说明义务而言，单纯的不作为尚未创设出信赖事实，需对信赖责任加以补充，将事实上信赖转换为规范上信赖或正当行为期待，而当事人一方在经济生活中所从事的角色及专业，便成为他方当事人正当期待的基础。①

纵使将对价思想引进说明义务的基础，以顾及信息诱因的维护，亦因说明义务的对价难以具体化，而需仰赖价格及角色期待，来合理化正当行为期待，使得说明义务常与专业责任及职业责任（Berufshaftung）有所连结，当事人一方的专业时常是影响个案判断的关键因素。

依此一正当行为期待的观点，审定义务的依据不是保护较弱一方当事人的不明确规则，而是依据可以将信息风险转移给能够更方便、更直接保护自己之一方当事人承担的方式，即将信息成本归由最小成本之一方负担。借由减低缔约交易成本来调整信息取得的自我负责，亦可在制度面上获得支持，盖信赖保护或期待的保护，功能上即在于减少交易成本，降低交易过程的摩擦，而在制度面上增进分工专业交易的效率。因此，将说明义务的基础建立在正当行为期待之上时，除了可符合信赖保护与对价思想外，在经济观点上，也可与减少交易成本之经济效率作连结，同时也可与审定义务的保护目的相呼应。

---

① 刘承韪. 英美法对价原则研究. 北京：法律出版社，2006：18-35.

第四章　艺术品拍卖人审定义务内容及履行

　　根据商务部《文物艺术品拍卖规程》的规定，拍卖人应对拍卖标的负有审定的义务，但是对于拍卖人审定义务内容，商务部的规定却未予以明确。结合当下我国理论研究现状观之，无论是从立法论还是解释论的角度，都存在大量的空白急需填补。

　　鉴于前文拍卖法律关系的分析，我们可以厘清艺术品拍卖中的鉴定问题在我国民法体系中的位置。一方面，艺术品拍卖中的审定因其可能存在于委托合同与买卖合同之中，所以其核心在于合同的基本理论，受到《民法总则》中的直接代理与《合同法》中的委托相关条文的约束，细言之，与鉴定相关的义务内容有遵守委托人指示义务、告知义务、亲自处理义务等①；另一方面，基于特殊法优

---

　　① 详见《合同法》第396～423条。

于一般法的规则，艺术品拍卖中的审定还会受到《拍卖法》相关条文的约束，细言之，与审定相关的义务内容有保管标的义务、保密义务等。[①] 但是阅读这些法条我们依旧可以感觉到，一方面，我国法律对艺术品拍卖中审定义务的内容规定得十分粗略，没有针对性；另一方面，这些条文规定得过于原则，操作起来难度较大。

从国外立法与案例的发展情况观之，在出现鉴定错误的情况下，拍卖人对委托人需要承担一定的勤勉义务（duty of care），对买受人则需要承担真实告知的义务。

一、拍卖人对委托人的勤勉义务

根据《瑞士债务法》第 398 条第 2 款的规定，拍卖人应对其鉴定工作勤勉尽责。无论是拍卖行的专家抑或是第三方专家，他们的勤勉义务程度主要是通过分析各个当事人已经明示或者暗示同意的方式来确定的。[②] 例如根据双方的合意，只要求专家查阅特定的档案，而不进行科学鉴定，或者只调查依赖特定艺术家的作品目录中的条目，而不对其他有可能的条目进行调查。

一旦委托合同形成，"委托人有权依赖拍卖人的诚信和判断"[③]。由于以下两个原因，这种勤勉义务的认定标准超过了一般的认定标准：首先，勤勉义务的认定标准期望拍卖人和其他专业人士一样，行使他们"自己的最佳判断力"，表现出理性或合理的判断。[④] 其次，尽管拍卖人可能会被追究责任，但是勤勉义务的认定标准仍期

---

① 详见《拍卖法》第 10 条以下。

② 瑞士债务法. 戴永盛，译. 北京：中国政法大学出版社，2016：179.

③④ Bullock, Reginald Jr. "Imposing the underwriters' duty of care on art auctioneers." Cardozo Arts & Entertainment Law Journal 7 (1988 - 1989)：369.

望拍卖人在进行估值时需要运用他们的特殊能力。①

因此，确定专家的责任取决于他的具体资格和能力：如果专家声称拥有特殊的知识和技能，他就可以应用这些知识和技能，而不能仅仅局限于其专业的最低标准。② 拍卖人不能充分应用其知识或技能，或者缺乏必要的最低限度知识都有可能导致其违反勤勉义务。③ 在违反勤勉义务的情况下，拍卖人失去对所提供服务的求偿的权利。④

也存在这样一种情况，对某件艺术品的鉴定超过了拍卖行所掌握的知识的范畴，例如这件艺术品缺少作者信息，或者拍卖行缺少这件艺术品所在时代或时期的必要鉴赏力。在这种情况下，拍卖行可以咨询第三方专家或者不接受该委托。总的来说，除非负责鉴定的专家根据目前科学知识，即使经过仔细认真的检查，也不可能鉴定出来真伪外，其不能因为自身技能、经验或者知识的缺失而成功主张免除责任。⑤ 同时拍卖行也不能因自身的原因而主张过失的免除。

而在履行勤勉义务时，不同国家遵循的标准也有所差异，如瑞士、美国等大部分国家采用的"合理的拍卖人标准"，而英国则有一套独特的拍卖人行为准则。

---

① Cristallina S. A. v. Christie, Manson & Woods Int'l, Inc. , 117 A. D. 2d 284, 294, 502 N. Y. S. 165, 172 (1st Dept. 1986).

② Lerner, Ralph E. and Judith Bresler. Art Law-The Guide for Collectors, Investors, Dealers and Artists. 3rd ed. New York City: Practising Law Institute, 2005: 604.

③ 有学者区分了导致违背勤勉义务的四种不同过失情况：其一，专家缺乏必要的知识；其二，专家的知识仅仅是一种"相信"；其三，专家疏于精进自己的知识；其四，专家没有适当运用他的知识。参见 Karlen, Peter H. "Fakes, forgeries and expert opinions." Journal of Arts Management and Law 16, no. 3 1986: 9 - 10.

④ 7 Am. Jur. 2d Auctions and Auctioneers, paras. 67, 78.

⑤ Chappuis, Christine, "Authentication of works of art: responsibility of the expert and qualification of the contract in Swiss law". Art Law vol. 19, 2007: 56.

（一）合理的拍卖人的勤勉标准

如果当事人对勤勉义务没有作出约定，那么勤勉履行的义务就要根据客观标准来界定，也就是在相同的情况下，一个具备专业知识的人员应该有的勤勉程度。勤勉义务的责任标准则需要具体问题具体分析，综合考虑包括艺术品鉴定难度、鉴定所必需的合理时限以及艺术品的重要性等因素来决定。如果专家因其声誉而使得委托人产生合理期待并为此付款的话，那么他的勤勉义务就会更高。一些法律学者相信，对于一位艺术家，或者专门研究某一时期或时代艺术品的知名专家，当事人可能会期望这些具有特殊技能和知识的鉴定人提供符合其身份从而高出一般鉴定人的鉴定意见。同时这些专家还会承担一般专家可能被免除的过失责任。

勤勉义务旨在确定专家是否认真进行鉴定，或者说在鉴定的过程中是否遗漏了某些重要的要素或者信息，而非确定专家鉴定意见是否准确。这一目的也适用于在拍卖开始前进行拍品鉴定与估价的拍卖人。即当进行鉴定与估价的拍卖人在考虑某些事实、执行特定的鉴定技术或者采取了不同的鉴定策略时，可以预见到他将要承担何种勤勉义务。

同样的规则可以适用于拍卖行错误鉴定拍品的案件。如果拍卖行能够证明它的鉴定过程与同等条件下其他拍卖行的预期与勤勉程度相一致，并且直至拍卖当日，该种程度的预期与勤勉程度仍为大家普遍接受的观点的话，那么即便出现了鉴定错误的结论，该结论也不会对拍卖行不利。① 相反的，如果拍卖行被证明未尽职责，那么它将承担违反委托代理义务的责任，这相当于拍卖行违反了代理合同。法院也将根据具体情况甄别拍卖行是否在鉴定过程中忽略了

---

① Federal Court Ruling 93 II 19, 21.

某些因素或指标，这些因素或指标足以引起关于鉴定准确性的怀疑。总的说来，确定必要的勤勉义务，在拍卖人的责任认定中起着至关重要的作用。[①] 因此那些掌握或声称自己掌握较高专业知识的大型拍卖行应该要承担与其专业知识相称的勤勉义务。

然而，拍卖行可能会声称，他们收到的货物量大使得对每一个待售的拍品进行彻底的研究是困难的，甚至是不可能的。同时根据委托合同和对委托人有约束力的商业条款，委托人必须向拍卖人保证，所有提供的财产信息，包括任何与鉴定有关的信息都是准确的。但是就错误鉴定的情况而言，委托人与买受人通常对自己所有的艺术品的真伪与估值问题了解很少，甚至完全不了解。[②] 他们完全需要依靠拍卖人或者鉴定人的专业知识来鉴定和估价委托财产。而根据勤勉义务的要求，在艺术品拍卖开始之前，拍卖人应该给予他们的委托人一些审查的标准。因此，拍卖人不能单纯依靠委托人提供的信息，而是应该依照拍卖行的审查标准，对委托人的合理预期进行验证。

在 Reale 诉 Sotheby's，Inc 关于销售 74 种罕见美国硬币的案件中[③]，纽约上诉法院驳回了原告的观点，即在出售前，苏富比允许咨询专家在没有对硬币进行目鉴的情况下估算硬币的价值从而存在疏忽。因为原告无法证明不对收集品进行目鉴会导致估值数降低或造成其他伤害。[④] 此外，法院认为，在委托人表示他不希望一些硬币专家参与他的硬币鉴定后，苏富比并未违背其对委托人或专业标准的责任。[⑤] 鉴于委托合同赋予苏富比绝对的酌情权，使其可

---

①② Federal Court Ruling 127 III 328, 331.

③ Reale v. Sotheby's, Inc., 278 A. D. 2d 119, 718 N. Y. S. 2d 37, 2000 WL 1868592, 2000 N. Y. Slip Op. 11338.

④ Reale v. Sotheby's, 278 A. D. 2d 119, 120 – 121 (2000), 718 N. Y. S. 2d 37.

⑤ Reale v. Sotheby's, 278 A. D. 2d 119, 120 (2000), 718 N. Y. S. 2d 37, 38.

以决定向谁咨询，因此拍卖行没有忽视委托人的指示违反其义务。

相反，委托人必须证明拍卖人在准备和出售方面缺乏谨慎，从而对委托人造成损害。拍卖人有特定义务在拍卖中获得最佳价格，这并不意味着他必须保证拍卖的结果，为此，拍卖人可以预先确定委托财产的保留价。实际上，这项义务涉及拍卖人设定合理的低估和高估，价格最有可能激发竞拍人并鼓励他们提出高额投标。①

根据纽约州上诉法院 Cristallina 诉 Christie's 的判决，拍卖人被认为有"隐含的诚意义务，尽其最大努力来销售委托人的产品"②。特别是，在本案中佳士得未能就委托绘画作品的吸引力以及设定保留价和估计价格范围等方面给予适当的建议。拍卖前，佳士得采取了促销活动宣传拍卖和委托画作，并表示预计以低于先前与委托人达成一致的估价范围的价格出售。此外，佳士得还建议在公开拍卖会上出售该绘画。公开拍卖的风险本质上是将拍卖失败置于信息披露与否上，因此对拍品的市场性造成负面影响。

在 Cristallina 案中，几乎所有的委托画作都没有出售，因此被拍卖行买下。两位佳士得的专家进行了协商，并分别负责销售的准备。其中一位曾对画的吸引力和他们获得指定估价的可能性表示担忧。然而，这些担忧还不足以说服佳士得专家在印刷拍卖目录之前推荐私人销售或从销售中撤回绘画。因此，从裁决中可以推断出，拍卖行有义务正确告知委托人关于销售、保留价和估价的类型以及其他考虑因素，根据"与当地行业标准相称的特殊技能的勤勉标

---

① 估计价格的高低代表"拍品可能出售的价格范围"，但不预测拍品的实际销售价格。参见 Lerner, Ralph E. and Judith Bresler. Art Law-The Guide for Collectors, Investors, Dealers and Artists. 3rd ed. New York City: Practising Law Institute, 2005: 434.

② Cristallina S. A. v. Christie Manson & Woods, International Inc., 117 A. D. 2d 284, 502 N. Y. S. 165 (1st Dept. 1986).

准"，以便以合适的方式推销委托财产。[①]

从根本上讲，如果拍卖人对寄售的财产进行错误鉴定，那么为了进一步促进拍卖成功而做的所有努力都会随之消逝。受到错误鉴定的拍品没有充分发挥其潜力，是因为它的实际价值首先被错误认可。此外，如果准确的鉴定可能导致拍卖人将拍卖品放置在吸引潜在感兴趣的购买者的拍卖会中，或者联系可能感兴趣的购买者，那么错失这样的机会可能会导致违反促进委托人财产出售的义务。

综上，当委托人与拍卖人订立委托合同时，他有权期望拍卖人评估和鉴定他的财产，同时考虑到所有合理的、与同等拍卖专家考虑的因素相同的因素。在鉴定错误的拍卖的情况下，拍卖人是否履行了该标准，必须逐个审查。判例法可能会提供一些指导，但肯定不会为拍卖人的勤勉义务建立明确的标准。

（二）区分拍卖行级别的勤勉标准

根据英国《1982 年货物和服务供应法》第 13 条规定，提供服务的委托合同包括一项隐藏的条款，这便是"供应商将以合理的谨慎和技巧进行服务"。对于拍卖而言，拍卖人的勤勉义务主要体现在对其占有的货物承担责任，包括对货物的损失或损害以及准确地描述财产承担责任。拍卖人的准确描述财产义务在侵权法与合同法分则中体现为"为了确保获得适当的价格，服务供应商必须小心地描述其占有的财产"。换句话说，拍卖人有责任准确鉴定委托财产的属性和价值。[②]

关于财产的描述，拍卖人必须按照委托人的明示或默示来进行

---

① Cristallina S. A. v. Christie Manson & Woods, International Inc., 117 A. D. 2d 284, 294, 502 N. Y. S. 165, 172 (1st Dept. 1986).

② Reynolds, Francis, Bowstead and Reynolds on Agency, Sweet & Maxwell, 2006, 403.

描述，除非委托合同允许拍卖人自行描述。在一般的委托合同或者拍卖行的拍卖规则中，拍卖人会预先规定委托财产的鉴定与拍卖目录由拍卖人自行描述。在没有这样的条款的情况下，拍卖人可能会违反义务，不当描述委托人财产，这样就导致委托人要因此对买受人承担责任。在这种情况下，拍卖人必须赔偿委托人的损失。[①]

此外，"拍卖人可能由于未能将货物描述为最佳状态而直接给委托人造成损失"。虽然拍卖人已经在委托合同中预先规定他们可以自行描述待拍货物，但是他们仍然必须小心描述货物，并准确地发挥其潜力，以吸引合适的竞标者或最优价格。否则，拍卖人可能会因疏忽而承担责任。

在错误鉴定的情况下，拍卖人在财产的描述和价值评估两方面都犯了错误。一般来说，错误鉴定与艺术品的属性有关，例如创作者、日期、出处等，同时，拍卖人将遭到错误鉴定的艺术品在不合适的价格段内提供和出售。这价格段将吸引一些完全不同类型的收藏家或艺术经销商。那些高度重视和尊重艺术品和古董并愿意购买的人不太可能对描述与价格存在巨大出入的艺术品投标。因此，尽管拍卖人有明确的权利去鉴定艺术品，但是拍卖人也可能因其没有准确描述艺术品的最佳优势而需要承担违反勤勉义务的责任。[②]

拍卖人的勤勉标准"将取决于拍卖行是一般执业拍卖行还是专业拍卖行"。判例法通过采纳不同资质医师之间医疗事故案例的区分[③]，根据拍卖行的实际技能和知识，确定了拍卖人的义务区分。

---

① Meisel, Frank. "Auctioneers and misdescriptions: between Scylla and Charybdis." Modern Law Review 73 2010, 125.

② Harvey, Brian W. and Franklin Meisel, Auctions Law and Practice. 3rd ed. Oxford University Press, 2006: 278.

③ Mackay, James, Halsbury's Laws of England, vol. 2 (3): Auction, 4th ed. Butterworths LexisNexis, 2003: 255.

1. 一般执业拍卖行的勤勉义务标准

在 Luxmoore-May 诉 Messenger-May Baverstock 案的判决中，分析了《1982 年货物和服务供应法》第 13 条包含的隐藏条款在鉴定错误案件中的具体适用问题。该案中，涉案标的是两幅猎狐犬的油画，他们最开始的所有人 Luxmoore-May 夫妇委托当地的拍卖人 Messrs Messenger-May Baverstock 安排这两幅画作的拍卖事宜。拍卖人向艺术顾问展示了这些画作，并取得每幅价值 30～50 英镑的结论。在拍卖人的建议下，顾问以每幅 50 英镑的价格将两幅画作交给了佳士得拍卖行。这些油画在佳士得拍卖行进行了快速和无偿的检查后，佳士得认为鉴定与估价都比较合理。因此在拍卖目录中转述了顾问的估价范围和鉴定意见。1985 年 10 月 10 日，这些画作以 840 英镑成功出售，而仅在 5 个月后，他们又在苏富比拍卖行再次出售。苏富比将这些画直接认作是艺术家 George Stubbs 的作品，而不是作出模糊的表述，比如"经鉴定，该画作由 George Stubbs 创作"。同时该目录表示估价为每幅 18 000 至 24 000 英镑。艺术品贸易公司 Spinks 在拍卖会上成功拍得这两件作品，总价格为 88 000 英镑。[①]

1986 年 9 月 2 日，苏富比拍卖后，Luxmoore-May 夫妇对拍卖人提起了诉讼，主张其在对委托作品进行鉴定和评估时，违背了勤勉义务。拍卖人认为，Luxmoore-May 夫妇应该按照一般执业拍卖人而不是专业拍卖人的勤勉义务标准来判断。初审法官认为，被告的估价存在过失，并对原告作出判决，认为拍卖人未能"认识和告知这两幅猎狐犬油画的潜在价值"。因此，基于未能认识到绘画的潜力，并进一步对作品进行必要的研究，拍卖人承担的责任十分轻

---

① Luxmoore-May and another v Messenger-May Baverstock (a firm), Court of Appeal, Civil Division, 1990 1 All ER 1067, 1990 1 WLR 1009 CA 1989.

微。原告不服，表示上诉。

上诉法院推翻了一审判决，同时上诉法院的判决确定了一个至今仍备受重视的基本原则。上诉法院认为，对于猎狐犬油画的销售价值，拍卖人有义务"表达周密考虑过的意见，并进一步提供适当的建议"。然而，法院并不认为错误鉴定艺术品需要承担责任。相反，法院认为："勤勉义务的标准允许代理人提出不同的观点，即便是错误的观点，如果代理人没有提出任何观点才是真正地违背了勤勉义务。"①

高等法院只是审查是否可以因没发现油画可能是 George Stubbs 画的而去追究拍卖人的责任。从理论上说，如果发现这些作品的隐藏属性，拍卖人通常情况下会进行进一步的调查。为了确定拍卖人是否有可能认识到油画是 George Stubbs 画的，高等法院评估了拍卖人在鉴定画作时履行勤勉义务的程度以及该程度是否合乎法律标准。这次评估过程中，高等法院没有审查鉴定结论的准确性，因为"鉴定是一种意见与判断的阐述，而这种阐述在大多数时候都是有争议的"。正如大法官 Mann 爵士主张的那样："那两只狗事实上是否 George Stubbs 画的问题……没有必要回答……鉴定必须永远是一个谜。"相反，高等法院考虑的是，通过顾问，拍卖人是否由于疏忽而未能发现画作可能是 George Stubbs 画的。②

高等法院首先接受了拍卖人的主张，认为它具有一般执业拍卖人的资格，从而确定了委托人有权期待的勤勉义务标准范围。其次，法院认为，拍卖人的顾问在佳士得的估价柜台展示作品时，应该要求他们的专家看一看画，因为这些专家是更有可能发现这幅画

---

① 〔1990〕1 All ER 1067，1076b.

② 〔1990〕1 All ER 1067，1083b.

实际是 George Stubbs 画的。① 最后上诉法院认为，没有人会期望从地方性的拍卖人那里获得额外的艺术知识，尤其是这个知识只被他自己的艺术顾问支持。一审法官提出的诉讼意见是对拍卖人施加了不合理的高标准勤勉义务。鉴于佳士得无偿提供大量的评估意见，期待佳士得能够为每个展示的艺术品提供一个经过鉴定专家鉴定的观点，同样是对拍卖人施加了不合理的高标准勤勉义务。当然也没有明确的判决显示，当进行这种免费的估价时，佳士得不对估价的请求者承担责任，但是如果不给估价的请求者进行这种免费的估价是要承担责任的。总而言之，一般执业拍卖人勤勉义务的标准是要根据其提供的专业知识区分的。

此外，"遵守所要求的标准，是要根据实际鉴定者在实际情况下面对的实际情况来判断，而不是根据事后的利益"②。拍卖人的勤勉必须根据是否有专业人士团体支持拍卖人的意见来决定。在 Luxmoore-May 诉 Messenger-May Baverstock 案中，法官认为证据不足以证明"合格的估价师可以发现两幅猎狐犬油画出自 George Stubbs 之手"的原因在于专家在拍卖会上有着广泛的不同意见。

尽管判决有利于当地的拍卖人，但是这个案件还是引起了拍卖人的恐慌，因为它表明，在某些情况下，错误鉴定可能构成违反拍卖人履行合理的勤勉义务。同时该判决也没有说明在什么情况下可能会使当地拍卖人承担过失鉴定错误的责任。

另外，也有学者主张 Luxmoore-May 诉 Messenger-May Baverstock 案是一个特殊的案例，不具有普遍适用性。③ 一方面，有学者

---

① ［1990］1 All ER 1067，1078d.

② ［1990］1 All ER 1067，1081a.

③ Mackay，James，Halsbury's Laws of England，vol. 2 （3）：Auction，4th ed. Butterworths LexisNexis，2003：238.

认为，地方拍卖行的鉴定与大型拍卖行的免费鉴定之间没有可比性，因为后者旨在吸引潜在的客户而非有可能带来法律责任的其他拍卖人[①]；另一方面，根据拍卖的实践，拍卖人通常不会向其委托人透露专家或顾问在鉴定过程中提供的建议，而在该案中，被告拍卖人却这么做了。严格来说，专家顾问是拍卖人的代理人，而非委托人的代理人。因此，对于专家顾问的疏忽，拍卖人是不承担替代责任的。[②]

从判决的角度看，Luxmoore-May 诉 Messenger-May Baverstock 案可能表现了一种趋势，对拥有可能有巨大价值艺术品或古董的当事人来说，法律更希望他们寻求专业拍卖行的帮助，而不是一般执业拍卖行。

2. 专业拍卖行的勤勉义务标准

上文提及，佳士得拍卖行对于拍品进行了免费的检查，对于这种场外估值（over-the-counter valuations）行为，一般认为，其可能不会构成委托关系。在不考虑服务中的善意赠予和拍卖人善意履行的情况下，拍卖人的勤勉义务标准必须参照具有专业技能的业者类似的职业行为，这种职业行为的共性是拍卖人履行的职业行为受到了询价人的信任。

除非拍卖人表示"在询问者咨询完有特殊技能的人后，随意地全面否定其得出结论"。因为即便是实言相告，无论是口头的还是书面的，拍卖人还是会因其给信息寻求方造成经济损失而可能承担过失的虚假陈述责任。在这种情况下的勤勉义务标准，可能需要低于提供正常服务时的，否则，提供场外估值的拍卖人承担的责任就过于沉重了。

---

① Harvey，Brian W. and Franklin Meisel，Auctions Law and Practice. 3rd ed. Oxford University Press，2006：278.

② [1990] 1 All ER 1067，1081a.

　　当双方签订委托合同时，拍卖行应当向委托人承担合同义务。任何违反该义务的行为都可以参考与地方拍卖行相同的标准进行评价。即"拍卖行是否给予了委托人意见，以及这个意见是否符合作出时供职于国际拍卖行的其他估值人员参考同等情况下能接触到的同样的资料应作出的理性的称职的意见"。根据 Luxmoore-May 的判决，委托人可以期待国际拍卖行履行更高层次的勤勉义务。但是，在一些案件中，这个义务的标准可能很难确定。

　　在 Thwaytes 诉 Sotheby's 案中，英国高等法院皇家法庭试图去规定国际拍卖行应承担的勤勉义务标准。在该案中，苏富比在 2006 年以 42 000 英镑的价格出售了一幅名为"The Cardsharps"的油画，从而与他的委托人 Lancelot Thwaytes 出现了纠纷。根据委托人的指示，拍卖行认为这幅画是出自 Michelangelo Merisi da Caravaggio 弟子之手。然而事实上，这幅画出自 Michelangelo Merisi da Caravaggio 本人之手，同时价值 1 000 万英镑。在判决中，皇家法庭引用了 Luxmoore-May 案的观点，证明苏富比拍卖行要履行比地方拍卖行更高的勤勉义务。①

　　高等法院皇家法庭认为，更高的标准由三个要素组成：第一，把作品交给一家国际拍卖行的人可以期望这幅画是由素质更高的专家来评估，素质更高的专家包含三个层面的意思，首先具备艺术史方面的专业知识，其次熟悉不同艺术家的风格和作品，最后有鉴赏力（connoisseur's "eye"）。第二，一家国际拍卖行应该对委托人委托的物品进行合适的审查，投入足够的时间，以便得出一个相对确切的结论。皇家法庭同时认为，Luxmoore-May 案中的地方拍卖行只进行了粗略的审查，而这与对苏富比拍卖行的要求相距甚远。第

---

　　①　Hedley Byrne v. Heller［1964］AC 465 at 486，502.

三，一家国际拍卖行不太可能"因为油画的不甚乐观的状况而成为其不注意油画潜在价值的原因"。这也是上诉法院在 Luxmoore-May 案中发现的影响拍卖行疏忽的一个因素。①

在 Thwaytes 诉 Sotheby's 案中，皇家法庭也承认：鉴于当下拍卖行双头垄断的局面（duopoly），上述标准的推行有很大困难，"至少就早期艺术大师的作品而言，只认苏富比与佳士得"（at least as regards Old Masters, namely Sotheby's and Christie's）。在考察了苏富比对委托绘画进行的实际鉴定和估价过程后，法院认为，仅仅因为佳士得和苏富比可以以某种特定的方式行事并不意味着这种方式并不是疏忽，同时必须考虑加大对客户利益的保护。因此，法院强调了艺术品鉴定实践和法律的标准之间的差异。尽管法院关注当事人利益的保护问题，但是最终还是裁定拍卖行没有采取不合理的措施。在之后的一个特殊的案例中，法院将拍卖人的鉴定程序合法化。②

在 Coleridge 诉 Sotheby's 案中，英国高等法院受理了原告就金项链"Coleridge Collar"的错误估价对被告提起的诉讼。本案中，苏富比认为金项链是 17 世纪末的作品，并建议委托人 Coleridge 爵士把项链私下卖给感兴趣的买家，售价为 3.5 万英镑。Coleridge 爵士同意并委托苏富比以该价格出售项链。后来，该项链在佳士得的拍卖会上再次出现，估价为 20 万～30 万英镑，最后以落槌价 26 万英镑的价格拍出。因此 Coleridge 爵士主张，苏富比把项链错误地鉴定为 17 世纪后期，并错误地将其以 3.5 万英镑的私人出售价格出售，而不是拍卖。Coleridge 爵士认为，项链黄金的成色与制作工艺是 1576 年以前使用的标准，如果苏富比履行了勤勉义务，就会得出

---

① ② Lancelot Thwaytes v. Sotheby's, [2015] EWHC 36 (Ch), Case No: HC-2012-000042, paras. 76, 79.

正确的结论。①

关于国际拍卖行的勤勉标准，Coleridge 案有一个细节值得玩味，在金项链出售给私人买家后，该买家拿到另一家国际拍卖行进行鉴定与估价，那一家拍卖行认为该项链是更有价值的都铎王朝（16 世纪）的作品，而佳士得拍卖行最后也接受了这个更有价值的鉴定结论。那么是否那一家拍卖行鉴定与估价的标准会成为国际拍卖行预期的勤勉标准呢？根据 Coleridge 诉 Sotheby's 案，答案是"不一定"。事实上，拍卖行的鉴定可能不会自动按照法定的勤勉标准进行。②

在 Coleridge 案出现错误鉴定时，法院避免将佳士得拍卖中的鉴定与估价标准作为预期的勤勉标准。相反，Coleridge 爵士不得不证明苏富比将项链鉴定为 17 世纪后期是错误的。除了提供充分的错误鉴定证据之外，Coleridge 爵士还必须根据"优势证据原则"（the balance of probabilities）证明处于顾问专家的位置上的任何一位善良评估师，都会认为 Coleridge Collar 是或者可能是 1576 年之前制造的。

最终，根据在审判时提出的专家证据，法院认定苏富比认为项链是 17 世纪的这一鉴定结论并没有违反勤勉义务。

尽管苏富比的鉴定没有违反勤勉义务，但法院进一步审查了苏富比的另一位称职的拍卖人对私人买卖的售价估计是否合适。通过庭审调查，该拍卖人明确表示如果她被要求提出私人出售价格，她会遵循苏富比的做法，即提出最低拍卖估计价格两倍的数字，而她提出的数字是 5 万英镑，比告知 Coleridge 爵士的高出 15 000 英镑。法院接受这一假设的数字，即如苏富比按其职责行事，就应该报出

---

①②　Coleridge v. Sotheby's，［2012］EWHC 370（Ch）Official Transcript，2012 WL 608706. paras. 53，57.

的数字。因此，法院认为，Coleridge 爵士有权获得低估的赔偿金，即 15 000 英镑。①

综上，在判断国际拍卖行是否履行了勤勉义务的时候，判例法确立了如下标准：相同情况下进行鉴定时，拍卖人要履行可期望的勤勉义务。法院一贯认为，只有在其他合格的专家能够得出同样的结论的情况下，拍卖人才需要履行勤勉义务。换句话说，如果该标准假设，学界一致认同 Coleridge Collar 的某些或者全部属性，那么在 Coleridge 案中，法院在审查拍卖行鉴定是否合理的时候，就会采用更为兼顾各方利益的方案。

二、拍卖人对买受人的真实告知义务

告知义务是指拍卖人应该如实告知委托人，他们勤勉地履行服务代理行为状况的一种义务。这可能是一种合同义务也可能是一种前合同义务，有学者认为，这一义务来源于诚实信用原则，同时也有学者高度赞扬其在艺术品拍卖领域的适用。② 这一义务的范围主要取决于各方的知识程度、专业化程度以及获取信息的程度。

瑞士联邦法院曾有一个规则：在其领域内掌握某些特殊技能或信息的任何人，如果他决定提出建议，那么建议必须是真实的。③如果请求人要求的信息是非常容易识别的，那么被请求人不能隐瞒或者提供虚假信息。在没有任何合同的情况下，拍卖人在明知信息对

---

① Coleridge v. Sotheby's，［2012］EWHC 370（Ch）Official Transcript，2012 WL 608706. para. 58.

② Thévenoz，Luc，"The responsibility of the expert in art objects according to Swiss law"，Art Law vol. 1，1999：36.

③ Federal Court Ruling 111 II 747，同时可以参考 Thévenoz，Luc，"The responsibility of the expert in art objects according to Swiss law"，Art Law vol. 1，1999：47。

请求者来说非常重要时，仍向请求者提供错误的信息，或者拒绝提供基本信息，可以要求拍卖人承担侵权责任。这种责任是否可以被拍卖人在合同中的免责条款排除，目前是有争议的。

根据这项义务，拍卖人必须不断告知买受人艺术品潜在的分析方法、销售成本、预期鉴定程度等。具体而言，即使结果不尽如人意，例如艺术品有可能是伪造的，或其来源存在瑕疵导致影响贬损成交价格，拍卖人也必须如实地通知买受人在鉴定过程中遇到的艺术品鉴定中的任何疑虑。但是，并非所有重要事实，拍卖人都需如实告知买受人。如果拍卖人未告知的事实是买受人知道或者应该知道的，那么这样的责任可以免除。①

在错误鉴定的背景下，告知义务意味着拍卖人需要告诉他们的买受人，在什么程度上进行了鉴定，以及他们采用了什么样的分析方法来鉴定艺术品和确定估价范围。简而言之，买受人必须了解其代理人正在进行的项目的一般性分析。② 此外，如果拍卖人对已经作出的鉴定结论的准确性有一定的怀疑，无论是艺术品作者、年代或者出处，还是可能比原有的鉴定结论更有价值或者更没价值，拍卖人应该将这些信息准确地传递给买受人。鉴于拍卖人和买受人之间鉴赏力的不平等，遵守告知义务尤其重要。因为在大多数情况下，委托人的重大决策需要拍卖人自身的专业知识与提供的信息。

在委托中，委托人提供艺术品信息时，其可能会传达出对艺术品的怀疑或者根本不知道艺术品的价值，这可能会产生潜在的利益冲突。拍卖人的利益在于维持鉴定专家的声誉与获得利润，在快速鉴定的过程中，尽量减少成本；买受人希望待售财产被专家彻底鉴

---

① Federal Court Ruling 93 Ⅱ 19，21.

② Becker，Joëlle，"Auction of works of art in Swiss private law: representation, contractual relations and liability"，Art Law vol. 21，2011：130.

定，并告知其财产鉴定的任何疑问或线索。有时候拍卖人表示对委托财产一无所知，这很有可能是将自己的利益建立在委托人利益之上。这就提出了一个问题：买受人可以向拍卖人要求什么样的信息呢？

在 Thomson 诉 Christie Manson & Woods Ltd 案中，英国法院审查了拍卖人应该忠于买受人还是委托人。在该案中，争议焦点在于一对瓮的年代，根据佳士得拍卖行拍卖目录中对这对瓮的鉴定意见，这对瓮是 18 世纪的作品。其买受人，即本案原告，在拍得这对瓮以后进行了科学分析，结果表明这对瓮出自 19 世纪中叶，因而大大减损了这对瓮的价值。随后，买受人对佳士得拍卖行提起诉讼，并主张，拍卖行没有告知她关于这对瓮鉴定与时代方面的疑虑（doubts or queries）。由于佳士得拍卖行已经确信瓮的鉴定是不合理的，同时"夸大"（inflated）了拍卖目录中的描述，因此 Thomson 认为佳士得拍卖行要为此承担责任。此外，Thomson 还提出，鉴于她作为特殊客户的身份，拍卖行有几次透露其疑虑的机会，并且可以在向她发送拍卖目录时或者正式拍卖前这样做。①

违反告知义务并不是基于合同，而是由一个人对另一个人的特殊关系产生的，前者具体承诺给予后者建议，后者明确表示接受前者的建议。到本案中，佳士得拍卖行的特殊顾客服务组（Special Client Service Group）曾经联系过买受人，而这个小组是为发掘潜在客户、为其提供即将拍卖的拍品信息以及作为技术专家提供建议而特设的部门。在审理期间，佳士得被要求对买受人承担义务，因为他们在得知买受人没有专业知识的前提下，告知其这对瓮的有关

---

① Thomson v. Christie Manson & Woods Ltd and Others [24] PNLR 42 (QB), para. 70，[2005] EWCA Civ. 555，[2005] PNLR 38 (CA).

时代方面的信息。①

　　审判法院在经过主审法官的彻底分析后作出了判决，判决认为，正如原告主张的那样，佳士得粗放的鉴定过程，与其应有的期待相距甚远。判决表明，那对瓮有 70% 的可能性是路易十五时期（1710—1774）的作品，因此主审法官赞成佳士得拍卖行作出的鉴定意见。他在判决中称："在同样的状况下，没有一个处于佳士得拍卖行同样地位的人可以就瓮的年代作出准确的判断，因此佳士得主张瓮是路易十五时期的作品的行为并未违反义务。"② 但是判决也认为，佳士得拍卖行要对 Thomson 承担没有如实告知其对瓮的年代有所怀疑的责任，因为一方面 Thomson 是佳士得的特殊客户，另一方面佳士得拍卖行处于国际拍卖行的地位。佳士得对这个判决提起了上诉。

　　上诉法院认为，专业人士提供咨询性质的信息，承担告知义务的责任，但是承担责任的范围并没有扩大到显而易见的（obvious）与有不切实际的风险（risks which are fanciful）的信息。专业人士就哪些信息可以承担责任，取决于接收信息的人的特点与经验。③在本案中，上诉法院认为，委托人除了要求拍卖人提供瓮的时代估计和价值估计以外，并没有再要求其提供其他信息，同时并不能当然地认为，作为特殊客户的原审原告就可以享受比一般客户更特殊的服务。因此，上诉法院否决了原审法官的结论。考虑到拍卖行是对瓮进行科学检测后得出的鉴定意见，而且对该意见十分确信，因此上诉法院认为，佳士得没有义务告知其客户任何不切实际的怀疑（any fanciful doubts），因此不承担责任。④

---

①② ［2004］EWHC 1101（QB），［2004］PNLR 42，paras. 193，194.

③　［2005］EWCA Civ. 555，2005 WL 1169006，para. 95.

④　［2005］EWCA Civ. 555，2005 WL 1169006，para. 96.

　　据此，我们可以认为，拍卖人的告知义务与两个因素有关，其一是对艺术品鉴定存在怀疑，其二是拍卖人和客户之间的特殊关系。

　　接下来的问题是，在什么情况下，拍卖人有义务告知其委托人。遗憾的是，无论是成文法还是判例法，都没有明确规定告知义务。但是除了勤勉义务外，还有一条比较相似的义务可以适用此类情形，这便是拍卖人在鉴定过程中或者发现任何疑问时需要充分披露。因为充分的信息披露能使买受人在选择是否以及以何种价钱购买时作出明智的决定。此外，如果鉴定的越不准确，拍卖人承担责任的可能性就会越高。因此当委托人因超过诉讼时效而无法主张虚假陈述，或者由于拍卖人的鉴定与其他有能力的拍卖人意见一致而无法主张过失责任时，告知义务的违反就成了委托人寻求救济的有利"武器"。

　　英国上议院分析告知义务是基于贷款抵押背景的，即分析了贷款人为贷款提供抵押担保时发放贷款人就财产评估问题有何种告知义务。案情十分简单，被告极端高估了抵押财产，在这种情况下，原告对被告发放了贷款。本案中，高等法院主审法官 Hoffmann 爵士区分了一个人"有义务提供某人将决定采取行动的信息"与一个人"有义务告诉某人应采取什么行动"之间的区别。[①] Hoffmann 爵士认为，在第一种情况下，提供信息的人只对错误提供信息承担责任；而第二种情况下，那个人有义务考虑这一行为的所有潜在后果。如果他在建议时有所疏忽，那么"他将对所采取行动的结果所造成的所有可预见的损失承担责任"。

　　在该案中，法院认为原告根据合同提出起诉，而根据这份合同，评估师收取费用并承诺向他们提供一些信息，而不是建议。事

---

① 　South Australia Asset Management Corp v. York Montague Ltd〔1997〕AC 191, 214.

实上，估价师只是被要求提供"抵押财产在估计之时，如果公开出售可能所得的合理预计价格"。根据这些信息，原告再决定他们是否愿意出借以及愿意借多少钱。因此。被告应对信息不正确的后果负责。①

在拍卖的情况下，买受人和拍卖人签订买卖待售拍品的合同。根据他们的合意（主要是拍卖人的），拍卖人向买受人提供无偿的信息，然后买受人根据这些信息来决定是否以及在什么条件下购买待售拍品。由于拍卖人为待售拍品提供专业鉴定及估计价格，并在拍卖会上采用，拍卖人的真正建议是针对直接出售委托财产的建议，而这个建议是与购买行为过程直接相关的，因此根据Hoffmann爵士的观点，它属于第二种情况。

告知义务实际上囊括了所有可以帮助明智的买受人的基本要素，例如确定待售财产的鉴定意见、确定待售财产的预计价格与保留价以及其他出售条件。如果拍卖人或咨询专家对委托财产产生了怀疑，这种怀疑可能会影响委托财产的鉴定结论或者出售价格，拍卖人必须向买受人披露这些信息。然而，这种义务的范围并不包括可能被视为"显而易见"或"不切实际"的信息。专业人士就哪些信息可以承担责任，取决于接收信息的人的特点与经验。拍卖人遵守的告知义务标准与勤勉义务相同，即相同情况下，处于相同地位的拍卖人是否会将同样的信息告诉委托人。简单来说，拍卖人有义务通知买受人所有涉及影响委托财产鉴定与拍卖成功的信息。

三、小结

通过上文分析，从形式上我们不难看出，大部分国家的立法与

---

① South Australia Asset Management Corp v. York Montague Ltd〔1997〕AC 191，214.

判例都把与鉴定有关的拍卖人义务内容分成勤勉义务与告知义务；从实质上，虽然各国的立法例与判决采取不同的路径，但最后也殊途同归。

就勤勉义务而言，瑞士、美国的立法与判决并非追求鉴定的准确性，但是着眼于鉴定过程的严谨性，关注的是拍卖人鉴定的客观表现，即在同等情况下同样水平的拍卖人能得出同样的结论；英国法对于鉴定的事后利益也是不追求的，同时认为处于不同程度的拍卖人应有不同的勤勉义务。具体而言，一般执业拍卖行的勤勉义务的边界在于其自身的专业知识，专业拍卖行则要取决于对拍卖人的可期待程度。综合这些国家关于勤勉义务的规定，我们可以发现，勤勉义务其实是一种积极的义务，它旨在表达拍卖人在鉴定中"能"做到什么程度；同时它也是一种主客观相结合的义务，一方面需要考量拍卖人在主观上给其他当事人带来了何种的期待，另一方面也需要考量拍卖人在客观上应达到何种的期待；最后勤勉义务是一种行为上的义务而非结果上的义务，无论是瑞士、美国还是英国的规定其实都正视了鉴定是一种主观性极强的活动，因此想要通过鉴定义务的设置使拍卖人达到正确的鉴定，难度很大，所以更多考量的是拍卖人在行为层面是否达到勤勉的要求。

就真实告知义务而言，各个国家的规定几乎没有差别，其旨在拍卖人发现问题时，需要及时告知当事人。就这一点来说，笔者认为其是对勤勉义务的一个补充，勤勉义务是表达拍卖人在鉴定时"能"的范围，告知义务则是在出现拍卖人"不能"的情况下应该如何应对——告知当事人以将风险降至最低。

艺 术 品 拍 卖 人 的 审 定 义 务 研 究

第五章　艺术品拍卖人审定义务免除及限制

一、艺术品拍卖人审定义务的免除

部分国家的法律规定了相当广泛的合同自由，对于拍卖有关的合同限制很少。大部分合同条款在当事人没有约定时仅一般适用，与合同有关的特殊条款通常不具有约束力。但是拍卖人却可以回避承担错误鉴定与估价的责任，因为免责条款的适用可以让拍卖目录上的描述免于受到合同有关法律的追究。

我国《拍卖法》第 61 条第 2 款规定了拍卖人不承担瑕疵担保责任，这也是业界的"不保真"条款。这是一个带有"原罪"的条款，一直被拍卖法学者们诟病，呼吁废止之声不绝于耳。但是就本书的观点而言，基于艺术品拍卖鉴定义务是一种行为上的义务，而非结果上的义务，简言之，就艺术品拍卖的鉴定而言，在不损伤拍品的情况下难以达到绝对的真理。因此废弃鉴定义务免除条款也就是废弃了鉴定义务本身。

（一）勤勉责任的免除

以瑞士法为例，就拍卖中的鉴定错误责任，依照实施鉴定行为的主体不同而有着不同的规定。从主体的分类上说可以分成三个层次，分别是《瑞士债务法》第100条规定的拍卖行免责规则、第101条规定的拍卖行中辅助人免责规则与第398条第3款规定的第三方专家免责规则。

在这里需要注意的是，根据《瑞士民法典》第55条的规定，如果鉴定专家想要适用《瑞士债务法》第100条的免责规则，那么他必须要"通过交易和其他行动来约束公司"，例如专家在拍卖行内担任领导职务，或拥有法人实体公司章程下的决策权。如果专家仅仅是在鉴定中处于收取鉴定费用或者促进拍卖进行的地位，而无法约束拍卖行的话，那么他将仅仅适用第101条的规定。

1. 拍卖行的免责规则

根据《瑞士债务法》第100条第1款的规定，"预先排除故意或者重过失的约定，无效"。该规则是建立在缔约方之间存在的自然信任基础上的，也是对有意影响合同履行的当事人的一种法定限制。① 然而，关于这些免责条款失效的后果，学者们有不同的看法。大多数学者认为，免责条款并不像前文所说的那样没有法律效力，

---

① 瑞士债务法. 戴永盛，译. 北京：中国政法大学出版社，2016：34.

但是免责条款对责任的限制被降至最低限度。[1] 专家严重违背一个善良人在同样职位、同样状况下理应注意到的勤勉义务，致使其鉴定行为出现重大过失。例如，一位专家肆意罔顾重要事实，或者不披露对作品真实性的质疑而导致对艺术品的鉴定出现了重大过失。在这种情况下，由于严重疏忽而发生错误，拍卖人对于错误鉴定的免责条款将不适用。

《瑞士债务法》第100条对于保护被低估艺术品的作用不太大。因为拍卖人往往对更有价值的鉴定结论抱有很大兴趣，通常不会有意或无意忽略那些使得艺术品升值的重要事实或者信息，不论他们是易于发现的，还是难于发现的。[2] 实践中，除非拍卖人忽略了那些最本质、最基础的，或者足以引起对艺术品鉴定结论进一步调查的事实，否则这一条款通常处于沉默状态。

被瑞士法律允许的限制或免除责任的疏忽程度由有关轻过失的法律规定，因此，当事人可以提前免除拍卖行在执业时轻微疏忽的责任。专家的勤勉实际上并不受到当事人合同自治的约束，因为专家有自己的勤勉义务[3]；相反，通过免责声明，双方可以将专家的责任程度仅限制在执行代理中。例如大多数拍卖行在其委托协议中规定，他们对支付费用的其他当事人财产的损失或损害负有相当的责任，有一些拍卖行还规定，如果确实需要承担责任，他们必须赔偿买受人或者其他当事人的损失或者损害。但是这些拍卖行同时规定了承担这种责任的金额上限，考虑到艺术品在错误鉴定前后的价

---

① Jolles，Alexander and Isabelle Roesle. "Design of the expert contract in Swiss law"，Art and law，Vol. 2，2013，39.

② Jolles，Alexander and Isabelle Roesle. "Design of the expert contract in Swiss law"，Art and law，Vol. 2，2013，40.

③ Ernst，Wolfgang，"Legal foundations and contractual relationships-legal issues of the art auction." Paper presented at University of Zurich April 13，2011：6.

值有着巨大的差异，对于拍卖行而言，赔偿金额上限的限制与拍卖行的鉴定行为息息相关，因此，赔偿金额上限的限制也必须符合第100条第1款的规定，只适用于轻微的疏忽。

有学者也认为，对于服务行业的合同关系，不允许免除轻过失的责任，因为此类合同的特点是服务提供者（例如拍卖中的拍卖人）有意对服务接受者施加勤勉义务。这种说法的原因在于，对于特定的服务行业来说，谨慎地执行合同就是这些行业的基本特征。如果服务提供者可以在谨慎执行合同的同时，免除其执行中的轻微过失，那么合同义务就会受到损害。[①] 采用这种观点，艺术品遭到错误鉴定的其他当事人将有机会成功地向拍卖行提出过失鉴定赔偿的主张。拍卖行不仅要对故意忽略某些事实而导致的错误鉴定负责，而且在履行勤勉义务时所犯的简单失误也需要在考量同等情况下一般专业人员的勤勉程度与拍卖人的特殊技能和知识后承担责任。因此，拍卖人将对鉴定过程中的任何其他拍卖人不会造成任何轻微的失误或因粗心大意而误解负责。

尽管如此，限制免责条款的扩大解释，寻求真正有利于艺术品遭到错误鉴定的当事人方面面临着两大障碍。第一个障碍是瑞士联邦法庭和大多数法律学者严格将第100条第1款适用于代理关系，从而允许拍卖人对轻微的疏忽不承担责任。理由在于，勤勉在代理关系中体现出来的是两个方面，一是对主体勤勉，即像一个正常的谨慎之人在类似的处境下应有的谨慎那样去履行职责；二是过失程度，即代理人有理由相信他的执行是符合被代理人利益的最佳方式。勤勉的第一种体现通常是无法弱化的，拍卖人必须认真履行合同义务。而第二种体现却可以被免责条款影响，即

---

① Federal Court Ruling 115 II 474, 479.

规定了拍卖人不需要避免的过失程度（例如轻微的疏忽）。这意味着拍卖人免受某些损害，其风险由其他当事人承担。第二个障碍是即使禁止免除轻微过失责任会使其他当事人有能力无视拍卖人在合同中的免责条款，但是其他当事人还是不得不继续寻找有资质的鉴定人来确定艺术品的价值或进行进一步的研究。这将大大增加艺术品鉴定的成本与难度。①

　　此外，《瑞士债务法》第100条第2款规定了一项特殊的条款，可能会给予其他当事人更大保护，该条规定"预先放弃向他方主张轻过失责任的表示……其责任系因特许经营业而发生者，法院得依其衡量，认定其无效"。但是有学者主张拍卖并不在这一条的范围之内，原因在于，即便拍卖行业受到当地或者国家行政机关的管理与监督，也不能因此而确定拍卖属于"特许经营"②。而且第100条第2款旨在保护交易中没有议价能力的当事人，因为他们正在和具有垄断地位的另一方当事人签订合同。而拍卖中的其他当事人可以选择将自己的财产托付给任何拍卖行，同时在与拍卖人的磋商中，他们也具备一定的议价能力，因此拍卖中的其他当事人不宜适用该条保护。但是从前文所述的拍卖人与委托人的比较中，我们可以发现，从对艺术品的鉴赏力与掌握艺术品的专业知识的程度观之，一般来说，其他当事人与拍卖人还有比较大的差距，而在实践中，有关艺术品的拍卖仍然还是由拍卖人居于主导地位的，相较于拍卖人，其他当事人尽管拥有议价能力，但是其"弱势群体"的地位还是显而易见的。但遗憾的是，相较于其他国家特许经营行业而言，拍卖行业的特许经营性体现得不够明显，因此拍卖不太可能受到第

---

　　①　Federal Court Ruling 123 III 165, 170.

　　②　Becker, Joëlle, "Auction of works of art in Swiss private law: representation, contractual relations and liability", Art Law vol. 21, 2011: 127.

100 条第 2 款的特别保护。

总而言之，除非存在故意或者重大过失的情况，否则作为拍卖人的拍卖行可以有效地免除其应当承担的责任。

2. 辅助人的免责规则

《瑞士债务法》针对拍卖中的辅助人提供了不同于拍卖行的免责规则。《瑞士债务法》第 101 条第 1 款规定："由与其有法律关系的辅助人……或者雇员以合法的方式履行其义务或实施其权利的人，应当对其辅助人履行其职责过程中对第三人造成的损害承担赔偿责任。"合同的各方当事人也可能根据《瑞士债务法》第 101 条第 2 款的规定，限制或者免除这个责任，责任的范围限于故意或者重大过失。①负责鉴定的拍卖行专家属于例外的情况，并可以从中获益。

《瑞士债务法》第 234 条第 3 款明确规定并允许除故意欺诈外，在公开拍卖中免除拍卖人的瑕疵担保责任。如果发生故意欺诈，那么买受人有权根据瑕疵担保获得赔偿。拍卖中的瑕疵担保免除条款适用于买卖合同的关系，也就意味着，在大多数的间接代理的拍卖中，拍卖人以卖方的身份与买受人交易。而该条款并不涉及其他当事人，即便拍卖人有意欺诈其他当事人，其他当事人也可以根据《瑞士债务法》第 28 条第 1 款有关故意欺诈的规定主张合同无效。据此，欺骗方必须以直接故意（dolus directus）或间接故意（dolus eventualis）行事。②艺术品鉴定错误要适用这个规则，拍卖人必须诱使其他当事人同意在不利条件下，以虚假承诺的方式出售其财产。拍卖人必须准确地认识到它作出了虚假的承诺，或者有意避免查明该主张是否精确，并且在其表现出精确状态时抓住其其实是错误的机会。拍卖人有坚定意图去欺骗合同当事人，因为即使知道结

---

① 瑞士债务法. 戴永盛，译. 北京：中国政法大学出版社，2016：34.
② Federal Court Ruling 123 III 165，168.

论一定是错误的，但是也不会因此而阻止他缔结合同。例如拍卖人可以在对艺术品作者一无所知的情况下，就对艺术品的真伪作出明确声明。作为法律后果，委托协议对其他当事人不具有约束力。

如前所述，拍卖人会通过获得最高价格的方式保持其经济利益。如果拍卖人在拍卖开始前意识到错误的鉴定会对预期的最高价格产生不利影响，那么他定会认真地对待，并进一步调查委托财产。因此，把一个艺术品的错误鉴定归咎于拍卖人的故意欺骗似乎是不可思议的。

无论如何，《瑞士债务法》第28条第1款是强制性的，当事人不得通过合意放弃。因此，为确定对其他当事人具有约束力的拍卖人的免责范围，第28条需要与第101条一并阅读。

对于拍卖的辅助人责任而言，很重要的一点是，拍卖人要对其辅助人的选择、指导和监督承担责任，虽然《瑞士债务法》第100条第1款规定的拍卖免责条件比较严格，即仅在轻过失程度可以免责，但是瑞士成文法与判例中，对拍卖准备期间内，拍卖人选择、指导和监督辅助人的责任规定得比较模糊。

例如下列情形可以被视为重大过失：负责拍卖准备工作的雇员，在他被要求制作拍卖目录时，对艺术品的时代或者种类不了解，同时也没有其他工作人员在目录公开前检验目录中内容的真实性；一位雇员指示另外一位雇员制作拍卖目录中的某个条目，但是没有将他所知道的关于条目中艺术品鉴定结论的重大瑕疵告知该雇员。[①]

确立拍卖人选择、指导和监督其辅助人的勤勉程度是很必要的。由于拍卖行免责的法定范围比较狭窄，因此确立这样的制度可

---

① Schmidlin, Bruno, "Defects of the contract", Bernese comment Bd. VI/1/2/1b, 2013：23.

以使拍卖人不能仅把鉴定错误的责任推给辅助人，从而逃避拍卖行本身应承担的责任。但是在实践中，其他当事人是否可以向法院提起诉讼，主张拍卖行在辅助人的选择、指导和监督义务履行方面不够勤勉，或者存在重大过失，进而提出赔偿，这一点还有待观察。①

基于以上分析，我们可以看出，瑞士法允许拍卖人免除除辅助人故意欺诈以外的一切责任，另外，拍卖人在对辅助人的选择、指导和监督存在故意或者重大过失时，理论上应向其他当事人承担责任。

3. 第三方专家的免责规则

一般而言，委托财产的拍卖准备与鉴定通常是由拍卖人本身或者拍卖人的辅助人来完成的。但也存在一种情况，拍卖人可能会指定第三方完成拍卖人的部分义务，即艺术品的鉴定和估值。与辅助人不同的是，第三方代替拍卖人独立地履行全部或部分义务，而辅助人则是协助拍卖人，以拍卖人的名义履行行为。虽然第三方可以根据《瑞士债务法》第398条第3款代替拍卖人履行义务，但是其承担何种责任，根据法条，受到了其他当事人是否同意这一条件的区分。如果其他当事人不同意拍卖人指定第三方完成拍卖人的义务，那么根据《瑞士债务法》第399条第1款，拍卖人对"该第三人的行为，如同自己的行为，承担责任"。如果其他当事人同意拍卖人指定第三方完成拍卖人的义务，那么根据《瑞士债务法》第399条第2款，拍卖人"仅就对第三人的选任和对第三人的指示，承担责任"。

因此，在履行合同义务时，拍卖人为"授权"第三方所承担的责任，相较于辅助人和"未授权"的第三方而言，是较低的。同样的，拍卖人与其他当事人签订第三方合同时，处于更有利的法律地

---

① Thévenoz, Luc, "The responsibility of the expert in art objects according to Swiss law", Art Law vol. 1, 1999, 35.

位，即使第三方完全是为了拍卖人的利益行事。[①] 例如，为了体现拍卖行的盈利能力或者业务水平，拍卖行可以将工作量分担到多个第三方身上，而不是自己的常驻员工身上。

在之前提到的 Emile Gallé 台灯案中，联邦法院裁定，苏富比（苏黎世）拍卖行将灯具的鉴定委托给了伦敦的母公司，因为在苏黎世缺乏鉴定这一类灯具的专家。当地子公司与母公司的这种联系是相当频繁的，因为当地子公司是承担与有意愿委托拍卖自己财产的客户联络的第一站。在庭审中，苏富比（苏黎世）拍卖行只处理与拍卖非常具体的物品类型，如瑞士艺术品或珠宝，他们通常会把其他的委托转交给母公司。通过这种组织结构，拍卖行可以以尽量少的成本与付出维持经营并获得尽可能多的客户。瑞士联邦法院认为，公司之间的这种紧密关系导致其经常在服务的执行中互相帮助，即便其他当事人同意由母公司履行义务，也依旧不能认为当地子公司依照《瑞士债务法》第399条第2款所需承担的责任缩小了。相反，瑞士子公司需要依照《瑞士债务法》第101条，对伦敦母公司的专业知识承担辅助人责任。

从这个判决可以看出，把自身的利益引向对第三方的评估或鉴定的拍卖人，必须按照类似辅助人的规则来承担责任。当然，根据《瑞士债务法》第44条与第99条第2款，法院也可以根据特殊情况，在给予受害方赔偿时酌情调整。

有学者针对第三方免责的规则提出批评，认为区分第三方免责与辅助人免责，尤其是区分二者的免责范围是不合理的。[②] 原因在

---

① Ernst, Wolfgang, "Legal foundations and contractual relationships-legal issues of the art auction." Paper presented at University of Zurich April 13, 2011, 34.

② Thévenoz, Luc, "The responsibility of the expert in art objects according to Swiss law", Art Law vol. 1, 1999, 39.

于，《联合国国际货物销售合同公约》（CISG）①、《国际商事合同通则》（Unidroit Principles of International Commercial Contracts）②以及《欧盟合同法原则》（Principles of European Contract Law）③并没有对二者作出区分，并将同样的规则适用于辅助人和第三方的合同履行。因此他们主张，在其他当事人同意的情况下，拍卖人不仅要对第三方专家的选任与指导负责，而且要在免责条款的约束下，为第三方造成其他当事人的损害承担责任。

总而言之，如果拍卖人将鉴定和评估的任务委托给第三方专家，那么它承担责任的范围受到其他当事人同意与否的影响。在其他当事人同意的情况下，瑞士联邦法院的判决进一步区分了拍卖人能够节省鉴定过程中所付出的努力和费用的情况。在这种情况下，拍卖人对第三方承担的责任与对辅助人承担的责任类似。关于成文法与判例规定的区分拍卖人对第三方与对辅助人承担责任的观点，受到了学者们的批评，他们认为应该完全消除两者在法律上的区别。

（二）不实告知责任的免除

1. 成文法的规定

纽约既是西半球公认的艺术品之都，也是许多最大、最负盛名的拍卖行的所在地。主要是由于有关各种艺术品拍卖行和经销商的做法事故频出以及普通法合同和侵权理论的明显不足，因此，纽约州希望通过成文法来监督艺术品拍卖行和经销商的行为。纽约州现在有一个全面的成文法体系，试图规范艺术市场的几个方面。

纽约销售法案也许是第一部用于规范艺术品市场的成文法。在

---

① United Nations Convention on Contracts for the International Sale of Goods (CISG)，Article 79.

② Unidroit Principles of International Commercial Contracts，Articles 7.1.6 and 7.1.7.

③ The Principles of European Contract Law，Article 8：107.

Weisz 诉 Parke-Bernet Galleries，Inc. 案中，法院考虑了两幅油画关于真实性的明示保证。Weisz 先生和 Schwartz 夫人分别在 1961年和 1964 年购买了绘画作品。这些画作为 Raoul Dufy 的作品，在Parke-Bernet Galleries 的拍卖目录中列出。几年之后，地区检察官办公室发现这些画是假货，并通知买家。买受人起诉了 Parke-Bernet，声称拍卖目录清单构成了"销售法"规定的明示保证。Parke-Bernet 辩解说，该目录的拍卖规则中包括对真实性和作者身份的免责条款。因此提出了两个问题：原告是否知道或应该知道免责条款的存在，如果知道或应该知道，那么条款是否有效。

审判法院的结论是，Weisz 先生不知道该免责声明，因为他缺乏相关的知识从而不能被合同条款约束。相比之下，法院发现Schwartz 夫人确实有实际的知识，但是条款是无效的，因为 Parke-Bernet 曾打算让原告依靠其优越的知识和经验，而拍卖目录的设计鼓励了原告确信拍品的真实性。法院认定 Parke-Bernet 未能充分宣布并强调这一免责条款，特别是因为拍卖人在拍卖开始时并未单独列出具体的免责条款。法院认为这是与"整个法律相一致的行为，这反映了在知识、专业或经济力量基本不平等的各方之间对公平交易的日益需求"。审判法院让拍卖行承担了几乎绝对的责任，要求其赔偿购买者，因为它理论上处于拥有高超知识的位置，以确定艺术作品的真实性，并且购买者依赖于该专业知识。尽管在拍卖时Parke-Bernet 相信这些作品是真实的，但这种绝对责任仍然存在。

但是，上诉法院推翻了这一判决，其主要提出了三个原因：首先，在拍卖时，普通法和拍卖时有效的销售法都不承认卖方的陈述意见产生了对真实性或著作权的明确保证。其次，Parke-Bernet 清楚明确拒绝任何明示或默示的保证，同时也拒绝陈述作为某位艺术家作品的油画的真实性。最后，法院认定没有欺诈或虚假陈述，因为 Parke-Bernet 没有故意欺骗行为，而是购买者应承担了鉴定可能错误的风险。法院认定："在充满警示的情况下未能谨慎行事的买方，在他们签订错误的合同时，将被驳回诉讼请求。"这一判决基本上沿用 Jendwine 诉 Slade 的普通法分析，其中更为关注保证和意见陈述之间的区别以及买者自负的理论。

在 Vom Lehn 诉 Astor Art Galleries，Ltd. 案中，法院试图避免普通法关于欺骗和虚假陈述的理论，并在情况特别不合情理时为原告提供一些救济。在本案中，原告同意以 6.7 万美元的价格购买 20 件玉雕，卖家陈述玉雕均为明朝的手工雕刻品。事实上，这些雕刻并没有上述特征，价值约为 1.5 万美元。法院驳回了原告主张被告欺诈性虚假陈述的诉讼请求，因为他们没有要求在销售单据与鉴定单据上完整描述雕刻的情况。根据《统一商法典》（UCC）第 2—302 节的规定，法院驳回被告的执行合同的剩余部分并要求进一步付款的诉讼请求，理由是收取的价格不合情理。但是，法院不能根据此条款判定任何损害赔偿。

尽管如此，法院认为，根据纽约"上门销售法案"（HSSA），原告可以拒绝整个销售，从而收回其定金和成本。由于被告没有通知买方其享有解除权，法院认为，买方可以在任何合理的时间通过向卖方发出通知以取消本次交易。因此原告完全撤销了合同而没有提出任何欺诈或虚假陈述的请求。但是，受到销售商在营业地以外拍卖的限制，在面对依赖卖家陈述（无论是明示保证或观点表达）去判断艺术品的性质和质量的买家时，上门销售法案提供的先例或保护还是有限的。

UCC 体现了管理货物销售的综合法律框架。虽然没有公开的案例解释 UCC 不适用于出售艺术品的具体情况，但是在法律学者之间，关于 UCC 是否为购买错误或伪造艺术品的买受人提供充分的保护，存在着相当大的分歧。一种观点认为，UCC 保证条款保护艺术品的消费者免受卖家将赝作伪造为原件的故意欺诈，同时也保护了认为是"真正的艺术品"并天真地出售的艺术品经销商。另一种观点则认为 UCC 在买家面临困境的时候没有提供任何实质性的帮助。

对于消费者的保护主要在 UCC 第 2—313 节明示保证条款中。默示保证在第 2—314 节和第 2—315 节中列出，免责条款由第 2—316 节规定。UCC 认为保护艺术品买受人的基础在于购买艺术品的消费者的目的和动机的确认以及存在有关明示保证的证明上。UCC 第 2—313 节规定，明示保证可以通过"与货物有关并成为交易基础的一部分的任何肯定的事实或承诺"，通过描述或者通过样品与模型的方式建立。但是该条在艺术品交易中的适用遇到了一些问题。

首先需要解释的问题是，买方是否必须依赖卖方的陈述来证明存在明示保证。反过来说，这个问题需要该条文解释，拍卖人的承诺或者对商品的描述属于"交易基础的一部分"。这一表述在 UCC 之前是否要求买方实际上依靠卖方的描述完成销售或者 UCC 是否取消了"依赖性"的要求，从这一点上考量，存在较大的分歧。但是第 2—313 节的评注 3 似乎消除了依赖性要求。不过，有几个案例和学者认为"交易基础"是对 UCC 之前法律规定的"依赖性"的重新定义。支持这一结论的依据主要来自评注 1 中的陈述，即明示担保"更依赖于个人交易"。如果依赖是买方索赔的要求，那么一些尖端的买家，如博物馆、画廊与大收藏家，他们与艺术品的卖家有相对平等的信息渠道和相对平等的讨价还价的地位，因此无法建立明示保证。

无论信赖是否构成明示保证的要素，失望的买方也会有更大的障碍需要克服。第 2—313（2）条规定："卖方仅仅确认货物的价值，或仅仅对货物提出意见或作出评价，并不构成担保。"根据本条的后半句，卖方对商品的吹捧以及意见与判断的描述实际上并不构成明示的担保。遗憾的是，这种疏忽似乎又回到了 Jendwine 案与 Power 案所考虑的普通法区分标准上。任何卖家都可以试图通过声称对作者的确定是意见而非保证，从而试图逃避对艺术作品真实性承担责任。尽管通常将绘画描述为"毕加索"将构成最为主要的描述，但通过拍卖目录中一些模棱两可的表述，例如"归因于毕加索"等，就可能不会产生明示保证，即不会保证这幅画是由"毕加索"绘制的。因为一位已故艺术家的作品是否作者本人创作的，这点永远不能绝对确定，卖方的任何陈述都可以被定性为意见的陈述。当然，也有学者认为，当卖方的陈述增加了艺术品的购买价格时，即使这种陈述被认为仅仅是一种意见，如果该意见结果不正确，卖方也应该承担责任。尽管如此，对于第 2—313 节的这种分析是否最终将应用于艺术作品的销售仍然存在很大分歧。

其次，第 2—314 条的可销售性默示保证可能对艺术品销售的适用性有限。尽管这种默示保证适用于不知道艺术品有任何缺陷的卖家，也适用于艺术品未能符合可销售性标准但是卖方不能发现缺陷的情况，但是如果艺术品在艺术品市场上进行了长时间的交易而没有发现其缺乏真实性，这样的情况可能就不再适用默示保证条款了。同时，默示保证条款还对适用主体范围进行了限制，即卖方必须是"从事某种货物交易的商人"。因此，从事艺术品零星销售的私人收藏家或博物馆将不具备此类资格，同时该条文约束的主体甚至可能仅限于经常交易在特定时期或者艺术家作品的艺术品经销商或拍卖人。更重要的问题是如何判断这些商品的"使用是出于普通的目的"。如果拥有艺术品的目的在于享受其一般审美价值，而不是享受拥有特殊艺术家创作的特殊作品所带来的特殊价值的话，那么即使是鉴定错误的或伪造的艺术品也可能符合这些商品的普通使用目的。

最后，第 2—315 条中列出的特定用途默示保证也很少适用于艺术品的销售，因为特定用途不是指买家希望获得某个特定艺术家的特定艺术品。只有在购买的目的是进行特定的投资或完成特定的收藏时，才会满足"特定用途"的要求。

同时 UCC 也规定并限制货物销售者对保证的免责条款。有关免责明示保证的第 2—316（1）条规定："在无法合理解释否认或限制保证的词句或行为时，否认或限制保证的词句或行为无效。"明示保证的基础可以说是"核心描述"或"卖方的履行必须符合销售宣称的标的品质"。这样的保证即使在卖家已经诚信行事但仍不知道伪造或错误鉴定的情况下依然不能废止。买方检验商品与否也不排除明示保证。但是有明显瑕疵的艺术品，或者卖方要求买方检查艺术品可能会使买方注意到他或她承担了艺术品缺陷所带来的风险。即便如此，由于确定卖方的陈述会导致明示保证困难重重，因此对免责条款的这种限制似乎使买方得不到额外的保护。

UCC 第 2—316（2）条通过在免责条款中加入特定的表述和必须醒目提示来限制卖方对默示条款的免责，从而再次保护买方。如果买方可以确定默示保证是存在的，那么艺术品的销售就像其他商品的销售一样，可以适用本条对默示保证的限制。如果出现纯粹经济损失，UCC 也允许双方达成协议，限制损害的程度。例如，买方的补救措施可能仅限于退货和退款。

总之，仅就 UCC 而言，可以为消费者提供的普通法层面的保护非常有限。这种保护取决于提出意见和作出明示保证之间的区别。艺术品的卖家一般都成功地宣称他们关于真实性和作者身份的陈述仅仅是提出意见而不是保证。虽然 UCC 几乎已在各州采用，但是它在这一特定领域未能超越普通法的规定，需要通过法定或制定法提出需要额外保护消费者的问题。

2. 判例的发展

在美国和英国的案例史中有一些判决是有关经纪人、拍卖人或销售不正确的艺术作品的经销商的责任问题的。这些案例背后的法律理论既包含侵权法也包含合同法。失望的买方通常以欺诈和虚假陈述或违反卖方给予购买者的"保证"为由起诉卖方。法院很少明确区分这些基于侵权和合同概念的理论基础。

Jendwine 诉 Slade 案的判决，也许是关于这个问题最早的判决，它确定了解决这个问题的传统方法。被告卖给原告两幅画并声称其为原件，但实际上是复制品。原告起诉欺诈，法院解决了艺术家的名字在目录中的外观是否构成保证或买方仅供参考的描述和意见的问题。法院认为，该目录并不构成保证，因为这位艺术家早就过世，无法确定这些画是否原件。该目录只表明卖方的意见，即作品是原件，同时买方需要独立判断。法院的结论是："如果卖方只陈述他自己认为的东西，他可能没有欺诈。"因此，Jendwine 案侧重于卖方是否向买方作出明确保证或只是代表意见。法院认为，如果该陈述是一种意见，那么只要卖方实际上相信陈述的真实性，卖方就不承担任何欺诈行为的责任。

在后来的两个判决——Lomi 诉 Tucker 案和 De Sewhanberg 诉 Buchanan 案中，法院认为，如果卖方的陈述形成了明示保证，买方可以撤销出售或保留油画，并仅向卖方支付陪审团认为该复制品的价值。在 Pennell 诉 Woodburn 案中，卖方向买方保证油画并且买方将其转售给第二个买方，第二个买方就担保中的第一个买方提起诉讼并诉请收回成本。通过第二个买方的诉讼，第一个购买者被允许从卖方收回所有的费用。

最后，在 Power 诉 Barham 案中，法院认为，判决是否构成保证或意见表达，必须由陪审团决定。在本案中，卖方出具一份收据给买方，上书："四幅画，威尼斯风光，Canaletto，1601"。陪审团认为买卖双方已经签订了关于 Canaletto 的油画作品的合同，因此这份收据是保证，而不仅仅是说明或意见陈述。买方的书面收据证明了明示保证，虽然其是在销售结束时才发给买方。这一结果与 Jendwine 案不同，不同之处在于拍卖前供买家研究的拍卖目录，在 Jendwine 案中并不构成保证。

法院对 Power 案和 Jendwine 案的结果进行了区分，因为在 Power 案中，艺术家是最近去世的，所以卖家应该能够确定绘画的来源。然而，在 Jendwine 案中，艺术家去世的时间更久远，这使得确定绘画的来源变得不可能。因此，为了获得普通法层面的救济，失望的买方必须证明卖方的陈述构成明示保证，而不仅仅是表达意见，并且卖方在出售时知道该陈述是虚假的。这些早期的英国判决总结了普通法上区分表述与保证的依据。

二、审定义务免除的限制

需要指出的是，一旦当事人选择了包含免责条款的合同，该免责条款就要受到某些法定的限制。在瑞士法中，这种限制一方面根据做出鉴定的人的不同而不同，另一方面，拍卖行拍卖规则也会同样受到限制。同时，消费者法可能会使得拍卖行拍卖规则中的误导性免责条款失效。

如果免责条款包含在拍卖人的格式合同或者拍卖行制定的拍卖规则中，那么免责条款必须要遵守有关免责条款的法律法规，主要体现在以下三个方面：其一，委托合同中免责条款的订入需要符合法定条件；其二，免责条款的解释需要符合法定条件；其三，免责条款的后果需要符合法定条件。①

（一）免责条款的订入

拍卖行若想适用免责条款，以便于免除某些责任，依照《瑞士债务法》第 234 条第 3 款，拍卖行必须在其拍卖规则中明确规定并公之于众。拍卖行一般会将自己的拍卖规则打印出来，或附于拍卖目录之中，或附于委托合同之中，以便满足法律的要求。即便有些拍卖行没有将拍卖规则附于委托合同之中，但是这些合同中都会有类似"印刷在目录中的拍卖规则构成了该协议的一部分"的表述。因此，关于错误鉴定免责的条款就这样被订入了委托合同之中，而其他当事人通过签署合同，承认他已经阅读并理解了拍卖规则的适用。

免责条款不能免除拍卖行明确保证的某些责任。此外一些不常见的条款，即偏离了一般代理关系中其他当事人合理预期的条款，也不能订入免责条款中。② 例如，拍卖人要求其他当事人不论拍卖结果如何都必须单独支付一笔费用，这就属于不常见的条款。这种不常见的条款只有在拍卖人引起其他当事人注意的情况下才有效，例如醒目地标示出来或者各方曾经讨论该条款。

Emile Gallé 台灯案也同样涉及免责条款的订入问题。在审判中，被瑞士联邦法院要求最终承担责任的苏富比（苏黎世）拍卖行曾诚恳地主张，拍卖行与其他鉴定人员通常不对鉴定的正确性负担任何责任，另外鉴定是通过电话告知原告的，这也就意味着原告默示接受了拍卖行的免责条款。法院最终驳回了拍卖人的主张，原因

① Chappuis, Christine. "Authentication of works of art: responsibility of the expert and qualification of the contract in Swiss law." Art Law, Vol. 19, 2007, 63.

② Renold, Marc-André, "Contractual relations in the world of visual arts and museums" Semaine Judiciaire (SJ) II 2012, 36.

在于，法院不能从拍卖人的行为中推断出拍卖人可以免除这种责任。但是考虑到鉴定结论的作出是依据照片而非实物、鉴定的过程并没有收取任何费用以及给予鉴定的时间非常仓促，因此可以构成"隐性的责任限制"（tacit limitation of liability），据此，瑞士联邦法院最终还是酌情减轻了拍卖行的赔偿金额。[①]

总之，各大拍卖行为了符合免责条款订入的法定条件，一般会采用将免责条款纳入委托合同的方式来满足瑞士成文法与判例的条件。

（二）免责条款的解释

排除或限制拍卖人责任的条款的范围必须考虑与其他当事人签订的委托协议和有效的拍卖规则。在当事人表意不明时，法官通常会根据《瑞士债务法》第 18 条第 1 款规定的合同解释原则来进行解释。根据这个原则，从整体上来看，表意不明的条款应该从"正如其本来应该被善意的人所理解的"角度进行解释。当一个免责条款含糊不清的时候，其总是被限缩解释，即以不利于起草方的角度去解释。

1. 明确免除鉴定和估价责任条款

拍卖行通常不会对其他当事人财产的鉴定与估价承担任何责任。为了实现这一目的，他们主要会通过以下两个方式，一是在委托合同中加入免责条款，二是将包含免责条款的拍卖规则订入委托关系。

苏富比拍卖行采用了宽泛的表述来排除鉴定与估价责任，根据苏富比的拍卖规则，苏富比"不对提供给竞拍者的任何拍品信息负责，信息包括但不限于任何书面或者口头的估价以及任何拍卖目录、拍卖规则以及其他报告中所体现的信息"。这其中当然也隐含

---

① Federal Court Ruling 112 II 347，353.

了鉴定。① 费舍尔拍卖行的拍卖规则明确指出不对鉴定拍品的任何方面承担责任，这里的任何方面包括不限于作品的真实性、作者、年代、时期、出处。② 相比之下科勒拍卖行与佳士得拍卖行并没有明确放弃对鉴定拍品承担任何责任，但是他们放弃对拍卖目录中的错误或者遗漏信息承担责任。由此可以看出，拍卖行对委托物的鉴定并非一种专业的服务，而是仅仅在拍卖目录上的一种描述，这样的处理方式可能是符合拍卖合同惯例的一种体现。③

此外，一些主要的拍卖行一般明确表示不对拍品估价承担责任。他们会在委托合同或者拍卖规则中加入一个条款，拍卖行做出的估价表示仅供参考。这个条款原本的功能是防止落槌价低于拍品实际价格，同时也可以有效防止拍品的价值被显著隐藏。但是事实上其他当事人被这些条款警告，他们不能通过评估价格预判落槌价以及市场价格。

目前有几个法院的判决对拍卖人在拍卖目录中主张的免责声明的适用性进行了审查。特别是，判决分析了免责声明中所述的"拍卖人尽其所知，尽其所信作出了鉴定意见"。另外判决也考虑了拍卖人的客观立场，即基于对数量庞大、种类繁多的委托拍品难以一一鉴别，因此拍卖人才设置免责条款这一手段。④

（1）表达意见和信任条款

在拍卖规则中，关于意见与信任的声明是订入委托合同中的，例如，科勒、苏富比和佳士得明确表示任何关于拍品的陈述，包括其鉴定，只是表达意见或信任。根据瑞士法律，不清楚的意见或信

---

① Sotheby's Conditions of Sale, para. 3（d）.
② Fischer Auction Conditions (Fine Art & Antiques Auction Sales)，para. 10.
③ Christie's Conditions of Sale, para. A. 5.
④ Federal Court Rulings 73 II 220，223.

赖的声明都必须予以解释。① 根据一般的解释规则，必须根据每个合同的情况逐案解释具体的声明，并根据成文法解释拍卖人的免责条款（特别是第 100 条第 1 款和第 101 条第 2 款）。

在两个判决中，瑞士联邦法院分析了拍卖人对买受人的鉴定免责条款，即拍卖人是否可以因拍卖目录中的"尽其所知，尽其所信"（to the best of our knowledge and belief）而免于对买受人承担责任。对于这两个判决，法院认为拍卖行的"尽其所知，尽其所信"声明已经明确表示放弃自己的责任，同时也载明竞买人不能以拍卖目录的表述作为判断的依据，这就意味着，拍卖人在这两个案例中不需对买受人承担责任。同时这也意味着，拍卖目录中有关鉴定意见的描述也成为拍卖人免责声明的一种。②

（2）拍品数量与多样性条款

在一个判决中，瑞士联邦法院考虑到拍卖人受理了数量庞大并且种类多样的委托财产。在这种情况下，减少了拍卖人对买受人的责任。联邦法院在后来的案件中确认了这个判决。③ 因此，竞买人不能期望拍卖人仔细审查过所有拍品，并保证在其拍卖目录中的鉴定描述是准确的。相反，这样的描述仅仅为了说明拍卖的对象，并且帮助竞买人决定他们是否愿意并且以什么价格竞标该对象。此外，联邦法院还认为，拍卖准备中的估价与现实买卖中的售价有很大不同，前者取决于竞买人的出价，后者取决于出卖人（拍卖人）的意志。给予竞买人的拍卖目录有可能含有其他类型的信息，这些信息可能不仅仅被竞买人看作是对拍品的简单描述。鉴于这些信息

---

① Becker, Joëlle, "Auction of works of art in Swiss private law: representation, contractual relations and liability", Art Law vol. 21, 2011. 130.

② Federal Court Rulings 123 III 165, 168.

③ Federal Court Rulings 123 III 165, 169.

的特殊性，联邦法院进一步认为，这些信息可能被善意地认为是目录内容，因此这些信息也可能被免责条款涵盖。该条款还同时免除了关于目录中提到的艺术品专业报告的责任，原因在于，该报告并没有资格作为拍品的真实性证明，而只是表明存在这样的一份报告。[①]

2. 对委托人免责条款的解释

瑞士联邦法院在审理其他当事人诉拍卖人的案件中，法院根据买受人因买卖合同纠纷诉拍卖人的案件，将拍卖人在买卖合同中的免责条款解释方法类推适用到其他当事人诉拍卖人的案件中。由于委托合同与买卖合同一样，都受到拍卖人的拍卖规则的约束，因此其他当事人既不能依赖拍卖目录中的内容，也不能依赖拍卖人对财产真实性作出的表述。相反地，如果拍卖人已经"尽其所知，尽其所信"，那么其他当事人必须去相信与理解拍卖人对拍品鉴定与估价作出的免责条款，即使其目的是免除拍卖人在拍卖目录中的责任。

另外，在售卖的条件下，拍卖人会提醒竞拍人艺术品的风险，并鼓励他们从自己的独立专业顾问那里寻求建议，特别是对于具有重要价值的艺术品。[②] 而买卖合同的一个前提条件是已经尽量检查了其他当事人的委托拍品，虽然拍卖人对其他当事人有勤勉尽责的义务，但是拍卖行对其他当事人通常不会做出明显的警告。尽管如此，其他当事人依然受到拍卖行免责声明的约束。

总而言之，基于对委托合同的审查，联邦法院的判例认为，拍卖行明确规定的对委托财产的鉴定和估价不承担任何责任是合理的。

[①] Federal Court Rulings 109 II 24.

[②] Federal Court Ruling 123 III 165，170.

（三）免责条款的法律后果

如果法院宣布拍卖人的责任免除条款是有效的，某些法律学者认为，它不仅适用于合同法分则的索赔，而且适用于其他索赔，例如基于侵权法的索赔（《瑞士债务法》第 41 条以下）和来自以错误制度为代表的合同法总则的索赔。法院对于免责声明是否扩大到侵权法中的赔偿问题尚未有定论。一些专家认为，基于侵权法的免责声明应仅限于与合同索赔相同的情况适用。

在 Emile Gallé 花瓶案中，联邦法院在原告的错误求偿中确认了免责条款的有效性。这个花瓶的上半部分已经被切断并人为地隐藏裂缝。由于这个情况被拍卖行发现，因此在 1984 年佳士得拍卖行将这个花瓶从拍卖目录中撤下，但 1991 年这个花瓶重新出现在市场上，由一家忽视了修复工作的画廊销售给原告。画廊的销售合同排除"以前的损失或赔偿"，法院解释为任何时间画廊占有了花瓶之前任何责任。最重要的是，该判决提到一个先例，根据该例，责任免除条款也适用于原告援引自合同法总则中有关错误制度的赔偿。①

总的说来，拍卖人对免责条款的解释是有深远影响的。在法律允许的范围内，拍卖人不管是在委托合同中还是在拍卖目录中，都可以有效排除他们对错误鉴定和估价的责任，同时防止其他当事人通过合同法总则或者分则提出索赔主张。

---

① Federal Court Ruling 112 II 347，353.

第六章　拍卖人违反审定义务的救济
与对其他当事人特别保护

一、拍卖人违反审定义务而产生的合同责任

（一）因错误而产生的合同无效或可撤销

1. 重大错误

根据《瑞士债务法》第 23 条及以下条文，过错方在主观和客观上符合"合同的必要性基础"，构成了引起重大错误的错误事实，而对于拍卖而言，这个错误事实会涉及艺术品的属性或者其他品质。例如，其他当事人可以根据《瑞士债务法》第 24 条第 1 款第 4 项主张"错误订约人本着交易上的诚信，以某一特定事实作为契约

的必要性基础，但事实并非如此"。对成为合同一部分的销售对象的描述与实际对象不同——典型的例子就是出售赝品。造成重大错误的原因还包括：缔约方对艺术品的鉴定结果产生错误，比如认为某幅名家的代表作不是由作者自己创作的而是由作者的学徒创作的。[①]

但是，如果错误的一方知道或应该知道艺术品的真实属性或状态，法院可能会根据商业交易中的公平原则驳回重大错误的主张。也就意味着，如果当事人在合同签订时接受了以艺术品现有事实为根据的鉴定结论，从而承担错误的风险，那么他就不可以依靠重大错误来获得赔偿。

一个成功的错误索赔会导致合同解除，从而使错误的一方能够对另一方提起诉讼来收回财产。从发现错误的时间开始，错误一方的诉讼时效是一年。提出重大错误主张是对"有约必守"（pacta sunt servanda）原则的一种冲击，这一点十分重要。[②] 相反，在非常有限的情况下，合同将解除其对当事人的约束性。

根据主观相关性的要求，其他当事人必须证明，如果他知道真实情况，他就不会签订委托合同，或者至少不会在相同条件下签订。很显然，如果知道拍品的真正价值，其他当事人也不会同意把他的财产以不合理的价格出售，拍卖人也不会上拍。从客观的角度来看，任何假设于原告位置的第三方都会认为这个错误是决定性的，以至于不会达成合同，或者至少不会在同等条件下达成合同。据此，我们似乎可以理解的是，此处所提及的合同必要性基础要以拍卖行和其他当事人共同误认的事实为前提。[③]

---

①　Federal Court Ruling 5A ＿ 337/2013 of October 23，2013，para. 5. 2. 2.

②　Federal Court Ruling 110 II 293，302.

③　Gauch，Peter，Walter R. Schluep and Jörg Schmid，"Swiss Code of Obligations-General Section"，Schulthess，2008，779.

2. 因疏忽引起的错误

根据《瑞士债务法》第 26 条的规定，如果错误是由当事人的疏忽所致，那么其索赔主张就不能成立。考虑到拍卖人是其他当事人的代理人，这一规定必须考虑到直接代理和间接代理的区别。

当拍卖行以其他当事人的直接代理人身份后续签订买卖合同时，因疏忽而撤销买卖合同的权利属于其他当事人。根据《瑞士债务法》第 32 条第 1 款的规定，拍卖行代表其他当事人签订的买卖合同所产生的权利和义务确实是由被代理人而不是代理人承担的。由于是其他当事人表示有意通过拍卖行达成买卖合同，那么当时的其他当事人必须处于错误之中。[①]

尽管如此，拍卖行对于某些事实的无知却被归咎于其他当事人。如果拍卖行在与陷入错误认识的其他当事人订立合同时知道或应该知道这种错误鉴定，那么按照勤勉的标准，其他当事人不能提出错误的主张。其他当事人只能单方面宣称自己和拍卖人都不知道鉴定的错误，或者这种错误无法归咎到任意一方身上。[②] 如上所述，在直接代理的情况下，其他当事人针对拍卖人的重大错误求偿的作用是非常有限的。

在大多数情况下，拍卖人是以其他当事人的间接代理人的身份完成买卖合同。因此，买卖合同中的权利和义务归于拍卖行。其他当事人不能撤销他不是当事人的合同，因为主张合同无效的权利是合同当事人的个人权利，一般不能授予另一方。[③] 与直接代理不同，间接代理一般只与当事人是否同意代理有关。因此，其他当事人由

---

① Chappuis, Christine. "Authentication of works of art: responsibility of the expert and qualification of the contract in Swiss law." Art Law, Vol. 19, 2007, 21.

② Federal Court Ruling 84 II 355 (para. 3).

③ Kut, Ahmet and Demian Stauber, Hand commentary on Swiss private law, Art. 32 n. 42.

于自己的原因不能取消拍卖人与买受人订立的拍卖合同。其他当事人的错误不会影响买卖合同的履行。

在其他当事人明确授权的情况下，拍卖行可以代表其他当事人并根据《瑞士债务法》第 31 条的规定，主张撤销买卖合同。这种合同的撤销权也被写入了拍卖行的拍卖规则。为此，苏富比拍卖行和佳士得在拍卖规则中做出表示，如果出现错误或争议，他们可以酌情决定撤销拍卖或重新拍卖。这些条款允许拍卖行在其他当事人的授权下取消拍卖，在拍卖结束后，拍卖行也可以以其他当事人的代理人行事并以其他当事人的名义撤销合同。①

费舍尔拍卖行在其拍卖规则中规定，在特殊情况下，拍卖行可以因为拍品系伪造等委托财产的缺陷而取消拍卖，并且不承担任何责任。② 但是该条款没有明确规定由于错误而代表其他当事人撤销买卖合同，相反，取消合同的条款似乎是在发现重大缺陷时起草给买方的。

与上述三个拍卖行不同的是，科勒拍卖行只能在拍品系伪造的情况下撤销拍卖。此外，撤销条款不适用于根据其目录属于 1880 年之前创作的艺术品，也不适用于拍卖行认为在该日期之前制作的艺术品。这样就导致买卖合同解除的风险完全由买方承担。③ 显然，拍卖行的拍卖规则不能因为其他当事人的错误而取消拍卖。买卖合同由拍卖人和买方有效签订，并且不受其他当事人的错误影响。其他当事人的错误仅仅可能会影响对拍卖人有约束力的委托协议。

然而，拍卖人对鉴定与估价的准确性免责条款会进一步阻碍其他当事人通过错误制度寻求救济。如果免责条款真实有效，那么其

---

① Christie's Conditions of Sale, paras. C. 3 (f); Sotheby's Conditions of Business, para. 8 (b).

② Fischer Auction Conditions (Fine Art & Antiques Auction Sales), para. 12.

③ Coller Auction Conditions of Sale, para. 5 (1).

他当事人只能单方面主张其在合意层面出现了认识错误，而难以满足如前文所述的在主观和客观上都符合"合同的必要性基础"。因此，允许其他当事人依据错误提出索赔请求，只能是其他当事人对合同中包含的他不同意的条款提起诉讼。

根据瑞士联邦法院的判例，如果错误涉及拍卖人已经免责的拍品的瑕疵担保，那么买受人对重大错误的索赔将以失败告终。[①] 通过合同解释，法官必须以"明示其一而排除其他"的原则来确定拍卖中是否有瑕疵担保的事实，或者是否有瑕疵担保的免责条款。

根据瑞士联邦法院已有的判例，拍卖人的免责声明明确规定，拍卖人不承认对委托财产的鉴定和估价负责。就拍卖的买方而言，这种推理可以类推适用于任何涉及艺术品鉴定的方面，包括委托合同。因此，其他当事人因错误而要求取消委托合同，通过联邦法院的类推，在拍卖人的免责条款真实有效的前提下，这种针对委托物瑕疵提出的主张是无效的。[②]

3. 拍卖人主张的错误

由于其他当事人无法取消拍卖，拍卖人是否可以因有错误而自行解除拍卖需要加以讨论。这种错误主张的前提必须根据《瑞士债务法》第 26 条第 1 款和拍卖人的责任免除条款进行分析。

根据第 26 条的表述，错误的发生是由于错误的当事人的疏忽造成的，"除非对方当事人知道或者应当知道此错误"。结合拍卖的情况可以有以下两个层面的分析，其一，如果拍卖人因自己的疏忽而误认艺术品的真实价值，且买受人不知情，那么拍卖人将丧失撤销合同的权利，相反买受人可以主张撤销合同并向拍卖人求偿；其

---

① Federal Court Ruling 91 II 279.

② Pestalozzi，Anton，"The increase purchase"，Short commentary and quotes to Art，2000，185.

二，如果拍卖人因自己的疏忽而误认艺术品的真实价值，且买受人知情，那么拍卖人可以主张撤销合同，并根据第 26 条但书后内容，主张免于向买受人赔偿。

　　第一个层面，需要去分析，在特定情况下拍卖人所承担的义务以及被期待的勤勉程度。第二个层面，则需要证明买受人知道拍卖人对拍品的鉴定存在误解。如果成交价格与估计价格非常接近，这种证明无疑是十分困难的。但是如果在鉴定错误的背景下，拍品价格与估价相距甚远，那么买受人再以不知情作为抗辩理由似乎就有些令人怀疑了。在确定买受人是否对拍卖人存在错误认识时，需要考虑其对艺术市场和艺术史的熟悉程度。① 艺术欣赏的主观性和学术的循环性和偶然性，导致艺术品鉴定没有一个绝对唯一的答案，因此要去证明当事人了解或者不了解艺术市场或艺术史也是一件非常困难的事。事实上在艺术品的拍卖竞价中，竞拍人缺乏确定的保护，尤其是拍品存在学界或者艺术品市场公认的鉴定错误的时候。我们可以推论，买受人知道或应该知道拍卖人处于错误状态是难以证明的；一件艺术品究竟价值几何也是难以证明的；艺术品中存在的美学享受是否能超过拍卖行以估价的方式做出的预期还是难以证明的。

　　此外，由于拍卖人的免责条款明确表明免除错误鉴定的责任，因此拍卖人不会主动提起错误的主张。关于其他当事人的委托合同，也可以适用与买受人的买卖合同同样的规则。拍卖人放弃对其他当事人承担拍品错误鉴定、错误估价和目录描述错误的任何责任。从拍卖人的角度来看，鉴定与估价的错误陈述并不构成错误主张所必需的合同必要性基础。在当事人的合同已经明确排除了瑕疵

---

　　① Becker, Hermann，"General provisions of Swiss Civil Code"，Bernese comment Art. 62 No. 13.

担保责任的情况下，联邦法院的判决也不认为错误主张可以成立。在该案中，在签订合同时买方同意了一定的条件，那么如果判决接受条件的买受人可以通过错误求偿的话，那将违背诚信原则。同时拍卖人也可以这么主张：之所以不承担任何关于鉴定与估价的责任，是因为拍卖行放弃了根据事实追索错误赔偿的权利。因此，拍卖人不能因已拍出鉴定错误的拍品而撤销拍卖。

鉴于销售合同仍然有效，瑞士法所规定的不当得利制度并不适用。根据《瑞士债务法》第 62 条第 1 款的规定，任何人以不正当的方式从他人财产上获取利益的，应当将该利益返还。为了让其他当事人主张购买者不当得利，拍卖行必须在没有任何正当理由的情况下将拍品出售给购买者。买卖合同为转移所有权提供了有效的法律依据，因此排除了其他当事人或拍卖人的返还原物请求。

如果在买卖合同有效的情况下，一方当事人所得比其履行合同应得的还要多，那么多出部分就可以适用不当得利的规则。但是由于拍卖有严格的程序限制，因此各方的所得与他们在买卖合同中的应得是基本相符的。不当得利制度很难有用武之地。

4. 普通法和衡平法中的错误

根据英国司法管辖区的错误法律规定，如果双方都对合同标的物存在或者合同标的物的质量产生了同样的错误，那么合同可以解除。正如 Bell 诉 Lever Brothers 案的主审法官 Atkin 爵士所言："一方对合同标的物的认识错误不会对承诺构成影响，除非双方当事人都发生了认识错误，并且这种错误是实质性的。"[1]主张因错误而解除合同时，签订合同的双方当事人，即其他当事人和买受人，在签

---

① Cartwright, John. "The Rise and Fall of Mistake in the English Law of Contract." In Mistake, Fraud and Duties to Inform in European Contract Law, Cambridge University Press, 2005: 82.

订合同时不仅要有同样的误解，而且误解也必须与销售的标的物有关。

Atkin 爵士援引 Kennedy 诉 Panama etc. Mail Co 案，在该案中，提供给原告的招股说明书表示公司与新西兰政府签订月度邮件服务协议，根据这份错误的说明书原告购买了股份。在这种情况下，法官认为，与欺诈代理人诱使当事人签订合同的情况不同，这种单方面的误解不会授权合同的解除，除非这个错误便是表示对一事物应然性与实然性考虑的差异。在该案中，法院认为，对于原告而言，股份与股份之间是没有差异的。这个错误只影响了原告动机的一部分，因而导致他购买股票。①

从本质上讲，合同标的物错误的问题主要集中在当事人的合意和合同条款上。一方面，如果条款规定了出现错误后双方当事人应该怎么办，那么双方的这个合同条款将决定案件的结果。在这种情况下，必须审查这个条款是否基于必要的事实。同时在这种情况下，主张错误索赔也是不可能的。另一方面，如果合同条款没有规定出现错误后的情况，则可以提出错误的索赔。在这种情况下，"如果条款不可能履行，那么合同是无效的"。为了确定合同中预先假设的常见错误是否使条款不可能履行，法官必须仔细分析合同以及由此产生的权利和义务。这样的错误会极大地改变合同的标的，使各方商定的合同变得不可能履行。

英国法中的错误概念比一般人理解的错误范围要小，因为它使用了标的物的"本质"这一观念来解释为什么合同不可能履行。关于当事人合意，法官更需要去审查的不是错误的一方如何去了解真相，而是合同订立时缔约人的合意。

---

① Kennedy v. Panama etc. Mail Co. [1867] LR QB 580.

英格兰与威尔士上诉法院推翻了一个下级法院适用衡平法（而不是普通法）中，错误原则的判决思路。在衡平法中，错误原则可以在根据普通法原则且该错误并不能使合同失效的情况下，让法庭干预这个合同。英格兰与威尔士上诉法院驳回这个判决思路是基于两种考虑，其一是这种思路违背了当事人的授权，其二是这种思路破坏了普通法的规则，该规则不允许错误导致合同无效。①

5. 艺术品真实性方面的错误

鉴于英国法对错误概念的有限适用，艺术品真实性方面的错误是否会导致合同的撤销呢？换句话说，考虑到对艺术品鉴定的误解，其他当事人是否可以撤销遭受错误鉴定的艺术品的拍卖呢？

在 Bell 诉 Lever Brothers 案中，主审法官 Atkin 爵士试图通过普通法上的错误原则去解释伪造绘画的情况。Atkin 爵士先是举了一个例子："A 从 B 那里买了一幅画，A 和 B 都认为它出自一位早期绘画大师之手，但实际上这是一幅现代仿品。在这个案子里，根据普通法，法官会主张，A 没有任何补救措施，因为绘画的真实性也是一种本质，具备这种本质与否，决定了涉案物品是此物还是彼物。"但是，Atkin 爵士否定了这个观点，他主张例子中错误涉及的是物品的品质而非本质。他进一步认为，"遵守合同至关重要，这种重要性优于个人正义。买卖合同所产生的基本义务是转移财产所有权。如果当事人希望合同包含进一步的义务，例如真实性的保证，则他们必须在合同条款中加以说明。否则，错误鉴定不会使买卖合同的履行变得不可能，不管错误是否会损害卖方或买方。"②

由于英格兰与威尔士上诉法院已经放弃了衡平法中的错误原

---

① Cartwright, John. "The Rise and Fall of Mistake in the English Law of Contract." In Mistake, Fraud and Duties to Inform in European Contract Law, Cambridge University Press, 2005: 85.

② Bell v. Lever Brothers [1932] AC 161, 224.

则，因此在涉及错误鉴定的艺术品的拍卖中，当事人也无法在衡平法的背景下主张错误。

所以，英国的错误索赔制度可能对其艺术品遭受错误鉴定而主张撤销买卖合同的其他当事人没多大兴趣。因为，如果双方处于一个共同的误解之中，那么双方对标的物实际上并没有错误：双方同意按照相同条款出售同一件艺术品。而对品质的误解，通常也不能使合同无效。

在 Leaf 诉 International Galleries 案中，原告通过衡平法主张根据错误寻求撤销买卖合同。在本案中原告购买了 John Constable 的 *The Cathedral of Salisbury*，但事实是该幅画作是赝品。Denning 法官通过判决确认了英国普通法中的错误，他认为标的物存在品质错误，因为双方都认为这幅画是出自 John Constable 之手[①]，而这个错误在某种意义上是必要的或根本的。但是这样的错误并不能影响合同的履行，因为出售的标的物没有任何错误。标的物是名为 *The Cathedral of Salisbury* 的画作。双方就同一标的物达成了相同的条款，这足以签订合同。英国的错误原则区分了当事人的主观意图和客观理解。根据英国的普通法，一幅绘画的创作者以及其他属性不是以区分绘画是否特定物品为目的的常见错误。

但是根据其他的判决和裁定，学者们认为，标的物基本品质的错误有时可能会影响主标的物性质的区分。在 Nicholson & Venn 诉 Smith-Marriott 案中，被告委托拍卖行拍卖一块桌布，原本这块桌布是格鲁吉亚地区的廉价品，但是却被错误鉴定成查理一世时期（Charles I）的艺术品。最后，买受人的违约行为没有受到追究。在本案中法院认为，买受人本来可以提出错误的主张使合同无效。这

---

① Leaf v. International Galleries〔1950〕2 KB 86.

样的错误主张可以被解释为："当事人可能打算购买和出售查理一世（Carolean）的遗物；在这种情况下，他们犯的错误将是根本性的，基于这种错误而导致合同根本无法履行，其结果是合同无效。"①

这也就解释了为什么鉴定艺术品的属性是如此重要的，因为鉴定出来的结论事实上确定了一个艺术品的基本属性，缺少这些属性的艺术品与标的物之间有天壤之别，这也就导致了艺术品中的错误，这种推论可谓揭示了鉴定的本质，是比较令人信服的。鉴于此，为了确定鉴定对缔约方的重要性，Guenter Treitel 提出了一项标准："可以在签订合同后立即要求当事方说明其标的物是什么"②。Nicholson & Venn 诉 Smith-Marriott 案，一方面来说，如果当事人之间就一块古董桌布签订了合同，错误不涉及标的物的区分，那么无法撤销买卖合同。另一方面来说，如果当事人之间就查理一世的遗物签订了合同，那么他们就错误地认定了这个事物的身份，在这种情况下，这个合同是无效的。

在艺术品出售的情况下，双方不太可能通过将购买或销售的艺术品描述为"画""书法"或"瓷器"来满足 Treitel 的标准，而是将其描述为"齐白石的画""颜真卿的书法"或"宋代的瓷器"，所以艺术品的鉴定很好地构成了它的身份。对于价值被明显低估或者高估的艺术品而言也是同样的，无论价值的高低，鉴定都可以确定标的物的身份。例如各方当事人既可能对"明宣德炉青花瓷器"感兴趣，也可能想要购置一件"近代仿宣德炉的青花瓷器"，但是无论如何，应该没有人对仅仅标明了"青花瓷器"的物件感兴趣。但是，Treitel 通过挑选出一些在鉴定的真实性上既没有得到合同的明确保证，也不输入纯粹臆测的案例来得出结论。Treitel 认为："在

①② Treitel, Guenter H. The Law of Contract, 13th ed. Sweet & Maxwell, 2011: 40, 41.

大量的案件中，由于专家与学者对于某件艺术品真实性的观点可能会不时变化，因此尽管双方当事人都认为该件艺术品是真实的，但是没有一方当事人敢于确认这一点。"对于这些案件，Treitel 认为："这种不确定的因素不适用于合同无效的情况。"① 考虑到鉴定的循环性，并且没有任何合同提供给其他当事人真实性保证，因此，想要把艺术品的属性解释成艺术品身份的一部分是不太可能的。同时，Treitel 对错误原则的广义解释似乎并没有被法院或其他法律学者所接受。由此可见，对于其他当事人来说，错误的主张是不可用的。

总而言之，错误主张的概念对于艺术品遭受错误鉴定的其他当事人来说是不能令人满意的，因为其不能以所售物品的品质为依据。事实上，英国的错误原则只能允许当事人就合同的标的物出现误解，即使通过对艺术品拍卖中"标的物"概念做最宽泛的解释，依旧不能将艺术品的错误鉴定涵盖其中。

（二）因故意欺诈而产生合同无效

如果拍卖行的辅助人或指定的第三方进行了鉴定和估价，其他当事人可以根据《瑞士债务法》第 28 条主张故意欺诈，同时这一条是不受拍卖人免责条款影响的。同时根据《瑞士债务法》第 31 条第1 款，如果合同当事人没有在一年的时间内提出故意欺诈的主张，将被视为已经承认该合同。又根据《瑞士债务法》第 31 条第 2 款，一年时间的起算点是从主张故意欺诈的一方发现欺诈时起算。

故意欺诈需要直接或间接的欺诈意图。欺骗方必须知道并希望他的欺诈诱使另一方作出在没有欺诈的情况下不同意的表示。如果由于第三方的欺诈而签订委托合同，被欺诈的当事人仍然受合同的

① Treitel, Guenter H. The Law of Contract, 13th ed. Sweet & Maxwell, 2011: 54.

约束，除非根据《瑞士债务法》第31条第2款"合同订立时知道或应该知道这种欺诈行为"。因此，如果拍卖行将鉴定权委托给第三方专家，则该专家的欺诈行为不能使委托合同无效，除非其他当事人能够证明拍卖人知道或应该知道该欺诈行为。①

在其他当事人与买受人的一起诉讼案件中，联邦法院驳回了买方对故意欺骗的主张，理由是拍卖人缺乏对拍卖目录中错误陈述的实际了解，并且拍卖人也拒绝承认拍品没有任何风险。在这个案件中，瑞士联邦法院驳回了当地审判法院的判决，并认为，原审中所谓的"拍卖人存在间接故意欺诈"只是拍卖人简单地将其他当事人提供的信息纳入了拍卖目录，并承认这有错误的风险。此外，联邦法院还认为，拍卖人"尽其所知，尽其所信"条款表明了拍卖人并没有支持拍品鉴定结论的准确性，因此认定拍卖人并没有间接故意欺诈的行为。②

考虑到这一点，其他当事人必须证明拍卖人知道鉴定结论是错误的，或者放任可能导致鉴定错误的事实出现。这种证据取决于现有的有关委托财产的鉴定信息、拍卖人对这些信息的调查程度，以及负责鉴定和评估的负责人的技能和知识。根据瑞士联邦法院的判决，其他当事人对故意欺骗的主张还会受到免责条款的挑战。③ 因此，其他当事人在成功主张故意欺诈方面可能会遇到很大的困难。

（三）违约而产生的损害赔偿

在没有任何合同的情况下，存在重大过失或故意而错误鉴定拍品可能导致侵权责任。这很有可能体现在鉴定结论中那些没有合同意愿的纯粹信息中。理论上来说，具有足够的艺术品鉴定知识和信

---

① Federal Court Ruling 123 III 165，169.
② Federal Court Ruling 123 III 165，167.
③ Federal Court Ruling 111 II 474.

息的专家如果认识到他的意见将对申请者产生影响，那么他必须如实地认真地进行鉴定。

鉴于拍卖人的鉴定和估价通常会产生合同，拍卖人可能因违约而承担责任。如上所述，委托合同构成了代理关系。如果根据委托合同履行服务，那么拍卖人是否要承担责任需要根据以下五个因素来考量：其一，是否违反合同；其二，是否瑕疵履行；其三，是否对其他当事人造成损害；其四，损害与行为之间是否存在因果关系；其五，拍卖人是否有过错。根据《瑞士债务法》第398条，拍卖人违反约定不履行义务的，将被视为违约行为。拍卖人的义务范围由委托合同和拍卖规则确定，但是受拍卖人免责声明的限制。[①]

对于是否存在违反代理合同的情况，必须根据拍卖有效的免责条款进行个案分析。根据联邦法院的判例，各大拍卖行的合同明确规定，买方不能依赖拍卖行关于鉴定的结论，只能参考拍卖行的意见。这样的判决可以延伸适用到其他当事人。一般来说，拍卖行尽可能对其他当事人的鉴定和估价负有责任。[②] 免责声明的范围取决于做出鉴定的人：如果由拍卖行做出，拍卖行将仅因轻过失而被免责。如果由拍卖行的辅助人或第三方专家提出，免责声明涵盖了除故意欺诈外的所有过失与故意。

因此，其他当事人主张拍卖人违反约定代理义务只有在两种情况下才可行：其一，辅助人或第三方专家故意欺骗；其二，拍卖行对委托拍品的鉴定与估价，或对辅助人、第三方专家的选任、指导与监督存在故意或者重大过失。

在第二种情况下，如果想要成功追究拍卖行的违约责任，还有

---

① Glaus, Bruno, "The liability of the expert", News in art law-Publication Series of the Institute of Law and Legal Practice vol. 53, 2008, 120.

② Federal Court Ruling 111 II 474.

一个先决条件，那就是拍卖行依约有对委托拍品的鉴定与估价的责任。因此其他当事人必须证明拍卖行对委托财产的错误鉴定或者估价存在故意或者重大过失。根据上文所提及的拍卖人的勤勉标准，具体而言，其他当事人需要证明拍卖行"违背了善良人在相同情况下、相同位置下所需遵守的勤勉"。如果拍卖行知道鉴定是错误的，或者鲁莽地忽略了可能导致正确鉴定的重要事实或来源，拍卖行的履约才构成重大过失。同样的勤勉标准适用于选任、指导和监督负责鉴定的辅助人或第三方专家。

正如前文所述，其他当事人与拍卖人的间接代理关系是通过行纪合同承载的，而瑞士法对于行纪合同又有一些其他的规定。这其中包含了行纪代理人按照其他当事人的指示出售财产的义务。根据《瑞士债务法》第 428 条第 1 款，以低于其他当事人指示价格出售财产的行纪人，需要承担差价补偿的责任。在拍卖的语境下，最低指示价格是其他当事人和拍卖人确定的底价，也称保留价，在保留价之下落槌的拍品不会出售。保留价的产生方式通常是依据对委托拍品的估价产生的。在鉴定错误的情况下，假如拍品实际价值很低，而保留价被高估，一旦适用了该保留价，瑞士债务法的最低指示价格条款就会不再适用；假如拍品的实际价值很高，但是保留价被低估，拍品一经成功拍售，最低指示价格条款也会不再适用。总而言之，在错误鉴定背景下存在的问题是在拍卖之前的委托过程中错误估计了"最低指示价格"①。

此外，根据《瑞士债务法》第 428 条第 3 款，"行纪人以低于其他当事人价格买入或者高于其他当事人价格卖出者，利润归于其他当事人，行纪人不得保留。"该条款保护的是其他当事人因行纪人

---

① Federal Court Ruling 6S. 709/2000 of May 26，2003，para. 5.3.2.

行为而获得的超额利润。基于此种代理行为是由其他当事人承担主要的风险，根据风险分配的原则，行纪人毫无保留地将超额利润转移给其他当事人是合理的。总的来说，该条款只是确保任何额外的利润有利于其他当事人，而这种做法也是拍卖中的一种常态。

综上，《瑞士债务法》第428条没有明确规定拍卖人对委托财产进行错误估计造成其他当事人损失的情形。同样根据这一规定，拍卖行错误估计的价格不会构成违约。不过，根据瑞士联邦法院的判例，联邦法院认为第428条加重了行纪人的一般义务，因为其要求行纪人以最好的价格代表其他当事人完成交易。这个要求可以被解释为拍卖人为争取最好的落槌价而需要履行一个义务群，这个义务群可能涉及不同的行为，例如促进拍卖会的进行，联系有兴趣的买家或者加大拍卖目录的描述力度等。但是在错误鉴定的背景下，拍卖人显然无法准确地鉴定拍卖品的真实属性，从而导致无法准确地估计拍卖品的价格。假如拍卖人没有在免责条款中免除对拍卖品估价的责任，那么这将导致拍卖人违反行纪合同而要承担违约责任。根据合同缔结自由的原则，双方当事人可以任意缔结不违反法律规定的合同以及约定该合同中的某项条款。鉴于免责条款的影响，此法条也因此无法很好地救济当事人。①

总而言之，其他当事人是否可以主张违反代理合同是由委托时具有约束力的责任免除条款来控制的。因此，拍卖行仅可以免除法律与公共政策允许下的轻过失责任，拍卖行鉴定过程中的故意与重大过失、辅助人与第三方专家的故意欺诈不能被免责。鉴于上述情况，当拍卖行故意做出错误鉴定或忽视可能证明错误鉴定的重要事实时，其他当事人以义务违反为由主张拍卖行的违约责任是可以成

① Kren Kostkiewicz，Jolanta，Peter Nobel，Comment，Swiss Code of Obligations，Orell Füssli，2009，35.

功的。最后，对违反代理合同的主张也包括在做出错误鉴定时，拍卖人在选择、指导和监督负责鉴定的辅助人或第三方专家方面存在故意或重大过失。

根据《瑞士债务法》第 42 条第 1 款，由原告即其他当事人负责举证赔偿范围。具体来说，如果拍卖人违反合同的约定，那么必须把他至于相同情势下，依据拍卖人正确履行合同的标准，让其赔偿其他当事人的损失。因此，其他当事人必须确定委托财产的价值，就好像拍卖人在特定情况下，根据可以预期的勤勉程度进行鉴定和估价。但是由于知识、资源以及艺术鉴赏力的不足，其他当事人无法独自完成这项工作，因此必须依靠艺术专家或者鉴定人的报告。

另外，如果无法估计损害额度，根据《瑞士债务法》第 42 条第 2 款，法官有权酌情根据正常情况和受害方采取的措施估计其他当事人损失的金额。而其依据的还是其他当事人依靠艺术专家或者鉴定人的报告提供给法院的材料。

二、因虚假陈述而产生的侵权责任

另外一种情况下，其他当事人可以主张在拍卖人向他作出虚假陈述后，他被诱导参与进买卖合同中，结果他遭受了损失。英国法一般的规定是，"除非是对现有事实的陈述，否则对虚假陈述不会给予任何的救济"。因此，必须确定该陈述是否构成事实陈述或纯粹是意见陈述，以确定其他当事人是否可以获得救济。大部分拍卖行在其拍卖规则中规定，鉴定是一种意见陈述，而不对被委托财产的真实性提供任何保证。这样的条款有时在法庭上是行不通的。相反，拍卖人的鉴定更有可能被视为事实陈述。

这里讨论的陈述是不具有合同效力的。如果出售财产的鉴定是合同的一个条款，并且鉴定结果是错误的，则其他当事人有权撤销失实陈述或主张违约。如果在委托合同正式签订之前发生了重要的行为，例如上述的 Luxmoore-May 案与 Coleridge 案，那么虚假陈述可能对其他当事人有帮助。

此外，对于合同中的虚假陈述，其他当事人可以对拍卖人提起侵权和违约的诉讼。起诉侵权行为相比起诉违约行为的优势在于时效期限的起算：侵权行为是从损害开始时起算，违约行为是从违约之时起算。

对于非合同条款而言，虚假陈述必须符合三项要求才能产生救济措施：其一，明确性；其二，实质性，即虚假陈述必须对正常人判断是否以及在何种条件下进入合同产生影响；其三，依赖性，其他当事人必须依赖于被诱导签订合同的意思上的虚假陈述。[1]

这三点对于拍卖，尤其是错误鉴定背景下的拍卖而言，都是符合的。首先，在委托合同和拍卖目录的鉴定结论中，拍卖行明确表示了如何鉴定委托物以及提供了怎样的拍卖条件，因此是符合明确性的要求的。其次，其他当事人同意拍卖的条件，包括保留价和估计价格，同时相信该鉴定是准确的。在这种情况下，拍卖行的鉴定诱使其他当事人与之签订委托合同。换句话说相信鉴定是准确的是其他当事人签订合同的基础，正因如此，关于鉴定的任何变化必然改变其他当事人的意见。因此也满足实质性的要求。最后，一般情况下，其他当事人由于缺乏专业的知识，而选择在签订合同的时候依赖拍卖人做出的鉴定结论。这一点来说，满足了依赖性的要求。[2]

通常而言，拍卖人的虚假陈述可能有三种表现形式。其一，欺

---

[1]　Treitel, Guenter H. The Law of Contract, 13th ed. Sweet & Maxwell, 2011: 78.

[2]　Harris, Luke. "The Liability of Experts for the Misattribution of Works of Art." Paper presented at the conference of the University of Zurich, November 27, 2012: 80.

诈的虚假陈述，也称故意的虚假陈述；其二，过失的虚假陈述，也称疏忽的虚假陈述；其三，无辜的虚假陈述，也称无意的虚假陈述。

（一）欺诈的虚假陈述

欺诈性虚假陈述必须涉及事实（fact）、意见（opinion）、意图（intention）或法律（law），并且其目的是促使当事人依赖它来采取行动或不采取行动。如果当事人对虚假陈述的依赖是合理的，拍卖人可能因欺骗手段承担造成的金钱损失。①

根据美国侵权法第 2 次重述，欺诈性虚假陈述必须既有欺诈性也有重要性，判断的标准有三条：其一，如果拍卖人知道或者相信事项不是他陈述的那样；其二，如果拍卖人对其明示或暗示陈述的准确性没有信心；其三，如果拍卖人没有陈述依据，那么拍卖人将构成欺诈性的虚假陈诉。简而言之，对方当事人不需要了解陈述的虚假性，相反，他们只要相信陈述是错误的就足够了。②

在欺诈的虚假陈述中，拍卖人必须在知悉其艺术品不准确的情况下作出陈述，或者拍卖行认为无须验证其准确性，因为"法院不考虑拍卖人无辜犯错，而只考虑拍卖人的不法行为"。无论其他当事人是否决定撤销委托合同，欺诈的虚假陈述允许其他当事人以欺诈行为主张损害赔偿。在错误鉴定的案件中，由于拍卖人通常不会错误地、毫不负责地错误鉴定拍品，因此，拍卖人往往不会欺骗性地歪曲财产的价值，赝品出售案件除外。相反，拍卖人的虚假陈述更可能是由于他的疏忽造成的。

（二）过失的虚假陈述

过失的虚假陈述是指，因疏忽大意导致违反拍卖人对其他当事人的义务而进行的虚假陈述。这要求拍卖人不是故意作出虚假陈

---

① ②　Restatement (Second) of Torts，paras. 525，526.

述，而是拍卖人因缺乏必要的谨慎和勤勉而导致其所陈述的事实有了偏差。

（1）普通法上的过失

对于普通法上的过失虚假陈述，即过失侵权行为，其他当事人可以主张损害赔偿。正如法院在 Thomson 案中所说的那样，义务的出现并不必然代表其他当事人和拍卖人有合同关系。相反，当拍卖人和潜在的其他当事人之间存在特殊的关系时，拍卖人有预先审查的义务（previously examined duties）。当满足三个条件时，就可以说拍卖人和潜在的其他当事人之间存在特殊的关系。首先，拍卖人是否有理由预见其他当事人将依赖该声明（指案中拍卖行做出的鉴定与估价）；其次，各方之间是否有高度关联的关系（proximity）；最后，根据法律，施加义务是否公平合理。根据这三点，在任何可以确定的委托开始之前，拍卖行做出的评估和建议都可能会产生这种特殊的关系。① 正如 Harvey 和 Meisel 所指出的那样：拍卖人应该为任何过失的虚假陈述承担责任的观点是有争议的，"除非具有特殊技能的受询者恣意地否定任何可供依赖的推论"②。

一般而言，其他当事人会依赖拍卖人的意见，同意根据拍卖人向其他当事人提出的鉴定和估价条件签订委托合同。此外，拍卖人可以容易地预见其他当事人的依赖性，因为它是针对一个非常特定的目的，即使得被拍卖的艺术品在拍卖会上出售。拍卖人的预先委托告知可以使潜在的其他当事人更好地了解他们的财产鉴定结论和预期的拍卖价格。拍卖人试图获得潜在的其他当事人的信赖，以确保委托合同可以顺利签署。在这种情况下，拍卖人"为了引起交易

①②　Harvey, Brian W. and Franklin Meisel, Auctions Law and Practice. 3rd ed. Oxford University Press, 2006: 333, 335.

的目的而作出的陈述"，更有可能产生谨慎的义务。拍卖人和那些直接受到他的陈述影响的人之间的必要关联是拍卖人在陈述时，应该让这些潜在的其他当事人的意图受到影响。因此，考虑到其他当事人依赖拍卖人的陈述来决定未来的委托财产的归处，拍卖人与其他当事人彼此之间的关联在于拍卖人在足够的情况下应当对其他当事人承担谨慎的责任，并且其他当事人给予拍卖人这种信赖的可预见性。

判定拍卖人是否有义务遵循上面制定的规则。然而在发生过失的虚假陈述时，拍卖人的免责声明也必须与《1977 年不公平合同条款法令》中的合理性标准相权衡。如前所述，根据合理性标准，免责声明很可能被认为是有效的，因此无法执行。在这种情况下，确定拍卖人的责任是基于评估其是否违反其代理义务。鉴于拍卖品的范围和拍卖人的资格，无论是一般执业拍卖人还是专业拍卖人，其他当事人必须证明同等情况下一位身份地位相符的理性拍卖人能发现拍卖品隐藏的属性。正如在 Coleridge 案中法院判决的那样，原告不得不根据优势证据原则证明处于顾问专家位置上的任何一位善良评估师，都会认为 Coleridge Collar 是或者可能是 1576 年之前制造的。

因此，其他当事人主张过失的虚假陈述是否成功取决于具体情况。普通法认为，为了取得成功，委托人必须证明拍卖人在优势证据原则的情况下没有履行其职责，因为出售的准备和条件不合理地偏离了拍卖人的标准做法。

（2）成文法中的过失虚假陈述责任

1967 年的《虚假陈述法》第 2 条第 1 款规定了对欺诈，疏忽和无辜虚假陈述的救济方案，而这并不是基于当事人之间的特殊关系。根据该条：凡一方当事人向另一方当事人作出虚假陈述后，另一方当事人与之签订合同并因此蒙受损失，那么，如果虚假陈述是欺诈性的，作出虚假陈述的人将被追究损害赔偿责任，即使该虚假陈述不是欺诈性的，该人仍应如此承担责任，除非他证明有合理的理由相信并确信合同到期时，其所陈述的事实是真实的。

其他当事人可以根据《虚假陈述法》提起诉讼，无论该陈述是否成为合同的一部分。拍卖人可以通过证明"他所陈述的事实真相不是因疏忽形成的"来抗辩。根据普通法，其他当事人必须证明拍卖人的过失，而根据"虚假陈述法"，举证责任在拍卖人身上。即便如此，如果拍卖行表示"他是合理地依靠专家关于这个问题的报告得出的结论，或者他在作出陈述之前已经作了适当的调查"，那么拍卖人的责任可能还是会被解除。根据第2条第1款要求的"合理的理由相信"陈述是准确的，这一点与拍卖人的实际知识是相关的，同时也根据拍卖人是否为委托艺术品的专家而负担不同的责任。

根据《虚假陈述法》第3条的规定，如果免责条款符合合理性标准，那么拍卖人可以有效地排除其虚假陈述的责任。如前所述，根据合理性标准，免责声明很可能被认为是有效的，因此无法执行。也就是说，虽然其他当事人可以根据普通法对施加给拍卖人的勤勉忠实义务提出主张，但是仍需证明拍卖人确实有对该义务违反的行为，即该行为违反在相同情况下同一位置的合格拍卖人的合理预期。

在 Avrora Fine Arts Investment Ltd 诉 Christie，Manson & Woods Ltd 案中，法院在简要评估了拍卖行的忠实义务后认为，佳士得的免责条款是不合理的。但是法院在审查佳士得是否应该进一步研究或听取第三方的建议从而得出不同的鉴定结论时，法院却给出了否定性的意见。①

---

① Avrora Fine Arts Investment Ltd v. Christie, Manson & Woods Ltd［2012］EWHC 2198（Ch）（27 July 2012），para. 155.

成功主张虚假陈述可能导致合同的解除或代替解除的损害赔偿，但是仅限于委托协议终止 6 年之后。侵权责任的赔偿标准是以"可预见性原则"为依据的，如果"损害属于合理的人应当预见的损害"，则损害赔偿责任方应对疏忽行为的后果负责。因此，法院不仅要评估损害是自然造成的或是直接后果造成的，而且还要评估损害是可以预见的。因此，拍卖人在其过失履行时可能会对其可预见的损害承担责任。在侵权行为中，申请人获得这种损害赔偿也以实际情况为限，即以置于同等情况下如果侵权行为没有发生而申请人将获得的利益为限。

在 South Australia Asset Management Corp 诉 York Montague Ltd 案中，被告的义务在侵权责任和合同责任的层面上是相同的，即为原告提供正确的财产估价。法院通过比较实际产生的损失和未进入交易的情况来衡量损害赔偿额。法院进一步确定了造成这一损失的原因是信息不准确。其结果是，被告因过高的估价而对估价不正确负责。①

简而言之，如果拍卖人的免责条款不适用，拍卖人没有合理的理由相信所作的陈述是真实的，那么其他当事人对虚假陈述的主张就会成功。如果在相同的情况下，相同地位的合格的拍卖人在这种情况下会作出相同的陈述，那么这个索赔可能会失败。

三、对其他当事人的特别保护

（一）英国法对艺术品消费者的保护

拍卖行拟定的适用于英国拍卖会的格式委托合同中已经包含了

---

① South Australia Asset Management Corp v. York Montague Ltd [1997] AC 191. 210.

免责条款，该条款旨在排除普通法、成文法或忠实义务中拍卖人所需要承担的责任。关于这些免责条款的解释，由不公的成文法规定，其中的一部分还受到消费者法的约束。这就意味着，当没有达到法定条件时，拍卖人的免责条款将会无效。同时判例法也规定了免责条款的要求，这就是"温特伯里合理性标准"（Wednesbury reasonableness requirement）。

1. 成文法对合同条款与消费者合同的控制

为其他当事人提供保护的法令主要是《1977年不公平合同条款法令》（Unfair Contract Terms Act 1977）和《1999年消费者合同中的不公平条款条例》（Unfair Terms in Consumer Contracts Regulations 1999）。此外《2013年消费者合同（信息、取消和附加费）条例》［Consumer Contracts (Information, Cancellation and Additional Charges) Regulations 2013］就消费者与贸易商签订某些提供商品或服务的合同提供了额外的保护。

有关贸易惯例中对消费者保护的规定是《2008年不正当交易条例》（Unfair Trading Regulations），该条例移植自《欧盟不公平交易指令》（EU Unfair Commercial Practices Directive）。该条例主要针对不公平的商业交易行为实施刑事制裁，而这些交易行为本身并不影响任何合同协议的效力，因此没有纳入本书的考察范畴。[①]

（1）《1977年不公平合同条款法令》

《1977年不公平合同条款法令》主要适用于消费者合同中的免除条款，并且适用于不以标准条款为基础的业务合同和协议合同。

根据《1982年货物和服务供应法》第16条的规定，拍卖人可以在《1977年不公平合同条款法令》的约束下有效否定或改变该法

---

① Kleinknecht, Gregor and Petra Williams-Lescht, "Seller Beware? Consumer Protection in Art Transactions." Art Antiquity and Law 19, no. 2, 2014：159.

第 13 条所暗示的条款，条件是拍卖人是在合理的勤勉义务下进行的。该法第 16 条第 2 款还规定，为了有效地否定或改变隐含的条款，双方必须通过合同明确排除隐藏条款的适用。

拍卖人对于损害赔偿责任的排除或限制，必须符合《1977 年不公平合同条款法令》规定的合理性要求。如果一方作为消费者进行交易或同意另一方的书面格式条款，那么同样的合理性要求也适用于该合同。合理性要求的意义在于，拍卖人的免责声明只有在满足特定的情况下才能有效适用。

此外，《1977 年不公平合同条款法令》规定，如果"合同条款旨在排除或限制疏忽责任，则个人同意或意识到这一点并不意味着其自愿接受任何风险"。因此，如果委托合同或拍卖行的拍卖规则规定拍卖行不对过失承担责任，那么同意这个免责条款并不意味着其他当事人已同意让其委托财产涉及任何疏忽风险。

1）消费者概念

要想基于合同请求拍卖人承担责任，其他当事人必须符合消费者的身份。根据《1977 年不公平合同条款法令》第 12 条第 1 款规定，当出现以下两种情况时，相对于另一方当事人，合同一方当事人"作为消费者进行交易"：其一，合同一方当事人既没有在商业过程中拟定合同，也没有坚持如此行事；其二，另一方当事人在商业过程中拟定了合同。同时，根据《1977 年不公平合同条款法令》第 12 条第 2 款规定，以下两种情况，买受人"不能作为消费者进行交易"：其一，买受人是个人，并且物品是在每个人都有机会亲自参与的公开拍卖中购买的二手货；其二，买受人不是个人，并且物品是以公开拍卖或者竞标的方式出售的。但是其他当事人并不以此为限。因此，只要在商业过程中不拟定委托合同，那么其他当事人就被视为消费者。

　　在《1977年不公平合同条款法令》的规定下，消费者可以是自然人或公司。同时，消费者不得"在商业过程中行事"，这一事实允许对"消费者"概念进行广泛的定义。有学者主张，"在商业过程中行事"应该理解为"行事目的部分还是全部是商业的"。因此，如果公司委托一个对象，而且在商业过程中没有拟定合同，不管这个合同的目的部分是商业的还是全部是商业的，那么这个公司就是消费者。例如，一家钢铁厂委托拍卖墙上的艺术品，委托拍卖行为不是因钢铁厂正常经营产生的商业行为，但是基于其委托拍卖的目的是商业目的，因此这家钢铁厂是消费者。

　　2）合理性标准

　　关于拍卖人与其他当事人的合同中及拍卖人的拍卖规则中免责条款的审查，依据的是合理性标准，遗憾的是，这个标准至今仍然是比较抽象的。[①]《1977年不公平合同条款法令》第11条第1款规定："合理性标准是指已经考虑到合同订立是所有当事人知道、应该知道或者注意到的所有情形，即公平与合理。"拍卖人免除错误陈述也适用同样的合理性要求。此外，该附录2还被分别列举了四种具体情况下的合理性标准适用方案。[②] 下面我们会一一分析。

　　第一种情况考虑到其他当事人和拍卖人议价能力的平衡，同时格式条款订入的程度是可以协商的。在 Avrora Fine Arts Investment Ltd 诉 Christie，Manson & Woods Ltd 案中，法院考察

　　① Micklitz，Hans-W，The Politics of Judicial Co-operation in the EU：Sunday Trading，Equal Treatment and Good Faith. Cambridge University Press，2005，34.

　　② 1. 考虑双方交易能力，并考虑可以满足消费者要求的替代性手段。

　　2. 消费者受到引诱并同意该条款时，是否有机会与其他人订立相似的合同并无须接受相似的条款。

　　3. 消费者是否知道或理应知道该条款的存在及其范围（考虑该行业的一切习惯以及双方之间的任何以往的交易过程）。

　　4. 因为未达成一些条件而导致条款排除或限制任何有关的责任，那么在当初签订合同时，期望遵守这些条件是否切实可行，是否合理。

了佳士得有关买方合理性标准的免责条款。根据第一种情况，法院认为买受人的财富与其议价能力有关联，因此主张：Avrora 公司是一群有钱人的工具……如果没有交易的意愿的话，他完全可以不受与佳士得交易中的经济约束。法院判决，鉴于买方的财富，双方具有同等的议价能力，因此佳士得的免责声明是合理的。①

至于在拍卖中遭受错误鉴定的艺术品和他们的其他当事人，没有判例根据《1977 年不公平合同条款法令》的合理性标准审查拍卖人的格式条款。根据第一种情况，考虑到其他当事人提供的财产价值薄弱，通常被视为不重要的货物，也不受个别安排。尽管，除了个别情况，拍卖人提供的格式委托合同受到其他当事人的严格监督。但是，鉴于每个委托合同都是独立起草的，其中囊括了委托财产的鉴定、估计价格范围、底价和含在销售目录中的任何进一步的描述，而这些都需要其他当事人的同意。因此，其他当事人在谈判过程中有一些议价能力，但是其能力受到拍卖人的免责条款所反映的实践标准的限制。可以说，各方的谈判地位并不平衡。

那么，当事人谈判地位的不平衡是否证明了法院关于免责条款不合理的结论一定要通过满足消费者要求的代替手段来权衡呢？这取决于代替手段是否也被囊括在免责条款中。其他当事人希望他的委托财产在拍卖之前可以接受勤勉的鉴定与评估，可以替代的手段有通过向拍卖行支付费用来接受特别估价服务，或者咨询第三方专家，他们也可以就该财产的鉴定和价值提供咨询意见。佳士得和苏富比甚至推荐他们的客户以格式条款征询第三方专家的意见。因此，法院不会就免责条款的不合理性作出结论。②

---

① [2012] EWHC 2198 (Ch) (27 July 2012)，para. 151.
② Micklitz, Hans-W, The Politics of Judicial Co-operation in the EU: Sunday Trading, Equal Treatment and Good Faith. Cambridge University Press, 2005, 124.

在考虑第二种情况时，法院主要审查其他当事人是否有机会与不同条件下的同一标准的另一家拍卖行订立合同。主要拍卖行数量不多，而且采用非常相似的格式条款和委托合同，特别是低价值的艺术品，如鉴定错误的艺术品。实际上，佳士得和苏富比的业务条款几乎是相同的，都排除了鉴定责任。因此，如果其他当事人希望在大型拍卖会上出售自己的财产，那么发行人几乎没有其他选择。此外，他不太可能找到另一个愿意签订合同，但是不保护自己而免除自身鉴定责任的大型拍卖行。其他当事人也可以将该财产委托给一个较小的拍卖行，但是该拍卖行的勤勉标准也会相应地调整：像大型拍卖行职责范围内的勤勉和忠实责任可能小拍卖行承担不起。可以说，其他当事人没有真正的选择，但是签订同样的勤勉义务和忠实义务的委托合同很可能会导致拍卖行的免责声明不合理却无法否定。[①]

至于第三种和第四种情况，可以从其他与艺术品拍卖无关的案件的判决中得到进一步的分析。第三种情况，在商业行为者之间和商业背景下达成协议时，免责条款被认为是合理的。[②] 然而，当事人在被推定已经阅读过协议全文的情况下对免责条款的合理性提出质疑。因此，必须区分其他当事人是不是艺术市场鉴赏家并且了解艺术品拍卖行为。如果这些条款足以引起其他当事人的注意，合理性标准就会得到满足。委托合同一般会引用包括免除条款的拍卖规则，有时免责条款会直接订入委托协议。因此，其他当事人通常是知道拍卖人的免责条款的。在 Avrora 案中，法院根据证词认为，代表该公司竞拍的顾问，他们熟悉佳士得的条款，因此可以预期知道

---

① Micklitz, Hans-W, The Politics of Judicial Co-operation in the EU: Sunday Trading, Equal Treatment and Good Faith. Cambridge University Press, 2005, 124.

② Axa Sunlight Services Plc v. Campbell Martin Ltd and Others [2011] EWCA Civ. 133, [2012] Bus LR 203.

免责条款的存在。

在第四种情况下，合理性标准考察的是在签订合同时，拍卖行是否可以在合理预期下妥善鉴定委托财产和估计委托财产的价值。法院根据免责条款的范围对这一情况进行了评估：如果该条款仅排除某些类别的责任，无论是合同还是侵权行为，那么该条款是合理的；相反该条款排除所有类别的责任，那么该条款是不合理的。[①]另外，鉴于拍卖人是其他当事人的代理人，拍卖人的免除条款广泛排除并否认了拍卖人履行其代理职责的责任，这似乎也是不合理的。

拍卖行的免责声明通常不是绝对的，但对于某些请求有所限制。例如，佳士得和苏富比的免责条款都规定他们承担责任的上限是一定的。

此外，第四种情况评估合同条款是否规定明确的当事人义务。如果是的话，这些条款被认为是合理的。在 Avrora Fine Arts Investment Ltd 诉 Christie, Manson & Woods Ltd 案中，法院判决，佳士得"已经合理地、明确地表示，他们不对买方承担目录中陈述真实性的任何责任"。法院主张，在正常情况下，买方没有理由相信拍卖行对他承担任何责任，因为拍卖行是作为卖方的代理人存在的。接下来法院进一步解释，佳士得有理由认为，拍品极有可能是 Kustodiev 绘制"Odalisque"的情况，拍卖行不承担责任。如果鉴定结论在很大程度上是正确的，那么买受人不能要求拍卖行承担责任，因为法院将主张拍卖行的免责条款是合理的。[②]

总的来说，可以得出这样的结论，一方面，拍卖人眼中的对方当事人越是没有经验，货物越不重要，法院就越有可能将宽泛

---

① Granville Oil & Chemicals Ltd v. Davis Turner & Co. Ltd［2003］EWCA Civ. 570；［2003］2 CLC 418.

② Avrora Fine Arts Investment Ltd v. Christie, Manson & Woods Ltd［2012］EWHC 2198 (Ch) (27 July 2012)，para. 151.

的免责条款视为不合理。另一方面，如果委托合同来源于拍卖人的格式合同，同时符合其他当事人的要求，那么免责条款可能是合理的。

（2）《1999 年消费者合同中的不公平条款条例》

《1999 年消费者合同中的不公平条款条例》移植自《欧盟关于不公平条款和消费合同的指令》（93/13/EEC），它为所有合同条款引入了公平的一般概念，而不仅仅是免责条款。根据该法第 4 条第 1 款，合同必须由消费者和卖方或供应商订立，同时出售交易的中介机构必须遵守该法第 3 条第 1A 款和第 4 条第 1 款规定的公平条件。因此，该法与拍卖人和消费者其他当事人之间的委托合同有关。

1）消费者的定义

其他当事人必须符合《1999 年消费者合同中的不公平条款条例》对消费者的定义。根据该法第 3 条第 1 款，消费者是指合同中以其贸易、商业、职业以外目的行事的当事人。因此，《1999 年消费者合同中的不公平条款条例》并不适用于公司等法人，同时该法比《1977 年不公平合同条款法令》下的消费者定义更为狭义，因为该法要求消费者必须在其商业以外的目的下行事，这个定义简单地排除了《1977 年不公平合同条款法令》的"在商业过程中"，从而限缩了消费者的定义。① 据此，只要其他当事人是一个自然人，他的财产在拍卖中的目的是在他的贸易、商业或职业范围之外，他就符合《1999 年消费者合同中的不公平条款条例》中消费者的定义。

一个遭受错误鉴定艺术品的其他当事人有可能作为一个消费者，因为他通常不出于商业目的而委托财产。即使其他当事人同意出售一批私藏的艺术品，例如他是一个著名收藏家或者刚刚继承了

---

① Meisel, Frank. "Auctioneers and Misdescriptions: Between Scylla and Charybdis." Modern Law Review 73 2010，1024.

遗产，其他当事人通常还是消费者，只要交易不出于贸易、业务或职业目的。另外，其他当事人通常没有议价能力，因为他通常受拍卖人的格式委托合同的约束。

2）免责条款的公平要求

首先，公平要求只适用于预先起草的格式合同条款，消费者无法影响其内容。根据一般拍卖行的惯例，格式合同条款不是由其他当事人或买受人与拍卖人磋商的，而是"强加"在他们身上。① 对于遭受错误鉴定艺术品来说尤其如此，因为他们通常不足以让拍卖行改变其格式条款。因此，这些条款最有可能属于《1999 年消费者合同中的不公平条款条例》的范围。

根据该法第 5 条第 1 款的规定，如果格式条款违背诚信原则，造成当事人权利义务严重失衡损害消费者利益，那么这个格式条款就不具有公平性。但是，《1999 年消费者合同中的不公平条款条例》既没有明确定义"不均衡"或"诚信"的概念，也没有告知这两个要求是"或"的关系还是"和"的关系。根据《欧盟关于不公平条款和消费合同的指令》序言部分的规定，"诚信原则要求卖方或供应商在必须考虑对方当事人的合法利益的基础上与对方当事人进行公平合理的交易"②。

《1999 年消费者合同中的不公平条款条例》没有实施欧盟指令序言提供的指导，而是单独设置了一套不公平条款的评估标准。根据该法第 6 条第 1 款，对合同的不公平性进行评估时，需要考虑合同标的物（商品与服务），参考缔约时与缔约有关的所有环境条件和该合同或其所依据的其他合同的所有其他条款。根据该法的规

---

① Harvey，Brian W. and Franklin Meisel，Auctions Law and Practice. 3rd ed. Oxford University Press，2006：357.

② Micklitz，Hans-W，The Politics of Judicial Co-operation in the EU：Sunday Trading，Equal Treatment and Good Faith. Cambridge University Press，2005：125.

定，不公平是根据合同的标的物、其缔约的情况以及合同的其他条款确定的。

该法附录 2 列出了属于不公平合同条款情况的清单，从中可以推断，重大的失衡和诚信是两个截然不同的"和"的关系。在该清单中，最接近错误鉴定案例的情况是，在经销商与供应商不履行或不完全履行合同义务时，不适当地排除或者限制消费者面对面与经销商、供应商交涉的法定权利。为了使这个这种情况的免责条款是不公平的，其他当事人作为消费者必须证明拍卖人排除鉴定和目录描述的责任是"不适当的"。

关于拍卖人对买家的错误描述，Harvey 和 Meisel 认为：试图免除卖方和拍卖人对商品错误描述后果的条件是企图排除消费者对销售者或供应者的合法权利，因为全部或者部分销售者或供应者的表现不足，这体现在商品不是合同描述的那样。[1]

关于对其他当事人虚假陈述的拍卖人免责条款，其他当事人可以主张，考虑到拍卖人的代理义务是准备和进行对其他当事人最有利的销售，拍卖人免于承担鉴定和描述准确性的责任是不合适的。拍卖人的免除财产鉴定责任阻碍了拍卖人正确地、有效地履行合同义务。同时考虑到拍卖在财产鉴定方面获得了广泛的裁量权，但是却完全不承担责任，因此其他当事人可以主张这是严重的权利义务不均衡，因为在委托合同中，根据这个条款，当事人的权利和义务的分配在很大程度上对拍卖人有利。事实上，其他当事人对鉴定过程控制不了多少。虽然其他当事人可以在目录发布之前核实目录的描述，并提供其财产的所有信息，但是在确定其核心属性（如创建者和出处）方面，其他当事人似乎毫无用处。即使这样，其他当事

---

[1]　Harvey，Brian W. and Franklin Meisel，Auctions Law and Practice. 3rd ed. Oxford University Press，2006：347.

人可能还会负有法律责任，因为他提供的信息不同于拍卖行的鉴定结论。因此，双方的权利义务存在很大的不平衡性，拍卖人的免责条款不公平。

一个条款一旦被认为是不公平的，那么它对消费者就没有了约束力。在没有不公平条款的情况下，如果合同能够继续存在，那么合同的其余部分继续约束各方，委托合同就是一个典型的例子。①

综上所述，在《1977年不公平合同条款法令》和《1999年消费者合同中的不公平条款条例》中，拍卖人对于鉴定和估价的准确性的免责条款都有可能归于无效：因为它们是不合理或者不公平的。这个结果使其他当事人可以期待拍卖人履行并承担勤勉与忠实的义务与责任。

（3）《2013年消费者合同（信息、取消和附加费）条例》

2011年，欧盟出台了《消费者权利指令》（Consumer Rights Directive），以取代1997年制定的《远距离销售指令》（Distance Selling Directive 1997）。而英国《2013年消费者合同（信息、取消和附加费）条例》正式移植自《消费者权利指令》，从而取代了本国的《2000年消费者保护（远距离销售）条例》[Consumer Protection (Distance Selling) Regulations 2000]。

1）消费者的定义

根据该法第4条，消费者的定义为"完全或主要以个人贸易、商业、手艺或专业以外的目的行事的个人"。不同于英国的其他消费者保护法，欧盟消费者法一直主张限制对自然人消费者的保护。此外，与其他消费者保护法不同的是，该法的消费者定义包含"完全或主要"这一限制修饰，因此不允许个人采取混合目的来接受消

---

① Director General of Fair Trading v. First National Bank plc [2001] UKHL 52, [2002] 1 AC 481, Lord Bingham at 17.

费者保护。本法保护范围是以消费为目的的自然人即使为达到消费目的而采取的贸易或者商业手段。在这种情况下，首先要确定消费者的商业目的是否在一定程度上会使得个人失去消费者的身份。

2）取消的权利

取消权仅适用于远程合同（distance contract）和场外合同（off-premises contracts）。根据该法规定，消费者有权在一定期限内解除合同。但是根据该法第 28 条第 1 款 g 项的规定，这项权利不适用于"公开拍卖"中所订立的合同。根据该法第 5 条的规定，公开拍卖包含三个层面：其一，公开拍卖是由交易者通过拍卖人进行透明、有竞争力的竞价程序提供给消费者商品与服务的一种方式；其二，公开拍卖是消费者有可能本人出席的一种方式；其三，公开拍卖是最高出价人必然会购买商品或服务的一种方式。[1]虽然，只要有消费者本人出席的可能性，是否在拍卖会或网上拍卖并不重要。但是，佳士得或苏富比都提供了现场竞标的网上通道服务，因此该法还是区分了现场拍卖与网上拍卖。对于网上拍卖而言，该法排除了消费者在一定期限内有权解除合同的权利。但是通过网络独家（exclusively）拍卖艺术品的，不在此限。[2]

根据英国法，买卖合同是其他当事人和买受人之间签订的，买卖合同的双方当事人均有权根据该法的规定取消买卖。因此，如果是通过线上独家拍卖艺术品所签订的买卖合同，那么在出售后 14 天内其他当事人有权取消买卖合同。14 天的取消期对于其他当事人来说是一个小小的机会，他可以在出售之后出现不利情况的时候，比如由于财产的错误鉴定和错误估价，或者拍卖行缺乏适当的营销，

---

① Johann Gruber v. Bay Wa AG，ECJ 20 January 2005，Case C-464/01，ECR 2005 p. I-00439.

② Harvey，Brian W. and Franklin Meisel，Auctions Law and Practice. 3rd ed. Oxford University Press，2006：344.

主张实现自己的权利。

关于其他当事人与拍卖人之间的合同，即服务合同，其他当事人也是有权取消的。根据该法第 5 条的规定，服务合同是除了买卖合同以外，交易商提供或同意向消费者提供服务，消费者支付或同意支付价款的合同。自双方签订协议后第二天开始，其他当事人有14 天的时间可以取消合同。

3）信息要求

此外，如果作为消费者的其他当事人与拍卖人签订的既不是远程合同也不是场外合同，而是场内合同（on-premises contracts）时，拍卖行必须向其他当事人提供某些信息，如服务的主要特征、拍卖行的身份以及包含税收在内的服务总价。这要求拍卖行给予消费者的信息"被视为合同的一个条款"。这种规则有些类似于远程合同与场外合同的规则。但是对于这两类合同而言，交易者不仅需要向消费者提供关于交易者的身份与信息，而且在交易者代表另一个交易者行事时，该交易者还需要向消费者提供另一个交易者的身份与信息。这一额外的信息要求在艺术业务中是非常重要的，鉴于客户保密对责任免除起着至关重要的作用，该条款要求拍卖人将其客户的信息透露给买受人。拍卖业务的相关风险可能解释为什么该法包含"公开拍卖"的例外情况，根据该法的规定，交易者的详细资料可以用拍卖人同等的资料替代。

因此，只要不是在网络的环境下，基于其他当事人和买受人之间的买卖合同，而要求披露交易背后的交易人身份的做法是不符合《2013 年消费者合同（信息、取消和附加费）条例》的，因为消费者有亲自参加的可能性。此外，在网络环境下，该条款只要求披露代表真正交易者行事的交易者的身份，而不是消费者的身份。据此，如果其他当事人是消费者，那么他将不适用这个条款，依旧可以保持匿名状态。如果其他当事人不是消费者而是交易者，那么一些拍卖行将以卖方的身份提供拍卖品，而非代理人的身份。因此，拍卖行避免了本法要求的披露交易者身份的义务。

对于拍卖人与其他当事人之间的服务合同而言，附加信息的要求并不是一件敏感的事情。因此拍卖人不是因代表了某个秘密交易人而向其他当事人提供服务的。

由于拍卖行必须告知其他当事人"要履行的服务的主要特征"，这些信息要求对于遭受错误鉴定艺术品的其他当事人而言是有一定的帮助的。但是委托服务的主要特征是什么？拍卖人披露的信息是否有助于其他当事人了解拍卖人鉴定和估价的范围？这些问题还有待于观察。

2. 温特伯里合理性标准

在 Elidor Investments SA 诉 Christie's Manson Woods Ltd 案中，在描述和说明委托合同规定的委托财产时，法院并没有采用《1977 年不公平合同条款法令》中的合理性标准去判断佳士得拍卖行对于描述财产是否有裁量权。相反，法院引用了"温特伯里合理性标准"，这是在 Associated Picture Houses Ltd 诉 Wednesbury Corporation 案中确定下来的规则，之后也曾多次被法院援引用来解决商业交易方面的案件。在 Elidor 案中，拍卖商 Safra 先生是一位拥有珍贵艺术品和古董收藏品的商人，他打算借钱为其生意供应资金。Safra 与佳士得签订合同，出售其藏品中的一些物品。根据合同，佳士得认为 Safra 要根据信用证向银行付款，换得佳士得接受这些财产的委托，并且确定这些财产的保留价是 2 000 万美元。[①]

当为这个单一所有者收集品销售准备拍卖目录时，佳士得担心

---

① Elidor Investments SA v. Christie's Manson Woods Ltd ［2009］EWHC 3600 (QB)，2009 WL 5641047，para. 7.

其中近代的拍品与来源不可考的拍品的数量可能会对销售造成不利影响。因此，拍卖行专家决定在标准清单目录中省略纸质版目录中的所有出处的提示，通常来说标准清单目录提供每个拍卖品的全部鉴定意见，包括出处。专家们在印刷目录中没有表现标准清单目录中的鉴定意见，而是通过拍卖品旁边的描述性文字强调了可以引起商业利益的出处。此外所有出处都被完整地列入了标准清单目录的网络版中，纸质版目录对此可以提供明确的证据。①

问题在于 Safra 先生在多大程度上同意佳士得这不寻常的鉴定描述过程。各方当事人对于近代的拍品与来源不可考的拍品的鉴定描述均有不同。Safra 先生想避免误导买家，因此省略所有出处，但是他只同意在印刷目录中省略来源不可考的拍品的出处；佳士得的专家声称，Safra 先生从未提出任何异议，而且批准了在描述性文本中包含对出处有益的解决方案。②

虽然本案中的委托协议有部分内容是为客户量身打造的，但在对委托财产进行描述和编目时，与拍卖人权利有关的争议条款来源于格式委托合同：该条款赋予了佳士得独有和完全的裁量权，特别是关于拍卖的地点、日期和方式、出售财产的数量、如何在其拍卖目录中描述和说明、其他文献意见以及其他可以寻求的专家意见。③

法院接受原告基于温特伯里合理性标准提出的主张，但是它限制了一些可能被认为是合理的内容："作为一种暗示的必要性，决策者的裁量权将受到诚信、善意和真实的概念的限制，并且不存任何的恣意、反复无常、乖张与非理性。应该关注裁量权不能被滥用。合理与不合理也应该在不滥用权利的观念下成立。本段涉及的

---

① Meisel, Frank. "Auctioneers and misdescriptions: between Scylla and Charybdis." Modern Law Review 73 2010, 1024.

②③ Elidor Investments SA v. Christie's Manson Woods Ltd [2009] EWHC 3600 (QB), 2009 WL 5641047, paras. 19, 23.

合理性与不合理性，是根据温特伯里合理性标准推定而出的理论，不是通常语境下说的合理注意义务或合理性的客观标准。"① 法院认为佳士得以"恣意、反复无常、乖张与非理性"的方式行使裁量权，同时佳士得也有义务合理谨慎地履行合同义务，后者不是基于温特伯里合理性标准推定而出。为了确定佳士得的裁量权是否恣意、反复无常、乖张与非理性地行使，法院认为，合同的性质决定了佳士得和 Safra 之间是否存在勤勉与忠实的义务，因此需要进行审查。

法院认为："目录的制作是佳士得的责任，如果他们善意地作出了理性的决定，以特定的方式在目录中提供信息，他们可以在自行决定的范围内行事。"法院审查了纸质版的目录说明，指出了原告关心的四个问题。首先，在 119 件拍品中，3 件拍品有出处标题，其中 2 件注释是"不可考"；其次，尽管原告提供了佳士得关于拍品出处的详细信息，但是在标准清单目录和描述性文本中还有 27 件拍品有价值的出处被省略；再次，在 22 件拍品的描述性文字中，出处细节难以识别，从而可能对这些拍品的市场价值产生负面影响；最后，选择性遗漏了一些出处，可能是因为这些出处对感知目录中对应拍品的性质有不利影响。②

关于前两个问题，法院认为，佳士得的鉴定过程违背了拍卖行宣布制作本目录的方法，因此可以说是不合理的。关于第三个和第四个问题，法院认为，将出处细节与叙述性文本合并，而其他地方的出处则完全被忽略，这与"古董拍卖世界中独一无二"的方法是一致的，可以说是无理性和不合理的。因此，佳士得违反了裁量权应该在温特伯里合理性标准中行使这一隐含的条件。法院同时还认

---

① ②　Elidor Investments SA v. Christie's Manson Woods Ltd［2009］EWHC 3600（QB），2009 WL 5641047，para. 24，7.

为，Safra 在本案中也有错误，并考虑到佳士得在这次拍卖中的缺陷能够影响所有拍卖品，因此法院判决强制救济，从而限制了整个拍卖。

法律学者和拍卖法律专家 Frank Meisel 批评法院的判决，认为由于以下两个原因而没有必要适用温特伯里合理性标准。一方面，Meisel 认为在代理关系中，尤其是拍卖人和其他当事人的代理关系应用温特伯里合理性标准是存在特殊性的。① 以前的法庭适用温特伯里合理性标准的判决表明，争议合同的当事人有"直接冲突的利益"，因此适用温特伯里合理性标准是必要的，以便"防止滥用裁量权或者使一个缔约方不受另一方的心血来潮的约束"②。在本案中，意味着温特伯里合理性标准"没必要为一个量身定制的合同施加商业影响，同时也推定当事人不会这么做"③。由于对代理人已经规定了适当的勤勉义务，因此代理人并不必要使用温特伯里合理性标准，因为"在目录描述中任何以恣意、反复无常、乖张与非理性的方式行使裁量权的行为，一定会违反代理人的忠实义务，普通法与成文法已经对此有所限制，因此不需要在马车上增加第五个轮子"④。

另一方面，佳士得排除责任是无效的。佳士得的免责声明规定"佳士得不承担产品目录中或财产的其他描述中的任何错误或遗漏"，并且无法排除所有普通法和成文法规定的勤勉责任。Meisel 认为，免责声明没有明确排除拍卖人的一般勤勉责任。该免责声明是保护销售目录中的错误和遗漏并且不能防止疏忽责任。在鉴定中的勤勉义务已经超过了目录描述的范围。在本案中，Safra 不是抱怨出现了错误或者疏漏，而是基于他不知道免责条款应该包括什么内

---

① ② ③ ④　Meisel, Frank. "Auctioneers and misdescriptions: between Scylla and Charybdis." Modern Law Review 73 2010，1027，1025，1025，1026.

容，从而导致的他的理解与实际执行不一致，进而使得情况恶化。①

责任免除条款必须仔细审查，以确定哪些行为被排除在拍卖人的责任之外。除非合同存在一个明确的表述："免责条款以某种方式直接地明确地反对积极义务。"

Meisel 同时认为，佳士得的免责条款已经违反了上述成文法的要求。首先，Safra 先生的商品很可能是在其贸易过程中进行的交易，所以不受消费者保护。事实上，与佳士得的委托构成了商业调度的一部分，其目的是给 Safra 的生意直接融资。因此，不应把它视为与拍卖行签订的消费者合同。②

作为满足消费者要求的替代手段，《1977 年不公平合同条款法令》的保护也适用于书面的商业格式条款。Safra 先生与佳士得签订的委托合同在很大程度上并不是预先制定的、未经协商的格式合同。相反，从案件的事实来看，合同是在双方谈判之后建立起来的。但是，如果对合同的全面评估表明这是一个预先制定的格式合同，那么根据《1977 年不公平合同条款法令》，请求佳士得承担责任可能因不公平而无法执行。否则，佳士得免责条款将不受《1977 年不公平合同条款法令》的保护。

此外，即使佳士得的责任免除条款不能纳入《1977 年不公平合同条款法令》第 3 条"因合同产生责任"的适用范围，但是其也会受到《1977 年不公平合同条款法令》第 2 条"过失责任"的约束，该条不管缔约方是否消费者，同时也不管合同是否预先制定的格式合同。根据该条款，佳士得的免责条款必须符合合理性要求，否则会因不合理而被归于无效。

总之，这几部法律法规力求保护消费者，尽管它们并不具有相

---

① ② Meisel，Frank. "Auctioneers and misdescriptions：between Scylla and Charybdis." Modern Law Review 73 2010，1023，1025.

同的消费者定义。《1977 年不公平合同条款法令》不允许消费者在商业过程中拟定合同；《1999 年消费者合同中的不公平条款条例》和《2013 年消费者合同（信息、取消和附加费）条例》则要求消费者不能以个人贸易、商业、手艺或专业目的行事，《2013 年消费者合同（信息、取消和附加费）条例》还更严格地规定了合同目的的范围（全部或部分）。一般来说，拍卖人对过失责任的排除条款必须符合《1977 年不公平合同条款法令》规定的合理性标准和《1999 年消费者合同中的不公平条款条例》规定的公平性要求。如果其他当事人没有经验，但是与拍卖人订立格式委托合同，该合同中的免责条款可能是不合理和不公平的。最后，《2013 年消费者合同（信息、取消和附加费）条例》是否为消费者提供了额外的消费者保护还有待观察。一方面，虽然远距离合同和场外合同的 14 天取消期可以使其他当事人重新鉴定其委托财产，但这也意味着拍卖人在此期间没有义务提供任何服务。另一方面，虽然该法规定拍卖人要提供执行服务的主要特征，但是这个主要特征的内涵是十分模糊的，同时提供的方式不得超出拍卖人对其他当事人表现的一般描述。

（二）美国州法对艺术品消费者的保护

1. 对委托人的保护

在美国，委托合同是否构成消费者交易的问题由各州的法律确定。① UCC 将消费者的概念限缩在"为个人、家庭或家庭目的购买消费品"②。但各州可能在其法律中实施了不同的定义。

纽约市消费者事务部制定了法规（纽约艺术和文化事务法），通过对拍卖人施加某些义务来管制艺术品销售，这部法律的规定远

---

① Weber M. Liability for the Acquisition of faked or wrongly Attributed Works of Art in US Law. 2010：416.
② U. C. C. Section 2-103.

远超出了 UCC 的范围①，例如拍卖人需要披露隐藏的向委托人出售时的利益，如预付款、贷款或保证最低价格等。② 此外，拍卖人必须在目录或其他出版材料中包含该拍品的底价。③ 这部法律规定的义务主要是为了保护买家和公众，而不是委托人，因为拍卖人必须披露以前只有拍卖人和委托人才知道的某些信息。④ 然而，有些条款针对的是委托人的保护，例如书面合同要求必须包括委托货物的某些要素，例如委托人应支付的所有佣金和费用。⑤

此外，纽约"艺术和文化事务法"对鉴定证书和类似的正式文书提出了语言要求。这些文书涉及作者的作品目录陈述以及作品的署名，而该规定则要求这些文书明确表示该作品实际上是由作者或作者所署名的。例如该法第 13.01（4）条规定了以下表述的三种情况：（1）作品在没有任何词语限制的情况下，是由某名作者或具有署名的作者创作，这意味着明确指出该作品是由该指定的作者或具有此类署名的作者创作；（2）该作品"归于指定作者"是指作品存于该作者的时代，可以归因于他，但不确定是他创作；（3）该作品为"指定作者学生"（school of a named author）的作品是指作品存于该作者的时代，由其学生或密切追随者创作但不是作者创作。

尽管如此，根据该法第 13.01（4）条，拍卖行可能会限制或否定进行此类陈述的责任。只要合理解释免责条款的表述，他们的免

---

① 美国密歇根州艺术贸易监管范围同时也比 UCC 更广泛。

② Rules of the City of New York, Title 6: Department of Consumer Affairs, Sections 2 - 122 (d) and (h).

③ Rules of the City of New York, Title 6: Department of Consumer Affairs, Sections 2 - 122 (f) (1) and 2 - 123 (b).

④ Bennett, Stuart. "Fine Art Auctions and the Law: A Reassessment in the Aftermath of Cristallina." Columbia-VLA Journal of Law & the Arts 16, no. 3 (1992): 282.

⑤ Rules of the City of New York, Title 6: Department of Consumer Affairs, Sections 2 - 122 (a) and (b).

责条款就会得到维护。即使委托人基于"真实性或类似书面表述的证书"真实地鉴定了拍品，但是要求拍卖人承担责任依然十分困难，因为拍卖人明确声明否认鉴定和目录的内容的责任。①

虽然 UCC 等联邦法律名为涉及消费者的具体概念，但是纽约"艺术和文化事务法"对于艺术品拍卖的委托人是否符合消费者资格的问题并无争议，它明确规定其规定是否适用于委托人和潜在的竞买人和买主。相反，那些专门设法保护"消费者"的纽约州法规可能不适用于艺术品的委托人。在 Mickle 诉 Christie's 案中，纽约南部联邦地区法院"并不认为独一无二的绘画作为一种典型的消费品，消费者合同也不是管理这种艺术作品拍卖出售的合同"，因此不受消费者法的约束。② 由于该案涉及构成适用于消费者交易的证据规则，因此适用"纽约民事诉讼法律规则"（New York Civil Practice Law and Rules）。该法将消费者交易定义为"交易中涉及的金钱、财产或服务主要用于个人、家庭或家庭目的的交易"。因此，消费者交易的定义是基于交易的目的，而"用于拍卖的委托服务"显然不在此列。③ 以交易目的进行区分消费者交易这种解释与瑞士消费者保护的一些学说很类似，他们认为区分交易的决定性因素是进行此类交易时消费者使用的功能特征，因此使艺术品拍卖不符合功能目的。

此外，在 Mickle 案中，法院考虑到委托人对一些具体问题的理解，并指责他们"几乎不是他们所宣称的那种不知情的新手"。相反，委托人已经尝试了 20 年，将他们的作品租给博物馆或出售给画

---

① 出于这个原因，苏富比排除了自己对买方多处虚假陈述的责任。参见 Foxley v. Sotheby's Inc. , 94 Civ. 7039 (SAS), 893 f. Supp. 1224, 1231 (1995 U. S. Dist. Lexis 5332), 12.

② Mickle v. Christie's, Inc. , 207 F. Supp. 2d 237 (S. D. N. Y. 2002).

③ Christie's Inc. v. Croce, 5 F. Supp. 2d 206, 207 - 208 (S. D. N. Y. 1998).

廊和拍卖行。此外，委托人还定期与艺术市场专业人员进行交易。法院认为这种行为不符合"主要用于个人、家庭或家庭目的的交易"的法定要求。相反，委托人只想出售该画作以谋取利润。①

与纽约的判例法相反，在 Nataros 诉 Fine Arts Gallery of Scottsdale 案中，亚利桑那州州法院认定，由于拍卖人虚假陈述艺术品的价值并隐瞒它的出处，因此被误导的买方可能有资格作为消费者并向拍卖人索赔。②

总的来说，成文法和判例法限制了拍卖人履行其职责的裁量权，但是这是一个很轻易就能达到的门槛。只要拍卖人在合同中明确地规定了自己的裁量权，并且诚实地试图作出明智的决定，那么对于鉴定的免除就很可能得到保护。即使如此，各个法院的消费者法及其解释也因州而异，因此委托人的保护根据适用的州法律而改变。

2. 对买受人的保护

1966 年，纽约颁布了全面的"艺术和文化事务法"，以补充 UCC，并针对艺术市场行业带来的具体问题提出了解决方案。密歇根州随后颁布了一项在规范艺术品市场方面与纽约"艺术和文化事务法"基本相似的法规。纽约州法规和 UCC 之间的第一个区别在于明示保证的创立。"艺术和文化事务法"第 13.01（1）条明确规定，无论何时，艺术商人在给予不是艺术品商人的买方关于艺术作品作者身份的书面文件时，该文件被推定为交易基础的一部分，并产生明示保证。密歇根州的法规对明示保证的定义则更进一步，它消除了判断卖家陈述是否构成意见表述或保证所涉及的许多不明确之处。纽约的法规通过提供文件来确定明示保证，即便卖家不想这

---

① Mickle v. Christie's, Inc., 214 F. Supp. 2d 430, 432 (S. D. N. Y. August 13, 2002).
② Nataros v. Fine Arts Gallery of Scottsdale, Inc., 126 Ariz. 44, 612 P. 2d 500 (1980).

么做或者主张其"仅仅是艺术商人的意见"。密歇根州的法规与明示保证有关的最重要的内容是，"书面文件"不仅包括销售单或备忘录，还包括"即将出售的书面或印刷的拍卖目录或其他说明书"。

尽管纽约州和密歇根州的法规存在类似于 UCC 第 2—316（1）条的明示保证免责条款，但该免责条款必须被认为是合理的，同时必须使用指定的语句并醒目表示。根据纽约法规，免责条款必须明确告知买方："卖方对所陈述的重大事实不承担任何风险、责任或义务。"进一步来说，免责条款在以下两种情况发生时无效：（1）艺术品是伪造的；（2）在销售日或交付日提供的相关信息是虚假的、令人误解的或存在错误的。但是，拍卖行可以在一定程度上规避这种情况，因为他们通过一套复杂的艺术术语体系来限定艺术家或时代的鉴定结论，这些术语在错误鉴定的情况下限制了他们的责任。有人可能会怀疑潜在购买者对这些术语的理解程度。那些最不需要保护的老练买家最有可能从这些术语的差异中获得最大收益，而不成熟的买家则不太可能受益，除非他们对这些信息已经了如指掌。尽管这些立法的意图明显是阐明 UCC 保证条款在销售艺术作品中的适用问题，并使这种适用可以更有效地保护消费者，但是有一些学者也表示，这些立法是对 UCC 的重复，并且更有甚者认为这有碍于艺术市场的正常运作。

纽约州仅有一次这种专门的立法，以更准确地解释 UCC 对艺术品交易所产生的问题的适用。在 Dawson 诉 G. Malina, Inc 案中，原告从被告手中购买了 11 件中国的陶瓷和玉雕。在与对其中一件作品的真实性表示怀疑的专家进行磋商之后，Dawson 试图撤销购买。被告同意其退回部分物品，但是对其中 5 件物品的处置仍有争议。本案的核心问题是被告是否违反了对销售这 5 件有争议物品的保证。Dawson 认为，通过 G. Malina, Inc 发给他的信函、发票与销售单据的描述，

G. Malina, Inc 构成对物品的明示保证。Dawson 提供的法律依据是纽约通用商法第219—c条"获得来自纽约商法典第2—313节中的利益"规定。法院解释这个法令是为了消除任何艺术品经销商对作者身份的陈述是否构成对事实的肯定的不确定性，以便于适用 UCC 的规定来判断是否存在明示保证，或者仅仅是表达意见。事实上，纽约法规非常明确，被告承认对物品的描述构成了明示的保证，而本案的另一个问题是所给出的描述是否明显不正确，从而构成违反明示保证。

为了确定是否违反保证，法院必须决定适当的举证标准并确定哪一方应承担举证责任。Dawson 认为，他只能表明艺术品在任何方面都不符合所给出的描述，而被告认为适用的标准应该考虑艺术品鉴定的内在各种不精确性。法院认定原告有举证责任，并且认为在被告作出陈述时，该陈述是否不正确的举证标准应由庭审时的专家证言来衡量。法院利用双方提交的专家证人的证词得出结论认为，对争议物品提出的五项保证中有三项实际上没有合理依据，因此被告违反了这些保证。

密歇根州艺术法规与纽约艺术法案几乎相同，其在 Lawson 诉 London Arts Group 案中也有相似的运用。在本案中，原告购买了2.9万美元的粉笔画，经过被告鉴定，认为是 Frederick Remington 的原创作品。购买几年后，买家开始怀疑作品的真实性，并在专家证实其怀疑后提起诉讼。在审判的时候，Frederick Remington 的原创作品定价在15万～17万美元。法院在诉讼中解决了三个问题。首先法院认为，被告的陈述"印第安勇者……已经被确认是 Frederick Remington 在1901年所绘制的原创作品"构成了法定的明示保证。其次，法院肯定了陪审团的裁决结果："由于被告知道或应该知道该画作系复制品，但是仍疏于鉴定，因此其所作出的明示保证是虚假的。"由于明示保证是虚假的，原告有权获得全额损害赔偿金，在这种情况下，陪审团裁决赔偿金为 14 万美元。

第三个也是最复杂的问题，即适用何种法定时效。法院将经销商的保证标准定性为质量适宜（quality or fitness），适用四年的举证期限。因此，直到原告开始怀疑作品的真实性才开始计算。损害赔偿的救济与较长的举证期限给予了艺术品的购买者重要的附加保护，同时在没有法律规定的情况下，这也与经销商和拍卖行的公认做法有很大差异。Dawson 案表明，虽然 UCC 本身可能无法充分处理艺术市场存在的问题，但是在结合针对艺术品市场的专门立法以后，例如纽约州和密歇根州的现有法律，UCC 可能会对厘清拍卖人或交易商对买方的责任上作出重大贡献，特别是在保证和虚假陈述方面。

结论　对我国构建拍卖人
审定义务的几点思考

一、拍卖人审定责任的性质分析

拍卖人的审定责任，对于艺术品遭受错误鉴定的案件而言，是十分重要的事情。在这种情况下，无论是买到错误鉴定艺术品的买受人，还是因错误鉴定而蒙受损失的其他当事人，首先想到的应该就是向拍卖人寻求救济。通常来说，这种救济主要体现在两个方面，其一是主张拍卖人基于违反当事人之间的合同约定需要承担违约责任；其二是主张拍卖人基于违反拍卖人应尽的义务而需要承担侵权责任，当然也有观点认为鉴定责任兼顾了违约责任与侵权责任。这也就涉及对拍卖人鉴定责任性质的分析。

在艺术品遭受错误鉴定的案件中，拍卖人承担的是违约责任还是侵权责任，或者是两者兼顾，这是一种救济形态上的选择问题，同时也是理论框架的选择问题。将拍卖人的鉴定责任适用于何种理论框架，关键在于这种责任是否可以与该框架下的既有理论相契合，是否存在理论上的障碍，这些障碍是否能够突破。比较违约责任与侵权责任的理论框架，我们不难发现，二者存在较大的不同：首先，如前所述，违约责任的基础是存在合同关系，侵权责任的出发点则是基于对义务的违反；其次，违约责任的前提是对当事人意思自治的一种突破，侵权责任则是对外在强制性义务的突破；最后，违约责任的救济是基于当事人依照合同约定而获得的合理期待，侵权责任则是基于当事人权利遭受侵害而导致的损失。由此观之，违约责任的救济范围要比侵权责任的宽广许多。

基于先前对拍卖的法律关系的分析，拍卖人的鉴定责任可以从两个方面分类讨论：其一，艺术品拍卖的拍卖人无论是直接代理还是间接代理，他与其他当事人之间都存在委托合同关系，而在间接代理中，他还是买受人买卖合同关系的另一方当事人，因此他对其他当事人以及间接代理中的买受人都可能承担鉴定责任，这也可以称之为对当事人的责任；其二，因为在直接代理中，拍卖人与买受人之间没有合同关系，但是拍卖人在其拍卖目录中对艺术品的描述也可能影响买受人的决定，因此拍卖人在直接代理的条件下还有可能对第三方承担鉴定责任，这也称之为对第三方责任。

（一）对当事人的鉴定责任性质分析

为了论述方便，我们试举两例。其一，甲将自己收藏的青花瓷器送拍。乙拍卖行没有遵守鉴定程序，就认为该瓷器是出自清康熙年间，并与甲签订委托合同（间接代理），合同中没有免责条款。

在乙举办的拍卖会上，买家丙通过乙的拍卖目录看中了这件青花瓷器，后成功拍得，并与乙签订了买卖合同。随后经故宫博物院专家鉴定，认为该瓷器为现代仿品。丙可以要求乙承担何种责任？

其二，甲将自己收藏的青花瓷器送拍。乙拍卖行没有遵守鉴定程序，认为该瓷器是出自清康熙年间，并与甲签订委托合同（间接代理），合同中没有免责条款。在乙举办的拍卖会上，买家丙通过乙的拍卖目录看中了这件青花瓷器，后成功拍得，并与乙签订了买卖合同。随后经故宫博物院专家鉴定，认为该瓷器为元延祐年间所制，价值不菲，后丙告知甲这个消息。甲可以要求乙承担何种责任？

以上这两个案例就是拍卖人对当事人责任的两个典型代表，前者是赝品拍卖，也是拍卖人显著高估了拍品的价值，从而给买受人造成损害；后者是拍卖人显著低估了艺术品的价值，从而对其他当事人产生损害。我们可以依照以下两种思路，来看待这两个案例。

1. 拍卖人对其他当事人的违约责任

在第二个案例中，拍卖人与当事人之间的合同关系是非常明显的，拍卖人与其他当事人之间有委托合同约束。根据商务部《文物艺术品拍卖规程》的规定，拍卖人有义务对拍品进行审定，而在本案中，由于拍卖人没有遵守审定程序，这个责任应当归属于拍卖人。因此其他当事人可以根据《合同法》第 155 条主张拍卖人应承担违约责任。同时，拍卖人因其专业知识与勤勉谨慎的程度构成这个委托合同中的默示义务，由于拍卖人没有遵守鉴定程序，一定程度上突破了合同的默示义务，因此需要承担违约责任。

违反合同约定或者说违反合同默示义务而构成的合同违约责任，通常是处理错误鉴定背景下拍卖案件的首选救济渠道。由于合同关系比较明确，因此可供讨论的点不多，唯一需要注意的是，默示义务是否是对当事人合意的一种突破。但就此点笔者认为并无太大障碍，因为在合同法体系下的默示义务推定理论已经非常成熟。因此可以说，拍卖人因鉴定错误，应当对当事人承担违约责任。

2. 拍卖人的侵权责任

在第一个案例中，买受人丙可否主张拍卖人乙承担因错误鉴定而产生的侵权责任呢？关于拍卖人的侵权责任，我国有关拍卖的文献中似乎鲜有论述，但是有部分文献提出拍卖人似乎应承担部分与合同义务不同的其他义务。有学者主张从专业知识的层面去理解拍卖人的义务，虽然拍卖人与当事人之间存在合同关系，但是双方的地位是悬殊的，其原因在于拍卖人掌握高度专业性的知识。通过前文比较法的分析也可以得出相似的结论。对此张新宝教授也认为"应当在合同之外寻求另外一种对受害人给以充分保护的救济途径，这一重任责无旁贷地由侵权法来承担"①。另外也有学者主张从职业标准方面去衡量拍卖人的义务②，这与英国法中区分拍卖行的资格有异曲同工之处。

但是笔者认为，要想真正实现将拍卖人的错误鉴定行为纳入侵权法的范围，有两个必须要克服的障碍。由于我们国家的拍卖立法与合同立法并未课以拍卖人有类似域外拍卖人一样的勤勉忠实义务，因此第一个要解决的问题就是拍卖人义务来源的问题，同时需要注意这个义务并非来源于合同的约定。另外，即使可以找到合适的义务来源，拍卖人给当事人造成损失是通过其对艺术品错误的表述造成的。换言之这是一种"纯粹经济损失"，而这种损失与传统侵权法意义上的损失有一定的非契合性，因为除故意情况外，拍卖人并没有对当事人的人身或者财产权利实施任何侵犯。要突破这一

---

① 张新宝. 中国侵权行为法. 北京：中国社会科学出版社，1995：254 - 255.
② 田韶华，杨清. 专家民事责任制度研究. 北京：中国检察出版社，2005：77.

非契合性的原因又在哪里？

（1）因信任产生的勤勉义务

在排除合同约定的情况下，拍卖人还有可能承担的义务有以下两个，其一是自愿承担某种义务，其二是相邻关系产生的义务。自愿承担的义务，简而言之，就是拍卖人在自愿的情况下对当事人负担某种责任或者义务。通常情况下，这种义务大多对负担者不利。而在拍卖中，这种情况更是基本不存在，因大多数情况下，拍卖人是通过其免责条款或者格式合同排除自己的某些义务。

就相邻关系产生的义务，正如上文 Thomson 诉 Christie Manson & Woods Ltd 案中法官判决的那样，义务的产生并非全部来自合同，当拍卖人与当事人处于一种特殊关系的时候，也可以产生义务。该案法官指出这种义务的来源正是由于当事人对拍卖人专业的信任（belief），也有的称之为"职业的注意义务"。与英国 Thomson 案判决类似的案件还有很多。例如 1985 年澳大利亚的 Sutherland Shire Council 案、1991 年美国的 South Western Bell 案以及 1995 年美国的 Henderson 案。[①] 在这些案件中，法官作出的判决无一例外地肯定了信任会导致勤勉义务的产生。同时日本学者能见善久对信任所致的勤勉义务做了两个层次的划分，其一是信任其能力；其二是信任其判断。[②] 在这种情况下，英国的 Thomson 案还为我们提供了确认存在信任关系的三个条件，即预见信任、相邻关系与公平合理。当然也有学者提出，从信任到勤勉义务是否需要通过相邻关系作为过渡。但是从结论看，这些学者大都不否认信任是一种义务的来源。由于这个问题与主题关系不大，在此也就不做展开了。

[①] 田韶华，杨清. 专家民事责任制度研究. 北京：中国检察出版社，2005：348，389，278.

[②] ［日］能见善久. 论专家的民事责任——其理论架构的意义. 梁慧星，译//梁慧星. 民法学说判例与立法研究（二）. 北京：国家行政学院出版社，1999：297.

当然，也并非所有的信任所产生的义务都需要遵守，不遵守就一定能成功导致承担侵权责任。所以基于信任所产生的义务内容与标准也是十分重要的，而这个过程往往伴随着除法律以外其他的政策性因素。关于标准的问题，笔者拟在接下来的章节重点讨论。此处不妨先重点关注基于信任所产生的义务。

（2）纯粹经济损失规则的松动

拍卖人错误鉴定艺术品而给当事人造成损失，由于并未对当事人人身或者财产权利实施任何侵犯，因而归属于纯粹经济损失的范畴。如果不是在故意的情况下，纯粹经济损失通常不会受到侵权法的保护。虽然看上去纯粹经济损失规则是将鉴定责任归于侵权责任的一大障碍，因此有文献提出，需要对纯粹经济损失规则有所突破，但是如果为了将某一个责任纳入某个理论体系而要强行改变该体系原本的样态，这是否又有些因噎废食、削足适履了呢？

从比较法的角度观之，过失情况下的纯粹经济损失规则不适应侵权责任的情况实际上已经出现了松动。在比较注重实用性的英美法系，拍卖人的错误鉴定表述被归于虚假陈述，而虚假陈述在侵权法中的应用更多的不是关注纯粹经济损失，而是关注勤勉义务的来源，也就是拍卖人与当事人的"特殊关系"。从学说的角度看，英国学者 Reynolds Francis 就认为在普通法中，"针对纯粹经济损失的普遍做法是：将个人财产恢复原样"。而恢复原状也正是侵权行为救济的一种实施方式。从案例的角度看，对过失纯粹经济损失采取侵权责任救济的范围也是越来越大，从产品责任到不正当竞争，再到虚假陈述。而与拍卖人错误鉴定表述最贴切的虚假陈述行为，更是通过 Hedley Byrne & Co. Ltd. 诉 Heller & Partners Ltd. 案确认了过失虚假陈述的侵权责任规则。在该案中原告 Hedley Byrne 公司由于投资需要，申请被告 Heller & Partners 银行出具被投资方的信用证明，被告 Heller & Partners 银行在有免责条款的情况下，向原告 Hedley Byrne 公司出具了被投资方信用良好的证明，但实际情况是，被投资方信用远远不到良好的程度。后来原告依据被告提供的证明向被投资方投资，结果被投资方破产，原告损失惨重。在审判中，法官依据被告的免责条款，判决被告免于承担责任；但是也表示，"英国法院长期将损失划分为人身、物的有形损失与纯经济损失，这种划分既不合逻辑，也不符合常识"①。虽然本案的被告是一家银行，但是因其虚假陈述与原告对其信赖而造成原告的经济损失。由此观之，本案中银行的行为与拍卖人过失错误鉴定艺术品的行为有很大的相似性，也有很强的参考价值。

事实上，纯粹经济损失与侵权责任的不相适应，很大程度上避免了侵权责任范围的无限扩大，同时也消除了侵权人承受不确定损失的风险，从这个方面考察，过失情况下的纯粹经济损失不适用侵权责任救济有一定的合理性。但是随着社会经济的发展，纯粹经济损失的内涵会越来越丰富，因而产生的特殊性也会越来越多，与之对应的不适用侵权责任的规则出现松动也是合理的情况。就拍卖人因过失错误鉴定拍卖品而对当事人造成损失的情况，无论是从立法的角度考量还是从政策层面考量，如果想要适用侵权责任来解决这个问题，那么就需要适当地扩大侵权责任的范围；同时也需要设置相应的界限，以防止纯粹经济损失松动以后所导致的不确定的侵权赔偿。

（二）对第三人的鉴定责任性质分析

与分析当事人鉴定责任相同，我们先举个例子。

甲将自己收藏的青花瓷器送拍。乙拍卖行没有遵守鉴定程序，

---

① 周学峰. 公司审计与专家责任. 北京：人民法院出版社，2007：95 - 96.

就认为该瓷器是出自清康熙年间，并与甲签订委托合同（直接代理），合同中没有免责条款。在乙举办的拍卖会上，买家丙通过乙的拍卖目录看中了这件青花瓷器，后成功拍得，并与甲签订了买卖合同。随后经故宫博物院专家鉴定，认为该瓷器为现代仿品。丙可以要求乙承担何种责任？

这个案件与之前的案件十分类似，唯一不同之处在于法律关系。本案中，甲丙之间存在买卖关系，甲乙之间存在委托关系，而乙丙之间并没有明确存在任何法律关系。在这种情况下，第三人丙是否可以请求乙拍卖行承担错误鉴定的责任呢？

要解决这个问题，可以有以下三种思路。

1. 拍卖人的侵权责任

由于拍卖人与第三人之间并不存在合同关系，那么主张拍卖人承担侵权责任就成了比较优先的选择。同时因为双方之间不存在合同关系，所以也就不存在所谓的合同义务。但是拍卖人因其掌握特殊的技能，同时第三人也是在信赖该技能下才达成交易的，所以拍卖人有基于信赖而产生的勤勉义务，关于信赖而产生的勤勉义务，之前已经论述，在此不赘言。

另外，这种思路同时面临纯粹经济损失规则的理论障碍，往往拍卖人与第三人的争论焦点也在于此。拍卖行提供了描述拍品信息的文件或者拍卖目录，第三人据此有了意欲竞拍的意思，并将其付诸实践，在以最高价成交的方式获得拍品以后，因拍卖行提供的信息有误而蒙受损失。这种损失往往就是纯粹经济损失。通过前文的论述我们已经知道，目前过失状态下，纯粹经济损失不适用侵权责任的规则已经有所松动，在此也不赘言。但是有一点需要注意，如果涉及不特定的第三人，是否可以主张拍卖人承担侵权责任？笔者持否定态度，尽管这样可以使买受人的利益得到最大限度的保护，但是这样会使得拍卖人处于一种不确定的损失之中，从而拍卖人无法评估自己的执业风险，进而不利于整个行业的发展。而如何确定第三人的范围，这又是一个复杂的问题，本书稍后再做讨论。

2. 拍卖人的合同责任

鉴于可以主张侵权责任的范围十分有限，例如《德国民法典》第823条第1款并未将纯粹经济损失纳入保护范围；第823条第2款仅限违反以保护他人为目的的法律的行为；第826条仅以主观故意为限，部分国家的判例就出现了以绕开侵权责任为目的、以扩大解释合同条款的保护范围为手段的情况。主要有以下两种。

（1）信息披露条款

虽然拍卖人与第三人没有直接的法律关系，但是在类似的案件中，以德国为代表的大陆法系国家，从二者的接触过程中推论二者之间存在暗示性的信息披露合同，也存在着暗示性的信息披露的合同义务，这种暗示性的义务有些类似于法律拟制的义务，并将这种义务强加于当事人。相反，以英国为代表的英美法系国家，则直接将拍卖人承担信息披露义务规定在成文法中，也就是上文提及的《2013年消费者合同（信息、取消和附加费）条例》。在德国的一个案件中，法院曾表示，"如果某人以向他人提供意见为业，并且认识到向他提出询问的人需要一个可信赖的答复，只要他给出答复意见，那么，他就与对方订立了合同，依据合同他有义务提供正确的意见"。日本学者浦川道太郎则进一步提出适用这个规则的三个条件：其一，从信息的角度观之，这是一则对第三人有重大影响的信息；其二，从信息提供者的角度观之，他知道这则信息对第三人的重要性；其三，信息提供者要有资格。其中，关于提供者的资格问题，浦川道太郎又分成三个部分来讨论，分别是：其一，掌握专门知识；其二，与第三人之间有特殊委托；其三，因委托而存在利害关系。其中的特殊委托，笔者理解应该是指提供者与第三人之间没有合同的意思。① 据此，我们可以发现，扩大合同的约束范围，在英美法系国家与大陆法系国家都有所应用，也是一种应予保护没有合同关系第三人的手段。

（2）保护第三人利益的合同

这种合同是德国法从合同理论中延伸出的。根据王泽鉴教授的描述，保护第三人利益的合同是指："特定的合同一旦订立，不但在合同当事人之间产生权益关系，同时债务人对于与债权人有特殊关系的第三人，亦附有注意、保护等附随义务。债务人违反此项义务，就该特定范围之内所受的损害，得以合同法原则，负损害赔偿责任。"② 但是拍卖人、其他当事人与买受人之间的因直接代理关系而签订的合同是否算作保护第三人利益的合同，这一点在判决之中还不甚明了。因此并没有相关的证据可以说明买受人可以就鉴定错误对拍卖人主张违约责任。在德国一个有关提供虚假审计报告的案件中，法院主张："如果双方当事人皆同意审计意见将作为第三人进行商业决策的基础，那么，审计将不仅仅是满足法定审计的要求，还将是为第三人利益而执行的。在此种情况下，应将第三人纳入合同效力范围内，没有理由将第三人排除在审计师责任范围之外。"③ 这也就说明了，保护第三人利益的合同在错误提供信息类的案件中并非没有用武之地。这也可供拍卖类型案件借鉴参考。

3. 拍卖人对第三人的鉴定错误更适合适用侵权责任救济

根据上述分析，我们可以获知，在区分当事人与第三人的情况

---

① ［日］浦川道太郎. 德国的专家责任. 梁慧星，译//梁慧星. 民商法论丛：第5卷. 北京：法律出版社，1996：540.

② 王泽鉴. 民法学说与判例研究：第2册. 北京：中国政法大学出版社，2009：34.

③ BGH，April 2，1998，III ZR245/96.

下，拍卖人的鉴定错误责任理论上既可以归于合同责任，也可以归于侵权责任，笔者的观点是，拍卖人鉴定错误更适合适用侵权责任救济，原因有两点。

一方面，无论是采用违约责任救济还是侵权责任救济都存在理论上的障碍，欲建立拍卖人鉴定错误的新型责任，就势必要对传统的理论进行突破，同时还要注意既要契合我国立法与法理大背景，又不能过于对原有结构大破大立，而就我国目前的立法情况与法理基础而言，克服侵权责任救济的理论障碍较为容易。原因在于，根据上述分析，拍卖人鉴定错误要归属于合同责任，其最大的理论障碍在于如何合理地找到拍卖人对第三人承担责任的请求权基础。虽然可以通过信息披露义务与第三人利益保护合同扩大合同的适用范围，而且这两种理论在其他相关领域都取得了不错的进展，但是这两种理论的共同点在于通过法律拟制或者强制性规定对拍卖人施以其原本不应有的责任，尽管这种责任有其合理存在的必要，但这是对当事人意思自治的一种极大挑战。而意思自治是我国合同法理论的核心观点之一，如果采用合同责任，势必会对我国合同法理论产生不小的震动。反观侵权责任，根据上文分析，拍卖人鉴定错误要归属于合同责任，其最大的理论障碍在于义务来源于纯粹经济损失规则。拍卖人承担的侵权法层面的义务来源于信任，这一观点无论在国外的理论界还是司法实践中都得到了广泛认同，足以支撑起拍卖人鉴定责任关于违反义务来源的重任。关于纯粹经济损失的突破，笔者认为，依照目前我国理论，有三点巨大优势：第一，国际大环境对纯粹经济损失不适用侵权责任已经出现松动；第二，我国民法体系并没有严格的纯粹经济损失的定义；第三，我国侵权法体系也并没有明确排除纯粹经济损失适用的规则。因此对于拍卖人鉴定错误，纯粹经济损失并不构成太大的理论障碍。比较而言，拍卖人鉴定错误归于合同责任，会对我国的合同法体系架构产生大破大立的震动，而归于侵权责任，仅是大立，基本没有大破的因素，因此将拍卖人鉴定错误归于侵权责任较为稳妥。

另一方面，从履行义务性质层面观之，拍卖人鉴定错误的行为更多的是违反了合同外的强制义务，因此若采违约责任说，恐难以覆盖全面。基于上文对第三人承担责任的分析，拍卖人与第三人之间本不存在合同关系，之所以有对第三人承担违约责任的可能，也是出于法律的拟制或者强加于拍卖人的，因此，从这个角度来说，这些义务也完全不属于合同约定的范围。这些义务有一部分来自实体法，另有一部分来源于行业自治。无论如何，拍卖人违反这些应属于违反合同外的义务，因此更适合用侵权责任救济。

此外，笔者承认拍卖人错误鉴定的行为也有违反合同义务的一面，因而也可能存在违约责任与侵权责任的竞合，当事人可根据自己的实际情况选择具体适用何种救济方式。

最后，拍卖人的鉴定责任需要在宏观定性层面进行选择，究竟是归于侵权责任还是违约责任。但是从微观规则的角度言之，侵权责任与违约责任并非有天壤之别。例如在归责原则上，两种救济一般都采过错责任；过错的判断都需要依靠对行业规则的理解；因果关系的认定也都需围绕相似的标准；损害赔偿的范围都要遵循相关的政策。这样也就又牵扯出一个问题，当我们确定拍卖人的鉴定责任从宏观上属于侵权责任以后，微观上的具体规则应该怎么设置呢？这就是下面我们要讨论的重点。

二、拍卖人鉴定义务认定标准分析

当拍卖人提供了载有错误鉴定艺术品信息的文件或者拍卖目

录，给当事人或者第三人造成损失时，是否要对相信文件或者拍卖目录的人进行保护或者让拍卖人承担责任？这是一个法律问题，同时也需要进行政策考量。具体而言，关于拍卖人是否存在过错，是故意还是过失等问题，法律可以提供比较明确的回答，而涉及拍卖人行为对行业造成的影响，对拍卖人可谴责到什么程度，这种风险需不需要完全由拍卖人承担，这些问题则需要政策加以说明。因此，单纯从法律的层面来说，对拍卖人鉴定责任的认定标准不宜过于宽泛也不宜太过严格，同时还要为政策的能动性留出空间，可谓必须慎之又慎。

笔者主张，依照拍卖人错误鉴定行为的性质可将其分为故意侵权与过失侵权，前者需要严格禁止，后者则需要根据案情具体分析。

（一）拍卖人过失鉴定责任标准

通过之前的分析，我们可以推知，拍卖人在错误鉴定的情况下，应该对当事人承担侵权责任。但是我们所举的案例是比较简单的一个构想模型。在分析拍卖人过失鉴定的责任标准时，为求能有一个直观上的了解，我们不妨把先前出现的案例再延伸一下。

试举一例，甲将自己收藏的青花瓷器送拍。乙拍卖行没有遵守鉴定程序，就认为该瓷器是出自清康熙年间，并与甲签订委托合同（间接代理），合同中没有免责条款。在乙举办的拍卖会上，买家丙通过乙的拍卖目录看中了这件青花瓷器，后成功拍得，并与乙签订了买卖合同。过了一段时间，丙将这件青花瓷器再次送拍，丁拍卖行基于丙提供的乙拍卖行的拍卖目录与鉴定意见，制作了拍卖目录。在丁拍卖行的拍卖会上，该青花瓷器被戊看中，后戊成功拍得，并与丁签订了买卖合同。随后经故宫博物院专家鉴定，认为该瓷器为现代仿品。戊可否基于对乙拍卖行的信任，主张乙拍卖行违反注意义务呢？同时这个案例还可以往前延伸。甲是在某次拍卖会上拍得青花瓷器，丙是否可以基于对该拍卖行的信任，主张该拍卖行违反注意义务呢？

本案与之前案例的区别在于，错误鉴定的艺术品又易手一次，同时载明艺术品鉴定信息的文件也随艺术品的交易而又对第二次交易的人产生了信任。这种"蝴蝶效应"，在艺术拍卖中是十分常见的。如果前手拍卖行在业内还具有一定身份，更有可能成为第二次交易的一种"保证"。理论上说，艺术品鉴定信息流转的次数是无穷的。拍卖行可以预计自己的鉴定信息可能落入其他人手中，但是无法预测这个人究竟是谁。假如法院认同拍卖人作出的错误鉴定，而据此判决某案件，当鉴定错误被发掘出来的时候，拍卖人也要承担法院判决错误的责任么？同时随着艺术品的易手，艺术品价格在绝大多数情况下是会被节节推高的。拍卖行也无法预测其错误鉴定"最终"会造成多大损失。拍卖行因一次过失的鉴定错误，而向不确定的受害人承担不确定的损失，这显然是不公平的。①

基于前述，鉴定之于艺术品而言，更多的是在艺术品上附加信息，而真正产生价值的也正是这些信息。这些信息一旦形成，无论是正确还是错误，无论是口头还是书面，都具备了无限传播的可能性。但是发布这些信息的人，既无法控制信息传播的受众，也无法控制信息传播后的用途，更无法估计这些信息会带来多大的影响。因此可以说，如果信息的传播是无限的，那么信息的发布者承担的风险也是无限的。如果让一位执业者通过其有限的能力去承担无限的风险，那么对于该职业而言，必定是有百害而无一利的。

因此笔者认为，就拍卖人过失错误鉴定责任的认定而言，其核心要务在于平衡行业利益与社会利益。认定标准过严会导致行业风

---

① 源于1931年美国法院审判的 Ultramares v. Touche Niven & Co. 参见周学峰. 公司审计与专家责任. 北京：人民法院出版社，2007：101 - 102.

险加剧，出于对商业利益的追逐与对自身利益的保护，拍卖行定会采取限缩鉴定数量、提高鉴定成本、免除鉴定责任等方式来应对，最终会阻碍这个行业的发展；认定标准过松则会导致错误鉴定无法得到相应的救济，社会利益受到比较大的损失。那么拍卖人过失错误鉴定责任认定标准的平衡点在哪里呢？笔者认为其关键在于拍卖人的认知。一方面来说，拍卖人是否可以认识到鉴定信息会影响特定的人；另一方面来说，拍卖人是否可以认识到鉴定信息会用于下一次的特定的行为。

当然，合理地限制拍卖人过失鉴定责任的范围，也不是一件纯粹由法律说了算的事，其中必定还要包含政策的考量与行业的特点。同时随着时间的推移，拍卖行业的变化，这种认定标准也会产生一些小修或者大改。在比较法的视角下，我们并没有找到有关拍卖行过失鉴定责任标准的变化与发展。但是结合案例，我们也许可以梳理出一条关于拍卖人鉴定责任的"暗线"，间接地提供经验。这条"暗线"的关键在于在遭受艺术品错误鉴定的时候，另一方当事人是否享有"消费者"资格，从而对拍卖人主张消费者保护。如前所述，瑞士的学说与成文法之间存在着分歧与冲突，而就仅有的案例观之，似乎对于接受高价值服务的当事人而言，瑞士联邦法院并不赞成将其纳入消费者保护的行列，换言之，这也就为拍卖人的鉴定责任提供了一个较为宽松的环境。而根据英国的成文法，我们也可以清晰地发现，随着立法技术的愈发先进，英国成文法对于消费者的定义就愈发严格，这也就从侧面说明，在英国成文法的体系之下，拍卖人的鉴定责任经过了一个由严到松的发展过程。至于开篇提到的，美国纽约州的《文化艺术法修正案》是为了"限制对艺术家的恶意诉讼"，这样可以从侧面证明现在美国对于拍卖人鉴定责任也采取的是比较宽松的政策。根据拍卖行业的特点与域外提供的限缩，笔者臆断了拍卖人鉴定责任的一个发展趋势，即空白——严格控制——适量放宽——适量严格……这样一个发展路径。其背后的政策分析是：严格控制对应的政策产业扶持，而带来的问题是拍卖人的错误鉴定无法救济导致的公信力下降；为解决这一问题，政策降低对拍卖人的错误鉴定提供救济的门槛，但是这又导致诉讼爆炸，恶意诉讼频出，政策的导向再次归于严格。历经多次由严到松，再由松到严的过程，拍卖人鉴定责任最终在一个相对稳定的时期达到动态平衡。

我国现阶段的拍卖人鉴定错误，正处于从无到有的过程中，因此需要对其严格适用。笔者认为，在现阶段，拍卖人因过失而错误鉴定艺术品的情况下，当事人或者第三人基于信任而主张拍卖人承担责任需要满足以下几个条件。

1. 拍卖人在鉴定时未尽合理勤勉义务

这一点在第二章中已经有多个案例提到过，可见这项标准在拍卖人承担责任方面有着一定重要的影响。一般来说，这项标准的难点在于如何理解"合理"这一抽象的概念。域外法的经验是将其具象为"在同一情况下，有同一资格的拍卖人会根据同一条件作出同一结论"，这四个同一缺一不可。这个标准在理解上难度不大，但是要真正适用到拍卖领域则还需要一些"实施细则"。关于此，本书欲在下文进行讨论。

2. 拍卖人可以预见鉴定意见会对特定当事人产生重大影响

这个标准实际上包含两个层面的意思，第一是有特定的当事人会信任这份鉴定意见；第二是这份鉴定意见会对特定当事人造成重大影响。这一规定实际上是把拍卖人的鉴定责任限制在可预见的范围之内。前者从当事人的角度进行限制，后者从行为的角度予以限制。例言之，对于拍卖中的委托人，无论是直接代理还是间接代理，从拍卖人的角度观之，是特定的，因此拍卖人就其鉴定意见对委托人产生的信任负有勤勉义务。违反这一义务，委托人可以主张拍卖人承担侵权责任。拍卖人的鉴定意见，经过委托人的同意后，列入拍卖目录或者为拍卖会准备的其他材料中，通过网络，邮寄等方式向社会公开，此时接收到这些信息的人，属于不特定的第三人，即便是基于对拍卖人信任的情况下，从其他渠道获悉拍卖属于错误鉴定，也不能向拍卖人主张承担责任。拍卖会开始以后到该艺术品出现最高竞价之前，会有竞买人的存在，基于同样的理由，这些竞买人也不能主张拍卖人承担责任。最高竞价出现后，意味着买受人出现了，基于与委托人相同的理由，买受人可以主张拍卖人承担侵权责任。在本次拍卖之后，买受人再签署新的合同，无论是买卖、质押还是拍卖，原拍卖人均无法预见买受人的对方当事人，因其属于不特定的当事人，因此原拍卖人也无法对其承担责任。当然，如果拍卖人在其鉴定意见或者其他可被别人知悉的地方表明"对某某承担责任"或对"之后的某行为承担责任"。那么可以推知，拍卖人已经对这样做的风险有了明确的认知，此时，这些人也可以要求拍卖人承担责任。

3. 当事人对拍卖人鉴定意见的信任与行为结果之间有紧密关联

这一标准旨在判断当事人行为与结果之间的因果关系。而促成这个因果关系的纽带就是当事人对拍卖人鉴定意见的信任，同时也是拍卖人鉴定责任因果关系认定的重点所在。买受人报出最高价竞拍艺术品可能受到很多因素的影响，除去对拍卖人鉴定意见的信任外，还可基于自身对艺术品的了解，或对该类艺术品价格波动的判断，或者受到别人的委托。换言之，这条标准主要考察的是，如果没有鉴定意见，那么就不会产生行为结果。需要注意的是，虽然第三条标准是针对因果关系的考察，但是根据域外法的经验，第二条标准，也就是对拍卖人认知的界定，通常也是一种对因果关系的限定。因此从因果关系的角度出发，上述第二条和第三条标准都是归于因果关系判断的范畴。

（二）拍卖人故意鉴定错误责任标准

与拍卖人过失鉴定责任不同，如果拍卖人是在故意的情况下错误地鉴定了拍卖品，那么请求拍卖人承担责任的理论障碍会非常小，根据前述比较法的考察，《瑞士债务法》中的故意欺诈、英国法中的"欺诈性的虚假陈述"以及德国民法典第826条都可以对这种情况进行很好的救济。

我国现行立法中并没有对"故意"的概念进行界定，在此笔者采全国人大法工委的主张："故意是指行为人预见到自己的行为会导致某一损害后果而希望或者放任该后果发生的一种主观心理状态。"[①] 在艺术品拍卖的语境下，故意的概念可以被理解成"拍卖人已经预见自己错误鉴定的行为会导致某一后果而希望或放任该后果发生"。

正如之前拍卖人过失责任中分析的那样，如果要想拍卖人承担过失鉴定错误的责任，必须满足拍卖人预知特定的当事人以及拍卖人预知特定的行为两个条件，那么拍卖人故意鉴定错误责任的承担是否也需要满足这两个条件呢？笔者再试举一例。

甲将自己收藏的青花瓷器送拍。乙拍卖行一眼看出这是赝品，但是甲承诺卖出后提供10%辛苦费，乙同意后与甲签订委托合同（间接代理）并在拍卖目录中载明瓷器是清康熙时期的作品，合同中没有免责条款。在乙举办的拍卖会上，买家丙通过乙的拍卖目录看中了这件青花瓷器，后成功拍得，并与乙签订了买卖合同。过了

---

① 王利明. 中华人民共和国侵权责任法释义. 北京：中国法制出版社，2010：17.

一段时间，丙将这件青花瓷器再次送拍，丁拍卖行基于丙提供的乙拍卖行的拍卖目录与鉴定意见，制作了拍卖目录。在丁拍卖行的拍卖会上，该青花瓷器被戊相中，后戊成功拍得，并与丁签订了买卖合同。随后经故宫博物院专家鉴定，认为该瓷器为现代仿品。丁可否主张乙承担故意错误鉴定责任？

与之前的案例一样，从乙的角度看，丁不是可以预见的特定的当事人，丙也没有采取可以预见的行为。但是不同点在于乙自始就明知错误鉴定一定会带来不利的后果。实际上要回答这个问题，我们需要对故意进行界分，分为希望不利后果发生的直接故意与放任不利后果发生的间接故意。犹如王泽鉴先生所言："民法上的故意解释亦同于刑法，即故意者，指行为人对于构成侵权行为之事实，明知并有意使其发生（直接故意）；或预见其发生，而其发生并不违背其本意（间接故意或未必故意）。"① 据此，拍卖人尽管无法预见不利后果会在谁身上出现，但是他明知这种不利后果的存在，又抱以放任的心态，因此可以主张其承担故意错误鉴定责任。

由此可见，对于拍卖人故意错误鉴定而其标准不似过失鉴定责任那么严格，不需要就特定当事人与特定行为对拍卖人的认知加以考察。同时鉴于故意鉴定错误主观危害性更强，对社会利益的损害更大，从比较法的层面观之，各国立法例对此都比较赞同拍卖人就全部的损失进行赔偿，包括纯粹经济损失。因此笔者认为，应从以下两个角度去评价拍卖人是否存在故意鉴定错误行为。

1. 拍卖人故意作出错误鉴定

这一标准是指，拍卖人已经预见自己错误鉴定的行为会导致某一后果而希望或放任该后果发生。具体而言，一方面是指拍卖人鉴

---

① 王泽鉴. 侵权行为. 北京：北京大学出版社，2009：239-240.

定行为存在故意，另一方面是指拍卖人的资格认定存在故意。

第一方面的故意很好理解，正如本章案例所示，拍卖人明知艺术品价值不高或者根本没有价值，但是由于自身利益，故意抬高其价值，以谋取更大的利益。简而言之就是赝品拍卖。但是需要注意的是，通常拍卖行不会故意贬低艺术品的价值，从域外案例中我们也能发现，遭受低估的艺术品通常是拍卖行过失错误鉴定的结果。赝品拍卖是拍卖界的"重灾区"，更是社会舆论对拍卖口诛笔伐的"主战场"，也更需要法律对此严格管控。赝品拍卖之所以泛滥的一个原因在于拍卖人在拍卖市场拥有较为强势的地位，拍卖行掌握艺术品鉴定的专业知识，因此当事人之间的地位不平等。又由于我国目前艺术品鉴定人行业发展不是很明朗，因此当事人除了相信拍卖行以外很难再找到其他替代性手段。另一个原因在于我国关于拍卖行的管理监督、行业监督不甚到位，因此造成拍卖行内部良莠不齐，也缺少从上到下、从内到外的监督管理机制。因此才有今日赝品拍卖比较猖獗的不良现象。

另一方面，拍卖人的资格认定存在故意主要是指，一些并不具有拍卖行资格的企业，以"某某艺术传播公司"的名义到民间收集艺术品，谎称藏家的艺术品是"稀世珍宝"，并课以高昂的"咨询费""鉴定费""保管费"等并保证提供艺术品上拍的机会。最后再以拍品流拍为名，将这些费用据为己有。2015 年，上海宣化展览服务有限公司共计收到法院 17 张传票，这 17 个案子都是以上述手段进行侵权，但遗憾的是，这 17 个案子都以原告的败诉而收场。① 对于这一方面的故意而言，除却法律手段的调整以外，更需要行政手

---

① 详见 https：//www.itslaw.com/search? searchMode＝judgements&sortType＝1&conditions＝searchWord%2B%E4%B8%8A%E6%B5%B7%E5%AE%A3%E5%8C%96%2B1%2B%E4%B8%8A%E6%B5%B7%E5%AE%A3%E5%8C%96&conditions＝trialRound%2B1%2B8%2B%E4%B8%80%E5%AE%A1&searchView＝text.

段的介入与管制，例如拍卖行准入标准以及相关艺术品鉴定人资格认定。如果辅之以有效的行政手段，拍卖人资格方面的故意一定会大为减轻。

2. 当事人对拍卖人鉴定意见的信任与行为结果之间有紧密关联

无论是拍卖人故意错误鉴定行为，还是过失错误鉴定行为，委托人或者买受人对拍卖人鉴定意见的信任都是十分重要的一环。但是之于拍卖人责任而言，信任是必要而不充分条件。简而言之，如果存在拍卖人的鉴定错误责任，无论是故意还是过失，那么其必定违背了当事人的信任，反之却不一定成立。基于对拍卖人的信任，导致当事人为某一行为，以至于出现了损失。这个推演过程与拍卖人过失错误鉴定责任并无二致。因此不再赘述。

三、拍卖人鉴定责任的构成要件分析

如果要确定拍卖人鉴定责任的范畴，除却要对拍卖人错误鉴定行为进行宏观上的定性以外，还需要从微观的构成要件上对于拍卖人错误鉴定的行为进行分析。一般侵权责任的构成要件有四个部分，即行为、过错、损害事实与因果关系。笔者也将从这四个方面展开分析拍卖人错误鉴定的构成要件。

需要注意的是，传统的侵权责任构成要件中的"行为"，通常是指"行为具有违法性"。由于拍卖人的鉴定错误并没有法律明确条文约束，而大都是通过法律原则以及法律理论的推导产生的。因此要主张拍卖人的鉴定错误具有违法性，至少目前来看是不准确的。所以笔者所主张的"行为"是指"拍卖人的鉴定意见出现重大失实"。这一要件笔者认为是构成拍卖人鉴定责任的前提条件。原因在于假如鉴定的行为出现过失或者故意，但鉴定结论却是正确的，这样的情况下，再去要求拍卖人承担责任，似乎有些不公平。换句话说，从法律的角度对拍卖人鉴定责任的考量，笔者认为应以实体正义为主、形式正义为辅。也可以说，拍卖人鉴定责任的形式正义问题由政策去把控或许能收到更好的效果。

（一）拍卖人的鉴定意见出现重大失实

如前所述，拍卖鉴定是一种对艺术品信息附加的行为，所谓的"失实"也就是指拍卖行对艺术品附加了错误的信息，当然这种信息可以是增值信息也可以是贬值信息。对于艺术品而言其可以附加的信息非常庞杂，有艺术品共通的信息，例如作者、时代或者时期、产地等；也有一类艺术品所共通的信息，例如就瓷器而言，有胎质、釉质、器型等，而对于书画作品来说则有款识、纸张、颜色等；更有某一件艺术品所独有的信息，例如绘画技法、创作风格等，凡此种种，不一而足。而从纠纷的角度观之，关于艺术品错误鉴定案件中成为争论焦点的信息大体分为两种：其一，真伪信息，例如把仿品鉴定为真品；其二，时代信息，例如把宋代的艺术品鉴定为元代的。依照这样的分类，笔者主张的"重大失实"分成两个层面，真伪信息错误或者时代信息误差超过两个朝代（西方艺术品超过两个世纪）。这里需要注明两点，其一，因为我国历史上朝代更迭有时比较频繁，所以对于朝代的划分建议参考艺术史的划分而非政权的更替。除非有非常明显的时代特点，否则例如三国两晋南北朝、五代十国等建议作为一个朝代，隋朝与唐朝、西汉与东汉也不建议分拆。其二，鉴于西方艺术的特点是以世纪作为断代的依据，因此建议对东西方艺术品文化要区分考量。

第一个层面的重大失实比较好理解，因为真伪乃是艺术品大是大非的问题，这个问题出现错误后被认为是重大失实合同合理。存在争议的是第二个层面，也就是出现两朝以上的时代误差。关于时代误差笔者主张抱以较为宽松的态度去考察，其原因在于两点：一是从鉴定手段观之，诚然，对艺术品取样后进行科学分析是可以对艺术品的年代得出较为精确的结论，但这个过程伴随着对艺术品的部分破坏，因此风险极高，除非签下所谓的"生死文书"，否则一般鉴定不会采用科学分析的方案。除却科学分析以外，目前还剩下的鉴定手段只有目鉴与历史文献分析，而这两种鉴定方法都存在一定的偶然性。例如对钟鼎彝器与墓铭石刻等艺术品进行文献分析，必然会涉及欧阳修的《集古录》与赵明诚的《金石录》两份古籍，但是这两份古书的内容是否翔实，在翻印传播过程中是否有遗失篡改则无可考。再比如目鉴断代主要依靠的是对同时代或同作者的其他艺术品进行比较分析，这些艺术品的真实性姑且不论，是否存在没有参考对象的可能性呢？二是从艺术品发展与演进的特点观之，诚然，每个时期的艺术品都会有每个时期特定的风格与特点，而这些就成为判断艺术品时代信息的关键，但这并不是绝对的。例如一个盛世王朝或者艺术大师的艺术品必有其独到的特点，但由于其影响力过大，而导致这些特点也有可能存在于继承王朝早期的艺术品上。因此在时代信息的鉴别问题上不应过分严格。至于两代的误差是基于笔者的艺术实践而得出的结论，由于笔者并非从事艺术品相关行业的人员，因此有越俎代庖之嫌，此观点也仅为行文通顺而提出的参考意见。

关于如何确定拍卖人鉴定意见确有重大失实，笔者认为需要从两个方面进行分析：其一，如果艺术品存在明显瑕疵，或者伪造者承认此物确为其仿制，那么可以直接断定拍卖人鉴定意见重大失实。其二，如果不存在上述情况，则需要请其他专家进行再鉴定。笔者主张，须有两位同级别或者更高级别的鉴定专家提供足以引起怀疑的意见，方可推论拍卖人鉴定意见重大失实。如此主张的原因在于，一方面，这是世界各大拍卖行的通行做法；另一方面，鉴定本身是一个说服的过程而非证明的过程。因此除科学分析以外没有人可以提供完全正确的鉴定意见，而此处需要判断的并非艺术品是什么，而是艺术品是否可能有问题。如果连同拍卖行在内，三份鉴定的结论有矛盾甚至有三种观点，那么这就足以说明此件艺术品是存在疑问的，而基于拍卖人的告知义务，这个疑问也是应该如实告知当事人的。

（二）拍卖人鉴定存在过错

如前所述，拍卖人鉴定存在过错有两种情况：拍卖人故意错误鉴定与拍卖人过失错误鉴定。拍卖人故意错误鉴定认定起来比较简单，但是拍卖人过失错误鉴定则相对复杂，其最重要的一点是拍卖人是否合理履行其勤勉义务，也就是"在同一情况下，有同一资格的拍卖人会根据同一条件作出同一结论"。换句话说拍卖人鉴定的过程是否违反相关的执业标准。

1. 拍卖人鉴定存在故意的认定

拍卖人已经预见自己错误鉴定的行为会导致某一后果而希望或放任该后果发生被称为拍卖人鉴定存在故意。具体而言，一方面是指拍卖人鉴定行为存在故意；另一方面是指拍卖人的资格存在故意。上文已有论述，此处不再赘言。因故意是一种主观心态，我们无法窥知拍卖人鉴定时内心的真实想法，因此需要通过一些客观的辅助条件加以判断。

（1）艺术品是否有明显瑕疵

有明显瑕疵的艺术品，有两种理解方式：一种是指艺术品品相不完整，存在磕碰、断裂等伤口，或者是有后期黏合修复过的痕迹；另外一种通常是指艺术品造假圈子里的"低端仿制品"。通常具有一般鉴定知识与历史常识的人可以一眼看出。例如宋代龙纹图形出现清代风格，或者汉代字画作品使用瘦金体等。对于第一种情况，如果拍卖人在其拍卖目录中将品相不完整的艺术品标注为"完整、完好"，那应该认定这种鉴定存在故意。第二种情况，如果拍卖人将具有"低端仿制品"特点的艺术品鉴定为真品，那么也可以认定这种鉴定存在故意。至于"高端仿制品"，具有一般鉴定知识的人通常无法鉴别，因此需要拍卖人专业的鉴定知识与丰富的鉴定经验作为补充。同时如果对鉴定高端仿制品存在过错，法院可根据具体案情酌情认定拍卖人不存在故意。

（2）具体鉴定人的履历

这一条件主要是为了考察拍卖人在进行鉴定时，其鉴定人是否有明显的不能从事鉴定的因素。例如鉴定是需要以丰富的艺术品实践经验、丰富的专门知识以及长期的鉴定实践为基础方可进行的，假如具体鉴定人并不具备上述的条件，那么可以推论此次鉴定的行为必然存在拍卖人在鉴定资格上的故意。

（3）艺术品鉴定结论的对外宣传

艺术品鉴定结论的对外虚假宣传也是构成拍卖人在鉴定资格上的故意的一种情况，举例而言，为了增加拍品的可信度，拍卖行往往会另请一位或者多位专家进行鉴定，如果这种行为确系子虚乌有，那么可以认为拍卖人在鉴定资格上存在故意。

以上是笔者就拍卖中常见的拍卖人故意作出错误鉴定的情况进行的分析。但是在实践中，需要考虑的因素绝非以上三种，因此也需要法院在适用的时候结合具体案例，具体分析。

2. 拍卖人鉴定存在过失的认定

拍卖人鉴定存在过失的认定中很重要的一点就是拍卖人是否合理履行其勤勉义务，即"在同一情况下，有同一资格的拍卖人会根据同一条件作出同一结论"。虽说这一标准已经比"合理"要具体得多，但是实践中仍存在过于抽象、难以适用的问题，因此还需进一步明确。笔者认为拍卖人是否合理履行其勤勉义务，其关键是在于拍卖行是否遵守了有关拍卖鉴定行业的执业准则，具体到个案中，即拍卖人的鉴定标准与鉴定方法的问题。

在探讨拍卖人的鉴定标准与鉴定方法之前还有一个问题需要厘清，那就是如果拍卖人遵循一般的鉴定执业准则，那么是否可以当然地推断出拍卖人不存在过失。首先从理论上考量，执业准则并非法律明文规定，也不能纳入商业习惯的范畴，而是属于某一个行业经过长时间实践后总结出来的经验与做法。从法院的判决角度观之，一般情况下还是会对执业准则高度重视的。但是笔者认为可能存在例外的情况，一方面来说，执业准则更多体现为对程序的要求，而非实体的判断，而司法的观点也是就执业规则的外在进行审查。因此很有可能出现"只走程序，而不看实质"的情况，也就是利用司法外在审查的漏洞保护自己真正的过错。举例而言，拍卖人可能一眼就知道某件艺术品是赝品，但他还是坚持走完了鉴定流程，并得出真品的结论，而在诉讼中则主张自己按照执业准则完成鉴定，不存在过错。另一方面来说，由于执业准则是一个长期且由行业内部自发形成的标准，因此不可能面面俱到，事无巨细，难免存在滞后的情况，而对于发现这一问题的行业内部个体来说，其资格与话语权都不足以改变这一现象，因此出现了"将错就错"的窘境。对于这两种情况，笔者认为，解决方案应更多地体现在举证责任上。对于一般情况适用无过失推定，对于两种特殊情况采用"谁主张，谁举证"的方法。假如原告发现拍卖人表面上履行执业准则，或者发现执业准则有滞后的、不合理的问题并进行举证，针对第一个问题法院可以按照通常的质证环节，对原告提及证据的真实性、关联性进行审查；而针对第二个问题，除了一般的质证以外，法院还需进行充分论证，在理由万全的情况下作出判决。但是实际上，针对这两种情况，原告的举证难度是非常大的，因此关键还是看拍卖人是否符合执业准则。

但是就拍卖的鉴定环节观之，判断是否符合执业标准的问题还是困难重重的。最关键的原因是在有关拍卖中鉴定环节的执业标准规定得太过笼统。中国拍卖业协会的《中国文物艺术品拍卖企业自律公约》中，仅13条规定了"在接受委托时按照严格的程序审鉴委托作品，并与其他当事人约定拍卖标的争议处理程序"。因此从文字条款的角度很难判断具体案件中拍卖人是否"按照严格的程序审鉴委托作品"。另外这种执业标准不宜由法律直接规定其内容，因为就专业知识的层面来说，法律人与当事人几乎没有差别，实在不宜做"外行指挥内行"的事情。

但是从另一个侧面来说，执业标准并非完全是通过文字条文的方式记载下来的，更多的则是在实践中的一种"公认"的习惯做法。这些做法有些是约束拍卖人鉴定行为的，有些是提供了比较参照物的。笔者在此试举一两个例子。

（1）违反其他当事人的特别告知

就一般的艺术品拍卖而言，其他当事人由于专业知识水平不及拍卖人，因此往往对拍卖鉴定的相关细节不会在意，但是随着收藏热度的迅速绵延，也不乏有一些其他当事人会就鉴定中的一些细节问题对拍卖人特别告知。如果违反这一告知，其他当事人可以提供证据证明其存在，如果是以合同条款或者补充协议的方式达成的，其他当事人可以主张拍卖人承担违约责任，若仅能证明该告知存在，拍卖人也可能因违反勤勉忠实的义务而承担侵权责任。

就过错的类型，笔者认为，若拍卖人违反其他当事人的特别告知，主要适用过失比较合适。是否存在故意的情况呢？笔者认为在理论上违反其他当事人的特别告知确实可能存在故意的主观心态，但是在实践中，这种情况基本不会发生。试举一例，其他当事人特别告知拍卖人在鉴定艺术品时必须参考《金石录》，拍卖人以故意的心态，未曾参考《金石录》就对拍卖品作出了鉴定。此时需要分类讨论，假如这个故意不参考的行为使拍卖品的价值上升或者不变，由于其他当事人在侵权中并未遭到损失，而不成立侵权之诉；假如这个故意不参考的行为使拍卖品的价值下降，那么这也就说明拍卖人故意让自己在拍卖中受损失，这与拍卖行营利性的目的正相违背，所以实践中几乎不会发生。对于买受人而言也是同理，假如这个故意不参考的行为使拍卖品的价值下降，买受人不受损失；假如这个故意不参考的行为使拍卖品的价值上升或者不变，除非该拍卖品通过《金石录》一眼便可分真假，否则也难以将其定义为故意。

（2）委托价格的不正常上涨

一般来说，虽然就不同拍卖行、不同类型的艺术品而言，委托价格的变化高低难测。但是委托价格是存在一个市场调节的价格区间的，而且通常同一家拍卖行对于同一类型艺术品的委托价格在一个固定的时间内是比较稳定的。如果出现了委托价格的不正常上涨，这也就说明了拍卖行从某种程度上已经高度重视这件拍品，因此需要付出更高的勤勉义务。

（3）拍卖行的"级别"

这一点有些类似于英国对拍卖行的资质分类，如保利、嘉德、西泠印社这样的国内知名的大型艺术品拍卖行，由于其知名度、信誉等因素，往往更容易使当事人信赖其鉴定意见，也因此对于艺术品拍卖市场的发展有重要影响。再加上由于其自身的原因，这些大型拍卖行相较于小型拍卖行而言，更容易控制较多的鉴定资源，如专家、舆论等，因此也需要对这些大型拍卖行课以符合当事人期待利益的勤勉与忠实责任。

（4）拍卖人鉴定的立场是否公允

这一条件主要是通过拍卖人在鉴定意见中的表述承载的，简而言之，拍卖人鉴定意见需要公平公正，不得误导当事人。这种误导在实践中通常有两种体现：一种是鉴定与宣传结合，某些拍卖行为防止拍品流拍而在其拍卖目录中加上诸如"传世精品"等宣传性的表述，实则容易对当事人造成误导；另一种是暗示性肯定，例如虽然没有明确告知艺术品的具体朝代，但是使用了"具有宋代宫廷绘画技法"或者"龙纹颇具魏晋风骨"等暗示性表述，也容易造成当事人误认为是宋或者魏晋朝的东西。

（三）损害的确定

损害后果的确定也是侵权责任构成的重要一环，正所谓"无损害，无责任"。民法中的损害是指当事人民事权益受到侵害而承担的不利后果，通常有人身权利与财产权利的区分。通常表现为财产减损或者人身侵害。具体到艺术品拍卖领域中，损害是指当事人基于对拍卖人的信任，依照鉴定所载完成交易，从而遭受损失。损失主要体现在拍卖价金上，属于纯粹经济损失，关于拍卖人鉴定责任应该不受纯粹经济损失规则的约束，上文已经有详细论证，在此便不多赘言。但是就损害后果的确定也存在几个需要讨论的问题。

1. 艺术品拍卖中是否存在损失

这一问题实际上是因买卖合同所带来的当事人权利与认定损失的冲突。例言之，甲在乙的拍卖会上拍到赝品，随后将乙告上法庭，主张损害赔偿。那么在认定损失的时候，如果法院倾向于拍卖行业的惯例，拍卖不保真，风险买家负担，那么实际上原告甲也就失去了返还价金请求权，因此可以认定存在损失，损失是甲支付的拍卖价金。如果法院更倾向于当事人可以通过重大误解等方式主张撤销合同，那么实际上原告甲在支付价金的同时也获得返还价金的请求权，从财产权益总和的角度来看是没有损失的。又如王泽鉴先生所言："如其财产总额并未因此减少，即无损害之可言，即不能主张买受人成立侵权行为而对之请求损害赔偿。"① 面对这一冲突，笔者的观点是，在艺术品拍卖的领域应当适当限缩可撤销合同的适用。理由有三：其一，按照价金占有即所有的观点，买受人支付价金的所有权，换得了等价的债权，同时财产总额没有减少。这也就意味着，在这种情况下，所有权与债权画上了等号，这样做是否妥当值得商榷。其二，如果主张买受人可以无限制地撤销合同，那么这就意味着，拍卖行业的惯例受到了冲击，这其中的合理性何在。其三，损失是拍卖人鉴定侵权责任的构成要件，如无损失，即无责任，也就是说，当事人减少了一条可供救济的出路，从保护当事人的角度出发，也是十分不利的。

2. 拍卖品的确定

这个问题实际上是当事人与拍卖人之间证据的一种冲突。试举一例，甲在乙的拍卖会上拍到赝品，随后将乙告上法庭，主张损害赔偿。买受人提供的拍卖目录中显示，他竞买的拍品是"元代龙纹双耳葡萄瓶"，但是拍卖人提供的买卖合同以及相关收据中显示，他购买的是"龙纹双耳葡萄瓶"。如果法院采纳原告证据，便构成损失；但是如果采纳被告的证据，那么损失的认定就变成了对器型纹饰的判断，通常难以构成损失。面对这一问题，实际上原告在签订合同的时候非无过失，因此，笔者认为，如果难以找到其他可以补强原告证据证明力的证据，那么应以买卖合同所载为准。

---

① 王泽鉴. 侵权行为. 北京：北京大学出版社，2009：117.

3. 损失数额的确定

这一问题往往是当事人最为关心的问题，也是艺术品拍卖中最富有争议的问题。一般而言，因艺术品的错误鉴定给当事人所带来的损失属于财产损失，而这种损失可以以金钱衡量。通过简化以后的拍卖流程，我们可以看出，受害人支付一定的价金，买到了一个赝品。那么受害人的损失可以按照价金减去赝品价格的方法计算。但需要注意的是，赝品是针对真品而言的存在，而并非针对有价值的物品。那么如何考量赝品的价值呢？笔者认为，假如赝品属于能一眼辨析的"低端仿制品"，其价值可以参考一般类型的物品判断，即把"赝品花瓶"当做"普通花瓶"，通过其使用价值来判断价格，对此可以参考当地的物价标准；假如赝品属于无法一眼辨析的"高端仿制品"，其价值可以参考"现代艺术品"或者"现代工艺品"判断；假如赝品的原料有显著价值，如玉制赝品、金银器赝品，那么其价值可以通过重量的方式来判断。至于"现代艺术品"或者"现代工艺品"的价格如何判断，从我国目前艺术品鉴定的行业状态来看，还是很困难的。但是在司法实践中可以委托物价部门协助鉴定"现代艺术品"或者"现代工艺品"，根据其鉴定意见判断价格，以求在损失的确定上做到尽量公平、精确。

（四）因果关系的认定

因果关系受到本国法律的影响很大，同时也是法律理论与实务界面对的难题之一，鉴于本国法律的基本情况，许多学者尝试对因果关系作出明确的界定，因此有了例如英美法系的"近因说""可预见说"，德国法中的"合规目的说""相当因果关系说"等。根据这些学说，往往都可以得到比较明确的结论，但是这些结论的分歧也是很大的。因此就因果关系而言，存在着较大的不稳定性，值得注意。针对拍卖人的鉴定责任，因果关系的认定主要从两个方面进行考量：可以预见与信任。

可以预见方面，存在着两个层面的理解，一是拍卖人可以预见信任其鉴定意见的是特定当事人，二是拍卖人可以预见信任其鉴定意见的当事人会为某特定行为。另外，可以预见规则只存在于过失鉴定责任中。这些之前已经论述，在此不多赘言。

基于大陆法系的判例与学说，可以预见通常在因果关系中有两个方面的体现：一是作为构成要件之一，即不存预见就不存侵权责任。正如王泽鉴先生所言："无此行为，虽必不生此损害，有此行为，通常即足以生此损害者，是为有因果关系。无此行为，必不生此种损害，有此行为通常亦不生此种损害者，即无因果关系"①。二是作为考量损失的标准来判断损失的多少。笔者认为，在单纯判断因果关系的问题上，不应将两者混为一谈。应仅以拍卖人的预见程度作为考量责任是否成立的条件，至于损失问题，应另外言明。另外就因果关系中预见的举证责任，遵循谁主张谁举证的原则，由原告负责举证，即证明拍卖人可以预见特定当事人与特定行为，原因在于：一方面，这符合一般侵权的举证规则；另一方面，拍卖人难以证明自己对特定当事人与特定行为没有预见，因此若强行举证责任倒置，无疑是加大了拍卖人的执业风险。

就信任而言，是贯穿于故意与过失责任始终的。因为信任是连接拍卖人鉴定行为与当事人损害后果之间的重要桥梁。当事人不信任拍卖人的鉴定结论，也就不会产生特定的交易行为，也就不会导致损害后果的发生。因此无论是故意责任还是过失责任，都必须满足一个特定的条件，那就是当事人对拍卖人鉴定意见的信任与行为结果之间有紧密关联。在举证责任方面，笔者主张，应该推定拍卖

---

① 王泽鉴. 侵权行为. 北京：北京大学出版社，2009：196.

人与当事人之间的信任关系存在，但是拍卖人可以举出反例时除外。

最后，无论是信任还是可以预见的认定，除却法律层面的考量之外，还应该与当时的艺术品相关政策紧密结合。就整个艺术品领域而言，相关的政策一直发挥着举足轻重的作用，任何相关的制度与规则都不应与之违反甚至冲突。国家商务部、文化部等行政部门的行政指导、行政监督等行政行为，都对艺术品拍卖中的鉴定问题产生巨大影响。而管理、扶持、监督拍卖中的鉴定行为进而管控整个拍卖行业，也都是这些行政部门的重要工作之一。既不能管理得太过严格，以至于增加拍卖人的执业风险，也不能太过宽松，打击民间收藏的热情。

参考文献

一、中文专著

[1] 傅朝卿. 国际历史保存及古迹维护：宪章、宣言、决议文、建议文. 台北：台湾建筑文化出版社，2002：367.

[2] 郭继生. 艺术史与艺术批评. 台北：书林出版有限公司，1990：322.

[3] 胡长清. 中国民法总论. 北京：中国政法大学出版社，1997：297.

[4] 黄茂荣. 买卖法. 北京：中国政法大学出版社，2002：434.

[5] 黄茂荣. 债法总论. 北京：中国政法大学出版社，2003：394.

[6] 黄文叡. 艺术市场与投资解码. 台北：艺术家出版社，2008：14-31.

[7] 黄虚峰. 文化产业政策与法律法规. 北京：北京大学出版

社，2013：8.

［8］霍玉芬. 拍卖法要论. 北京：中国政法大学出版社，2012：12.

［9］李万康. 艺术市场学概论. 上海：复旦大学出版社，2005：15-17.

［10］林日葵. 艺术品典当与拍卖. 杭州：浙江工商大学出版社，2009：8.

［11］刘承韪. 英美法对价原则研究. 北京：法律出版社，2006：18-35.

［12］刘宁元. 拍卖法原理与实务. 上海：上海人民出版社，1998：8-32.

［13］刘宁元. 中国拍卖法律制度研究. 北京：北京大学出版社，2008：19-48.

［14］刘树林，王明喜. 拍卖基本理论与扩展. 上海：经济科学出版社，2011：1.

［15］刘双舟. 拍卖法原理. 北京：中国政法大学出版社，2010：59-107.

［16］罗兵. 国际艺术品贸易. 北京：中国传媒大学出版社，2009：184.

［17］秦春荣. 艺术品拍卖. 上海：上海大学出版社，2004：49-72.

［18］全国人大法工委. 中华人民共和国侵权责任法释义. 北京：法制出版社，2010：19-45.

［19］全国人大法制工作委员会民法室，等. 拍卖法全书. 北京：中国商业出版社，1997：7-198.

［20］陶宇. 艺术品市场概论. 北京：中国建筑工业出版社，

2011：257.

[21] 田韶华，杨清. 专家民事责任制度研究. 北京：中国检察出版社，2005：77-389.

[22] 田涛，王凤海. 拍卖法案例指南. 北京：法律出版社，2004：234.

[23] 田涛，王凤海. 拍卖法案例指南续编. 北京：法律出版社，2007：256.

[24] 田涛. 拍卖法案例指南三编. 北京：法律出版社，2010：3-5.

[25] 王利明. 合同法研究：第一卷. 北京：中国人民大学出版社，2002.

[26] 王艺. 中国艺术品市场. 北京：文化艺术出版社，2011：12.

[27] 王泽鉴. 民法学说与判例研究（六）. 北京：北京大学出版社，2009：149.

[28] 王泽鉴. 民法学说与判例研究（四）. 北京：北京大学出版社，2009：44-45.

[29] 王泽鉴. 民法学说与判例研究（二）. 北京：北京大学出版社，2009：34.

[30] 王泽鉴. 民法总则. 北京：北京大学出版社，2009：498.

[31] 王泽鉴. 侵权行为. 北京：北京大学出版社，2016：177-240.

[32] 王泽鉴. 债法原理. 北京：北京大学出版社，2013：39-44.

[33] 王征. 艺术品投资与市场法律法规. 成都：四川大学出版社，2011：54.

［34］西沐. 中国艺术品市场概论：上卷. 北京：中国书店，2010：17.

［35］西沐. 中国艺术品市场概论：下卷. 北京：中国书店，2010：23.

［36］徐慧. 艺术法基础. 北京：科学出版社，2010：20－23.

［37］姚志明. 诚信原则与附随义务之研究. 台北：元照出版公司，2013：51－72.

［38］张培田. 拍卖法律指南. 北京：中国政法大学出版社，1991：13.

［39］张新宝. 中国侵权行为法. 北京：中国社会科学出版社，1995：254－255.

［40］赵松龄. 宝石鉴定. 台北：台北艺术图书公司，1993：52.

［41］中国拍卖行业协会. 拍卖案例分析. 北京：中国财政经济出版社，2003.

［42］中国拍卖行业协会. 拍卖法案例分析教程. 北京：中国财政经济出版社，2007.

［43］中国拍卖行业协会. 拍卖理论与实践的探索. 北京：中国财政经济出版社，2003.

［44］中国拍卖行业协会. 新编拍卖相关法律与规则. 北京：中国财政经济出版社，2010.

［45］周林. 艺术法实用手册. 北京：国际文化出版公司，1998：12－25.

［46］周学峰. 公司审计与专家责任. 北京：人民法院出版社，2007：101－102.

［47］朱富美. 科学鉴定与刑事侦查. 北京：中国民主法制出版社，2006：499.

二、中文译著

[48] Jean Baudrillard. 物体系. 林志明，译. 台北：时报文化出版社，1997：84.

[49] Walter Benjamin. 启迪. 本雅明文选. 张旭东，王斑，译. 香港：香港牛津大学出版社，1998：218.

[50] 巴塞尔·马克西尼斯. 艺术与法律中的善与恶. 甘巧，译. 北京：法律出版社，2011：145.

[51] 戴永盛，译. 瑞士债务法. 北京：中国政法大学出版社，2016：32-257.

[52] 格罗赛. 艺术的起源. 蔡慕巧，译. 北京：商务印书馆，1984：54.

[53] 贡布里希. 艺术发展史. 范景中，译. 天津：天津人民美术出版社，1998：36.

[54] 柯伦柏，Paul Klemperer. 拍卖：理论与实践. 钟鸿钧，译. 北京：中国人民大学出版社，2006：23-90.

[55] 伦纳德·D. 杜博夫，克里斯蒂·O. 金. 艺术法概要. 周林，译. 北京：知识产权出版社，2011：45-124.

[56] 施瓦布. 民法导论. 郑冲，译. 北京：法律出版社，2006：234.

[57] 瓦尔特·比梅尔. 当代艺术的哲学分析. 孙周兴，李媛，译. 北京：商务出版社，2012：78.

[58] 维佳·克里斯纳. 拍卖理论. 胡军，张聪，译. 上海：上海人民出版社，2012：45-80.

[59] 詹姆斯·古德温. 国际艺术品市场. 敬一中，赖靖博，裴志杰，译. 北京：中国铁道出版社，2010：23-67.

三、中文论文

[60] 白玉. 信息不对称与经营者的说明义务. 山东社会科学, 2009 (3): 119-121, 157.

[61] 蔡肇祺. 寻味集. 光华杂志, 1995 (81): 32-50.

[62] 陈聪富. 诚信原则的理论与实践. 政大法学评论, 2008 (104): 1-178.

[63] 耿林, 崔建远. 未来民法总则如何对待间接代理. 吉林大学社会科学学报, 2016, 56 (3): 21-29.

[64] 勾传增, 关震, 王晓东. 制定拍卖法几个问题初探. 政治与法律, 1994 (4): 48-50.

[65] 郭富青. 建立我国拍卖法律制度初探. 法商研究 (中南政法学院学报), 1995 (1): 50-54.

[66] 贺剑.《合同法》第 54 条第 1 款第 2 项 (显失公平制度) 评注. 法学家, 2017 (1): 155-174, 180.

[67] 姜世波. 从一起拍卖案析拍卖人瑕疵担保免责条款的效力. 法学, 2008 (6): 150-154.

[68] 姜淑明, 梁程良. 构建信赖利益损害赔偿责任的思考. 时代法学, 2012, 10 (6): 65-74.

[69] 黎章辉. 拍卖法律关系探析. 法律适用, 1994 (9): 11-14.

[70] 李海龙. 论我国艺术品拍卖法律制度的完善. 浙江工业大学学报 (社会科学版), 2012, 11 (2): 230-234.

[71] 李伟. 关于拍卖的法律特征及当事人权责之探讨. 现代法学, 1998 (2): 90-92.

[72] 梁伟. 拍卖合同中拍卖人、委托人、竞买人的权利分配及

注意义务. 山东审判，2009，25（2）：43-44.

[73] 林爱莲. 文物拍卖中拍品真伪问题的法律思考. 上海政法学院学报（法治论丛），2006（6）：31-36.

[74] 林诚二. 再论诚实信用原则与权利滥用禁止之机能. 台湾本土法学杂志，2001（22）：1-176.

[75] 刘承韪. 英美合同法对价理论的形成与流变. 北大法律评论，2007（1）：106-134.

[76] 刘宁元. 禁止拍卖人参与竞买规则及其实践评述. 华东政法大学学报，2008（5）：44-51.

[77] 刘宁元. 拍卖法关于瑕疵担保责任免除质疑. 法学，2000（1）：38-41.

[78] 刘亚谏. 古玩艺术品鉴定行业问题分析和管理对策. 收藏界，2011（2）：113-115.

[79] 楼建波，姜雪莲. 信义义务的法理研究——兼论大陆法系国家信托法与其他法律中信义义务规则的互动. 社会科学，2017（1）：92-102.

[80] 罗邦泰. 书画的真伪鉴定及内在信息研究//叶三宝. 慧眼独具：中国书画投资与收藏. 上海：上海人民美术出版社，2003：205.

[81] 马昌骏，徐子良，狄青. 拍卖人对拍品瑕疵担保责任的承担与免除. 人民司法，2008（22）：96-99.

[82] 牟建平. 赝品泛滥 真迹难寻. 中国矿业报，2016-01-30（9）.

[83] 牟宪魁. 说明义务违反与沉默的民事诈欺构成——以"信息上的弱者"之保护为中心. 法律科学（西北政法学院学报），2007（4）：78-85.

[84] 能见善久. 论专家的民事责任——其理论架构的意义//梁慧星. 民法学说判例与立法研究（二）. 北京：国家行政学院出版社，1999：297.

[85] 浦川道太郎. 德国的专家责任//梁慧星. 民商法论丛：第5卷. 北京：法律出版社，1996：540.

[86] 乔新生. 浅论拍卖的法律性质. 河北法学，1989（4）：8－11.

[87] 史浩敏. 论拍卖的有关法律问题. 政法学刊，1989（4）：39－43.

[88] 苏永钦. 缔约过失责任的经济分析. 台大法学论丛，2004（33）01：183－218.

[89] 孙欣. 博识与精鉴——谈启功书画鉴定与治学方法. 美术观察，2000（4）：110.

[90] 唐海清. 假冒艺术品消费者的法律保护问题探析. 经济研究导刊，2009（31）：116－117.

[91] 汪榆森. 拍卖法律关系初探. 现代经济信息，2013（16）：400－404.

[92] 王申，高万泉，丁晓燕. 吴铁生诉上海德康拍卖公司、张棋拍卖纠纷案理论研讨会综述. 法学，2001（7）：73－75.

[93] 王旭. 拍卖规则的法律属性分析. 前沿，2008（8）：109－112.

[94] 王岩. 拍卖立法中的几个问题. 法学杂志，1996（4）：21－22.

[95] 文船山. 潇洒风流谈假画——访美国国立东方美术馆中国美术部主任傅申. 联合报，1989－27.

[96] 吴秉衡. 鉴定估价古物艺术品行为的法律责任. 上海政法学院学报（法治论丛），2012，27（4）：41－46.

[97] 吴旭莉. 拍卖赝品是否负法律责任. 法律适用, 1999 (1):
30 - 31.

[98] 武腾. 拍卖人的信息提供义务与担保责任——从居间商的
法律地位出发. 法律科学（西北政法大学学报）, 2017, 35 (6):
156 - 167.

[99] 武腾. 拍卖中的合同关系和代理效果. 法学家, 2015 (3):
95 - 110, 178.

[100] 徐建融. 关于国家级鉴定专家为书画保真问题的一点看
法//叶三宝. 慧眼独具. 中国书画投资与收藏. 上海: 上海人民美术
出版社, 2003: 68.

[101] 薛伟宏. 拍卖活动中违法行为透视. 法学, 1993 (8):
24 - 25.

[102] 殷秋实. 论代理中的显名原则及其例外. 政治与法律,
2016 (1): 76 - 89.

[103] 尹田. 民事代理之显名主义及其发展. 清华法学, 2010,
4 (4): 18 - 24.

[104] 袁南征. 大陆文物藏品定级综述. 嘉义: 古物普查分级
国际研讨会论文集, 2006.

[105] 张蓬. 完善我国拍卖法律制度的思考. 法学杂志, 2009,
30 (5): 112 - 114.

[106] 张秋航, 刘绘. 拍卖法基本原则涵义之我见. 法学杂志,
1996 (2): 22 - 23.

[107] 张永彬, 赵祖武. 论《拍卖法》特别免责条款的适用及
其法理解释. 华东政法学院学报, 2002 (2): 30 - 34, 41.

[108] 郑维炜. 完善我国拍卖法之诚实信用法律制度. 法学家,
2014 (3): 50 - 60, 177 - 178.

［109］周友军. 专家对第三人责任的规范模式与具体规则. 当代法学，2013，27（1）：98 - 104.

［110］周中泳，何永东. 略论拍卖的几个法律问题. 法学评论，1988（1）：80 - 81.

四、学位论文

［111］陈硕. 论艺术品"赝品"拍卖人的民事责任. 首都经济贸易大学，2016.

［112］陈怡勋. 美术馆鉴定功能研究——以故宫、史博、鸿禧为例谈文物美术馆藏品之鉴定. 台南艺术学院博物馆学研究所，2001.

［113］林佳璋. 刑事鉴识全面质量保证系统之研究——刑事实验室认证制度发展模式之分析. 台湾警察大学刑事警察研究所，1999.

［114］刘军红. 中国艺术品拍卖法律问题研究. 中国人民大学，2012.

［115］朱波. 艺术品拍卖相关法律问题基础研究. 华东师范大学，2016.

五、外文文献

［116］Adler, Brenna. "The International Art Auction Industry: Has Competition Tarnished Its Finish?" [J] Northwestern Journal of International Law & Business 23 (2003).

［117］Annesley, Noël. "Attributing Old Master Drawings." [J] In The Expert versus the Object-Judging Fakes and False Attributions in the Visual Arts, edited by Ronald D. Spencer, 79 - 88. New York: Oxford University Press (2004).

[118] Bachman, Robert. "Agency: Auctioneer's Duty to Disclose Material Facts of Agency to Seller. " [J] Marquette Law Review 33 (1949).

[119] Bagwell, Laurie Simon and B. Douglas Bernheim. "Veblen Effects and the Theory of Conspicuous Consumption. " [J] American Economic Review 86, no. 3 (1996).

[120] Bandle, Anne Laure. "Fakes, Fears and Findings-Disputes over the Authenticity of Artworks. " [J] Transnational Dispute Management 2 (2014).

[121] Bandle, Anne Laure. "Legal Questions of Art Auctions (Rechtsfragen der Kunstauktion)." [J] International Journal of Cultural Property 18, no. 4 (2011).

[122] Bowen, Don. "Condition Reports for Artworks. " [J] Picture Framing Magazine (1996).

[123] Brandly, Mike. "Auctions: Does the Offering Cause a Desire to Own?" [J] Mike Brandly: Auctioneer Blog. Accessed February 7, 2016.

[124] Bridge, Michael G. The Sale of Goods. Oxford: Oxford University Press, 1997.

[125] Bullock, Reginald Jr. "Imposing the Underwriters' Duty of Care on Art Auctioneers. " Cardozo Arts & Entertainment Law Journal 7 (1988 - 1989).

[126] Butt, Samuel. "Authenticity Disputes in the Art World: Why Courts Should Plead Incompetence. " [J] Columbia Journal of Law & the Arts 28 (2005).

[127] Cahill, John. "'Keeping it Real': A Brief Primer on the

Law of Art Authenticity. " [J] Columbia Journal of Law & the Arts 35 (2012).

[128] Carducci, Guido. "The Growing Complexity of International Art Law: Conflict of Laws, Uniform Law, Mandatory Rules, UNSC Resolutions and EU Regulations. " [J] In Art and Cultural Heritage-Law, Policy and Practice, edited by Barbara T. Hoffman, 68 - 86. New York: Cambridge University Press, 2006.

[129] Cartwright, John. "The Rise and Fall of Mistake in the English Law of Contract. " [J] In Mistake, Fraud and Duties to Inform in European Contract Law, edited by Ruth Sefton-Green, 65 - 86. Cambridge: Cambridge University Press, 2005.

[130] Cassady, Ralph Jr. Auctions and Auctioneering. Berkeley: University of California Press, 1967.

[131] Clark, Michael J. "The Perfect Fake: Creativity, Forgery, Art and the Law. " [J] DePaul University Journal of Art and Entertainment Law 15 (2004).

[132] De Marchi, Neil. "Introduction. " In Auctions, Agents and Dealers-The Mechanisms of the Art Market 1660 - 1830, edited by Jeremy Warren and Adriana Turpin, 1 - 10. London: The Wallace Collection, 2008.

[133] De Marchi, Neil and Hans J. Van Miegroet. "Art, Value and Market Practices in the Netherlands in the Seventeenth Century. " [J] Art Bulletin 76, no. 3 (1994).

[134] Dutton, Denis. "Authenticity in Art. " [J] In The Oxford Handbook of Aesthetics, edited by Jerrold Levinson, 258 - 274. New York: Oxford University Press, 2003.

［135］European Fine Art Foundation. TEFAF Art Market Report 2017, prepared by Clare McAndrew. Helvoirt: European Fine Art Foundation (TEFAF), 2017.

［136］European Fine Art Foundation. TEFAF Art Market Report 2016, prepared by Clare McAndrew. Helvoirt: European Fine Art Foundation (TEFAF), 2016.

［137］Fawcett, James J., Jonathan M. Harris and Michael Bridge. International Sale of Goods in the Conflict of Laws. Oxford Private International Law Series. Oxford: Oxford University Press, 2005.

［138］Fentiman, Richard. International Commercial Litigation. New York: Oxford University Press, 2010.

［139］Fleming, James Jr. "The Qualities of the Reasonable Man in Negligence Cases. " ［J］Missouri Law Review 16, no. 1 (1951).

［140］Friedländer, Max J. "On Forgeries. " In The Expert versus the Object-Judging Fakes and False Attributions in the Visual Arts, edited by Ronald D. Spencer, 39 - 43. New York: Oxford University Press, 2004.

［141］Gerstenblith, Patty. "Getting Real: Cultural, Aesthetic and Legal Perspectives on the Meaning of Authenticity of Art Works. " ［J］Columbia Journal of Law & the Arts 35 (2012).

［142］Gerstenblith, Patty. "Picture Imperfect: Attempted Regulation of the Art Market. " ［J］William and Mary Law Review 29 (1988).

［143］Goldstein, Malcolm. Landscape with Figures: A History

of Art Dealing in the United States. New York: Oxford University Press, 2000.

[144] Harris, Luke. "The Liability of Experts for the Misattribution of Works of Art." [J] Paper presented at the conference of the Europa Institut, University of Zurich on Kunst und Recht Haftung von Gutachtern im Kunstrecht, Zurich, November 27, 2012.

[145] Harter-Bachmann, Sebastian. "Truth in Art and Law: Allocating the Risks Associated with Attribution in the Art Auction House." [J] Master of Jurisprudence Thesis: University of Durham, 2007.

[146] Harvey, Brian W. and Franklin Meisel. Auctions Law and Practice. 3rd ed. Oxford: Oxford University Press, 2006.

[147] Hill, Jonathan and Adeline Chong. International Commercial Disputes, Commercial Conflicts of Lawsin English Courts. Oxford: Hart Publishing, 2010.

[148] Hodgkinson, Tristram. Expert Evidence: Law and Practice. London: Sweet and Maxwell, 1990.

[149] Huda, Shireen. Pedigree and Panache: A History of the Art Auction in Australia. Canberra: ANU E-Press, 2008.

[150] Hudson, A. H. "A Tale of Two Urns-Dating and Attribution of Art and Antiques." [J] Art Antiquity and Law 10, no. 3 (2005).

[151] Hudson, A. H. "Attribution of Paintings and Sale by Description." [J] Art Antiquity and Law 8, no. 2 (2003).

[152] Keating, J. Michael Jr. "Getting Reluctant Parties to

Mediate: A Guide for Advocates. " [J] Alternatives to the High Cost of Litigation 13, no. 1 (January 1995).

[153] Kendall, John. "Expert Determination: Its Use in Resolving Art and Antiquity Disputes. " [J] Art Antiquity and Law 2, no. 4 (December 1997).

[154] Lerner, Ralph E. and Judith Bresler. Art Law-The Guide for Collectors, Investors, Dealers and Artists. 3rd ed. New York City: Practising Law Institute, 2005.

[155] Lord, Richard A. , ed. Williston on Contracts. A Treatise on the Law of Contracts, 4th ed. Westlaw. Thomson Reuters, 2003.

[156] Meisel, Frank. "Auctioneers and Misdescriptions: Between Scylla and Charybdis. " [J] Modern Law Review 73 (2010).

[157] Meisel, Frank. "Auctioneers and Buyers: A Special Relationship?" [J] Journal of Professional Negligence 21, no. 4 (2005).

[158] O'Connor, Francis V. "Authenticating the Attribution of Art-Connoisseurship and the Law in the Judging of Forgeries, Copies, and False Attribution. " [J] In The Expert versus the Object-Judging Fakes and False Attributions in the Visual Arts, edited by Ronald D. Spencer, 3 - 27. New York: Oxford University Press, 2004.

[159] Osburgh, Carolyn. Authenticity in the Art Market-A Comparative Study of Swiss, French and English Contract Law. Leicester: Institute of Art and Law, 2005.

[160] Ormrod, David. "The Art Trade and its Urban

Context: England and the Netherlands Compared, 1550 – 1750. "
[J] In Auctions, Agents and Dealers-The Mechanisms of the Art
Market 1660 – 1830, edited by Jeremy Warren and Adriana Turpin,
11 – 19. London: The Wallace Collection, 2008.

[161] Pardo-Guerra, Juan Pablo. "Priceless Calculations: Re-
appraising the Sociotechnical Appendages of Art. " [J] European
Societies 15, no. 2 (2013).

[162] Reeves, Van Kirk. "The Rights and Risks of Experts in
French and American Courts. " [J] IFAR Journal 12, no. 4 (2011).

[163] Reeves, Van Kirk. "The Rights and Risks of Experts in
French and American Courts. " [J] IFAR Journal 12, no. 4 (2011).

[164] Simmons, Lucian J. "Provenance and Auction Houses. "
[J] In Resolution of Cultural Property Disputes: Papers Emanating from
the Seventh PCA International Law Seminar, May 23, 2003, edited by
the International Bureau of the Permanent Court of Arbitration, 85 –
98. The Hague: Kluwer Law International, 2004.

[165] Singer, Kai B. " 'Sotheby's Sold Me a Fake!' -Holding
Auction Houses Accountable for Authenticating and Attributing
Works of Fine Art. " [J] Columbia Journal of Law & the Arts 23
(2000).

[166] Spencer, Ronald D. "Buyer's Rescission for High Value
Art Purchases-Spreading the Risk. " [J] Spencer's Art Law Journal
1, no. 3 (2011).

[167] Spencer, Ronald D. "Opinions about the Authenticity
of Art. " Spencer's Art Law Journal 2, no. 2 (2011).

[168] Spencer, Ronald D. "When Experts and Art Scholars

Change Their Minds. " Spencer's Art Law Journal 1, no. 1 (2010).

[169] Spencer, Ronald D. "Introduction. " In The Expert versus the Object-Judging Fakes and False Attributions in the Visual Arts, edited by Ronald D. Spencer, xi – xviii. New York: Oxford University Press, 2004.

[170] Spencer, Ronald D. "The Risk of Legal Liability for Attributions of Visual Art. " [J] In The Expert versus the Object-Judging Fakes and False Attributions in the Visual Arts, edited by Ronald D. Spencer, 143 – 187. New York: Oxford University Press, 2004.

[171] Stebbins, Theodore E. Jr. "The Art Expert, the Law and Real Life. " [J] In The Expert versus the Object-Judging Fakes and False Attributions in the Visual Arts, edited by Ronald D. Spencer, 135 – 142. New York: Oxford University Press, 2004.

[172] Varner, Elizabeth. "Arbitrating Cultural Property Disputes. " [J] Cardozo Journal of Conflict Resolution 13 (2012).

[173] Vyas, Stephanie G. "Is There an Expert in the House? Thomson v. Christie's: The Case of the Houghton Urns. " [J] International Journal of Cultural Property 12 (2005).

[174] Weber, Marc. "Liability for the Acquisition of Faked or Wrongly Attributed Works of Art in US Law. " [J] In Kulturgüterschutz-Kunstrecht-Kulturrecht, Festschrift für Kurt Siehr zum 75. Geburtstag aus dem Kreise des Doktoranden-und Habilitandenseminars "Kunst und Recht," edited by Kerstin Odendahl and Peter Johannes Weber, 409 – 431. Baden-Baden: Nomos, 2010.

后　记

本书定稿的时候，思绪不由得回到了 2012 年 3 月 15 日，当时央视 2 套经济半小时栏目的"3.15 在行动"节目详细披露了"汉代玉凳"拍卖案的始末。随后几天，各路媒体也纷纷报道了该案的后续情况，网络上更是甚嚣尘上，对制假者、拍卖公司的口诛笔伐，不绝于耳。同时，我发现有关赝品拍卖的案件，绝大多数都以原告买受人败诉收场。因此，我认为对艺术品拍卖做一个深入的研究，无论在理论上还是实践上都很有意义，从而产生了写作本书的念头。没想到的是，从产生念头到书成定稿，竟花费了数个春秋。

在学习相关理论与搜集相关资料的过程中，恰逢商务部发布《文物艺术品拍卖规程》，其中第 6 条将拍卖人的审定行为义务化。但审定义务的概念较为新颖，相关学术研究比较欠缺，尤其缺乏私法理论的支撑。如何从私法层面去理解与适用审定义务成为本书研究的关键所在。笔者于合同法的角度出发，从三个方面展开了研究。首先依据审定行为的特殊性，确定了拍卖人对不同当事人审定行为的法律定位；其次结合欧陆、英美两大法系的相关立法例与判决，厘清了拍卖人审定义务的内容；最后从拍卖人违反审定义务的责任类型、认定标准与构成要件三个层次，构建我国艺术品拍卖人审定义务的法律体系。这一研究对于完善我国艺术品拍卖法规、解决艺术品司法纠纷、繁荣艺术品拍卖市场都略有裨益。

本书得以完成，既凝聚了我的心血，也是师友与家人关心、支持的结果。

本书在构思之初得到了北京航空航天大学法学院龙卫球院长的大力支持。龙教授认为，艺术品拍卖人的审定问题不仅是传统民法与艺术史学的交叉研究，而且是运用民法理论解决实际问题的一次全新尝试，具有很强的创新性，并建议我将这个问题作为博士毕业论文的选题。在龙教授的指导与帮助下，本书初稿顺利完成。

本书初稿完成以后得到了中国人民大学法学院王轶院长的批评与指正。王教授指出，本书初稿在艺术品拍卖人的审定行为的法律定位上仍不是十分清晰，另外域外法系比较研究的结论应更多地体现在我国艺术品拍卖法律体系架构的建议中。在王教授的斧正下，本书经过修改，终成定稿。

另外，我要感谢台湾政治大学王文杰教授、王千维教授以及台湾大学陈自强教授。在我 2018 年赴台学习交流期间，三位老师对本书提出了许多中肯的意见，在采纳他们的建议后，本书精简了部分内容，如删去了"艺术品拍卖与艺术品信托的关系"一节，并增补了德国法上有关委托合同的内容。

感谢北航法学院的孙新强教授、周友军教授、周学峰教授、李昊副教授、王天凡副教授、张家骥老师等的鞭策与鼓励；感谢北航法学院谢地博士、赵精武博士、蔡宗霖博士、王江博士、毛吾吉达·伊布拉伊江博士等同窗好友的支持与帮助；感谢中国人民大学朱虎副教授、清华大学汪洋副教授、西安交通大学聂卫锋副教授、华东政法大学贺栩栩副教授等的鼓励与关心；感谢北京市第三中级人民法院邱江法官、咸海荣法官为本书提供的"黄翔与北京瀚海博文国际拍卖有限公司拍卖合同纠纷案"的详细材料与其他案例支持；感谢故宫博物院、台北"故宫博物院"、中国拍卖协会、雅昌艺术中心等多家单位的艺术界前辈为本书提供的丰富素材；感谢Anne Laure博士为本书提供的珍贵外国文献。

最后，我还要特别感谢中国人民大学出版社郭虹编辑，郭虹编辑对本书题目的拟定与整体架构提出了许多有益的建议，并为本书付梓，早日与读者见面付出了辛勤的努力，特此感谢。

掩卷搁笔之际，并非研究终结之时，通过研究拍卖人的审定义务问题，我发现在艺术品拍卖领域还有例如拍卖人的明示担保制度与尽职调查义务、买受人与委托人是否是消费者等问题有待解决。我是一个学术新人，书中或有不少瑕疵与纰漏，请各位专家学者多多批评指正！

郑　臻

2020 年 5 月

图书在版编目（CIP）数据

艺术品拍卖人的审定义务研究/郑臻著 . --北京：中国人民大学
出版社，2020.8
（法学理念·实践·创新丛书）
ISBN 978-7-300-26525-4

Ⅰ.①艺… Ⅱ.①郑… Ⅲ.①艺术品-拍卖业-鉴定-义务-研究-
中国 Ⅳ.①D923.64

中国版本图书馆 CIP 数据核字（2020）第 149234 号

法学理念·实践·创新丛书
艺术品拍卖人的审定义务研究
郑 臻 著
Yishupin Paimairen de Shending Yiwu Yanjiu

出版发行	中国人民大学出版社				
社　址	北京中关村大街 31 号		**邮政编码**	100080	
电　话	010 - 62511242（总编室）		010 - 62511770（质管部）		
	010 - 82501766（邮购部）		010 - 62514148（门市部）		
	010 - 62515195（发行公司）		010 - 62515275（盗版举报）		
网　址	http://www.crup.com.cn				
经　销	新华书店				
印　刷	天津中印联印务有限公司				
规　格	170 mm×228 mm　16 开本		**版　次**	2020 年 8 月第 1 版	
印　张	15.5　插页 1		**印　次**	2020 年 8 月第 1 次印刷	
字　数	184 000		**定　价**	68.00 元	